Manfred Aigner

Effektiver Vertrieb im internationalen Projektgeschäft

Alle Ratschläge, Tipps und auch Empfehlungen wurden vom Autor sorgfältig ausgewählt und entsprechen den persönlichen Erfahrungen des Autors. Daraus kann jedoch keine Erfolgsgarantie abgeleitet werden, und somit ist daher eine Haftung des Autors für etwaige Schäden an Personen sowie etwaige Sach- und Vermögensschäden ausgeschlossen.

Externe Links sowie Verweise auf Webseiten oder Publikationen Dritter wurden zum Zeitpunkt der Veröffentlichung des Buches sorgfältig geprüft, wobei Änderungen zu einem späteren Zeitpunkt nicht ausgeschlossen werden können. Somit kann für deren Inhalte keine Haftung übernommen werden, da diese Inhalte kein integraler Bestandteil dieses Buches sind. Das Werk, einschließlich seiner Teile, ist urheberrechtlich geschützt. Für die Inhalte ist der Autor verantwortlich. Jede Verwertung ist ohne seine Zustimmung unzulässig.

Aus Gründen der besseren Lesbarkeit wird bei Personenbezeichnungen und personenbezogenen Substantiven in diesem Buch die männliche Form verwendet. Entsprechende Begriffe gelten im Sinne der Gleichbehandlung grundsätzlich für alle Geschlechter. Die verkürzte Sprachform hat rein redaktionelle Gründe und beinhaltet keine Wertung.

Korrektorat:	Mag.ª phil. Nora PAUL (www.silbenfluss.at)
ISBN Softcover:	978-3-99139-801-1
ASIN E-Book Kindle Edition:	B0BQCT3B66

Druck und Vertrieb im Auftrag des Autors: Buchschmiede von Dataform Media GmbH, Wien

www.buchschmiede.at - Folge deinem Buchgefühl!

PRINTED IN AUSTRIA

Inhaltsverzeichnis

Ein Vorwort: Kundenfokus

Ich habe mich dazu entschlossen, das Wort „Vorwort" wörtlich zu nehmen und daher auf ein einziges Wort beschränkt: **Kundenfokus**.

Das gesamte Buch widmet sich vertrieblichen Aspekten und dabei ist eine der oberste Direktiven, die Kunden in den Vordergrund zu stellen. Aus diesem Grund möchte ich auch ehestmöglich in den „Deep-Dive" gehen und mit den inhaltlichen Aspekten dieses Buches beginnen anstatt mit üblichen Widmungen und Absätzen über den Autor. Wenn Sie Informationen zu mir wünschen, lade ich Sie gerne dazu ein, die Internetseite www.MA-4Consult.at aufzurufen. Dort erhalten Sie weiterführende Informationen sowie Tools und Templates mit Bezug auf dieses Buch. Und wenn Sie danach noch immer Interesse haben, mehr über „den Autor" – also mich – zu erfahren, können Sie gerne den entsprechenden Bereich der Internetseite aufrufen oder mich über eine der dort angeführten Kontaktmöglichkeiten kontaktieren.

In diesem Sinne wünsche ich Ihnen viel Unterhaltung, aber auch hoffentlich ein paar neue Informationen sowie Tipps und Tricks beim Lesen der vor Ihnen liegenden Lektüre.

Manfred Aigner (2023)

1. Definition der Marktgröße

- ⊗ Irrtum #1: Gekaufte und damit externe Marktreporte bringen immer einen umfangreichen Überblick über das Marktpotenzial Ihrer Produkte und Lösungen.
- ⊗ Irrtum #2: Marktreporte zu erstellen ist eine Wissenschaft, die man besser spezialisierten Beratungsunternehmen überlässt.
- ⊗ Irrtum #3: Maßgeschneiderte Marktanalysen für Ihr Unternehmen sind mit hohen Kosten verbunden.

Wie groß ist eigentlich das Marktpotenzial, das Sie mit Ihren Produkten und Lösungen adressieren wollen bzw. können?

Wenn wir mit unseren Produkten und Lösungen am Markt erfolgreich sein wollen, dann sollten wir auch wissen, wie groß der Markt ist. Diese Grundfrage stellt sich wohl jeder, der im Produkt-/Vertriebsmanagement aktiv ist. Nicht selten kommt die Frage nach der Marktgröße von verschiedenen internen Stakeholdern oder auch – speziell bei an der Börse gelisteten Aktiengesellschaften – von Investorenvertretern.

Das folgende Kapitel mag Ihnen vielleicht auf den ersten Blick sehr theoretisch und „trocken" erscheinen. Da die darin beschriebenen Begriffe jedoch in weiterer Folge öfters in diesem Buch vorkommen, empfehle ich Ihnen, dieses Kapitel zumindest im Verfahren „Diagonallesen" zu konsumieren.

In weiterer Folge, wenn Ihnen wieder mal ein Beratungsunternehmen einen Marktreport speziell für Ihre Industrie anbietet, sollten Sie nach dem Lesen dieses Kapitels auch in der Lage sein, die richtigen Fragen zu stellen und die Qualität solcher Reporte zu validieren.

Marktvolumen – total oder adressierbar oder erreichbar

In vielen Büchern und Vorträgen werden Sie immer wieder die Begriffe „totaler Markt“, „adressierbarer Markt“ und „erreichbarer Markt“ bzw. deren englische Äquivalente zu lesen und hören bekommen. Weshalb ist diese Unterscheidung relevant für Sie?

Generell ist es so, dass diese Unterscheidung von Relevanz ist, weil Sie in den seltensten Fällen den gesamten Markt einer Industrie oder Branche mit Ihren Produkten und Lösungen adressieren. Damit einhergehend wird es Ihnen nur schwer möglich sein, tatsächlich aussagekräftige Marktanteilsberechnungen, Wachstumsraten und Optimierungspotenziale zu erstellen, wenn die Basis immer der gesamte Markt Ihrer Industrie ist. Im Folgenden möchte ich Ihnen anhand eines Beispiels den Unterschied zwischen diesen drei Definitionen näherbringen.

Auch wenn in vielen weiterführenden Werken die Definitionen und Unterscheidungen ggf. etwas abweichen, sind die folgenden Erklärungen aus meiner Sicht sehr praktikabel im internationalen Projektgeschäft.

Beispiel: Versicherungsbranche

Sollten Sie in Ihrer Schulzeit oder während des Studiums ebenfalls die Definition des BIP (Bruttoinlandsprodukt) gehört und gelernt haben, kennen Sie diese mit Sicherheit noch. Hier jedoch nochmals zur Sicherheit die vereinfachte Definition: Das BIP ist die Summe aller Waren und Dienstleistungen, die innerhalb eines Jahres in einem Land umgesetzt werden. Umgelegt auf die Versicherungsbranche bedeutet dies, dass das totale Marktvolumen die Summe aller Prämienumsätze für Lebens- und Nichtlebensversicherungen ist.

Das weltweite totale Marktvolumen inkludiert damit sämtliche Versicherungsarten, welche global verkauft bzw. deren Prämien pro Jahr verrechnet werden. Analog dazu kann man davon abgeleitet relativ einfach das totale Marktvolumen der gesamten Versicherungsbranche pro Land oder Region darstellen.

Die meisten Versicherungsunternehmen sind in einem dieser beiden Bereiche tätig, also in der Lebens- oder Nichtlebensversicherungssparte. An dieser Stelle klammere ich bewusst Komposit-Versicherungsunternehmen bzw. die Gruppensicht von Versicherungsunternehmen aus, die aus einzelnen Tochter- und Schwesterunternehmen bestehen und damit unter Umständen auch beide Bereiche abdecken. Bietet nun ein Versicherungsunternehmen Lebensversicherungen, wie zum Beispiel Er- und Ablebensversicherungen, in seinem Portfolio an, umfasst der adressierbare Markt nur den Markt für Lebensversicherungen.

Dieser adressierbare Markt ist eine Teilmenge des totalen Versicherungsmarktes und exkludiert Nichtlebensversicherungen. Der adressierbare Markt kann sich noch untergliedern in adressierbare Märkte je nach Produkt oder Lösung. In diesem Beispiel gibt es dann zum Beispiel einen adressierbaren Markt für Krankenversicherungen, Berufsunfähigkeitsversicherung und weitere Lebensversicherungsarten im Portfolio des Beispielunternehmens. Die Summe dieser adressierbaren Märkte je Produkt ergibt den gesamten globalen (theoretisch) adressierbaren Markt für das Unternehmen.

Da die wenigsten Versicherungsunternehmen in allen Ländern der Welt global agieren, reduziert sich der adressierbare Markt weiter und resultiert im erreichbaren Markt. Das erreichbare Marktvolumen beschreibt jenen Markt, den man maximal mit seinen aktuellen Produkten und Lösungen und im aktuellen Set-up erreichen kann. Limitierungen gibt es hier zum Beispiel aufgrund von fehlender lokaler Vertriebspräsenz bis hin zu wegen politischer Vorgaben geschlossener Märkte. Letzteres berücksichtigt Themen wie Embargos genauso wie de-facto-geschlossene Märkte aufgrund von protektionistischen Gesetzen.

Bei der Unterscheidung zwischen dem adressierbaren Markt und dem erreichbaren Markt kommt es dann öfters mal zu Diskussionen, ob zum Beispiel ein Land, welches aktuell mit EU-Embargos belegt ist, überhaupt Teil des adressierbaren Marktes sein soll oder ob man diesen Markt nicht sofort in den nicht adressierbaren Teil des totalen Marktes setzen soll.

Ich möchte hier darauf hinweisen, dass die Definition des adressierbaren Marktes sich ausschließlich auf das eigene Portfolio bezieht. Wenn in unserem Beispiel nun Lebensversicherungen im Portfolio des Unternehmens sind, könnte man theoretisch(!) auch den Markt jener Länder damit adressieren, die mit einem Embargo belegt sind. Und in weiterer Folge gibt es trotz Embargos und Sanktionen in diesen Ländern weiterhin Lebensversicherungen und damit Prämienumsatz, jedoch macht das Geschäft – vereinfacht formuliert – eben ein lokaler Anbieter und nicht ein Anbieter aus dem EU-Raum. Es gibt also einen Markt.

Sehr vereinfacht und plakativ gesagt: Das Geschäft macht jemand anderer und nicht Sie, weil Sie sich an das Embargo halten müssen. Aus diesem Grund sind die Marktvolumen in diesen Konstellationen im adressierbaren Marktvolumen berücksichtigt, nicht jedoch in den für Sie erreichbaren Marktvolumen.

Abb. 1: Marktdefinition am Beispiel Versicherungsbranche

In unserem Beispiel wird zur Vereinfachung angenommen, dass der Lebens- und Nichtlebensversicherungsmarkt global gleich groß ist. In Abb. 1 entspricht daher die hellgraue Fläche des gesamten Quadrats der mittelgroßen grauen Fläche. Ein (fiktives) Versicherungsunternehmen mit einem Angebotsportfolio im Lebensversicherungssektor, könnte daher per Definition theoretisch 50 % des totalen Versicherungsmarktes adressieren. Dies jedoch nur unter der Annahme, dass das Unternehmen auch tatsächlich alle Versicherungsarten des Geschäftsfeldes „Leben" im Portfolio hat. Ist dies der Fall und dieses fiktive Unternehmen hat seinen Unternehmenssitz in einem Land der Europäischen Union (EU), kenne ich aktuell kein Beispiel eines Versicherungsunternehmens, welches in allen Ländern der Welt aktiv ist. Somit kann dieses fiktive Unternehmen den adressierbaren Markt für Lebensversicherungen in Nord- und Südamerika, APAC und MEA nicht erreichen. Ebenso sind aufgrund geltender Sanktionen manche Märkte (Länder) geschlossen, wie dies am Beispiel der

Sanktionen gegenüber Russland und Belarus im Zuge des 2022 begonnenen Krieges in der Ukraine zu erkennen ist, wo Finanztransaktionen mit und von diesen Ländern seitens der EU sanktioniert wurden.

Ein weiteres Beispiel, weshalb der erreichbare Markt geringer als der adressierbare Markt sein kann, sind die aktuellen wirtschaftspolitischen Spannungen zwischen China und den USA. Wenn Sie in einem Unternehmen arbeiten, welches zum Beispiel den Markt in den USA sehr gut und erfolgreich abdeckt, müssen Sie sehr genau analysieren, ob ein wirtschaftliches Aktivwerden in China Ihnen vielleicht Umsatz in den USA kostet oder im schlimmsten Fall den Markt in den USA aufgrund von Sanktionen für Sie schließt, selbst wenn Ihr Unternehmen seinen Sitz nicht in den USA hat. Somit reduziert sich der erreichbare Markt weiter. Und weil die wenigsten EU-basierten Versicherungsunternehmen in allen EU-Ländern in gleicher Vertriebsstärke aktiv sind, ergibt sich ein erreichbarer Markt, welcher in unserem Beispiel schlussendlich nur noch 15-20 % des totalen Versicherungsmarktes ausmacht und etwa 1/3 des adressierbaren Marktes umfasst. In Abb. 1 ist daher die dunkelgraue Fläche in etwa 1/3 der hellgrauen Fläche.

Weshalb sind diese Definitionen so wichtig? Die einfache Erklärung lautet: weil die Qualität jeder Statistik und von jedem KPI (Key Performance Indicator) nur so gut ist wie die zugrunde liegenden Definitionen und Angaben bzw. Annahmen.

Wenn Sie gegenüber der Presse oder Ihren Anlegevertretern positives Marketing betreiben möchten und in Ihrem Segment Marktführer sind, dann werden Sie das in den meisten Fällen auf den adressierbaren oder – weil einfacher darzustellen – auf den erreichbaren Markt beziehen. Der erreichbare Markt ist hier jener Markt, in dem Sie vertrieblich aktiv sind und Umsätze (Aufträge) generieren. Es ist unwahrscheinlich, dass Sie mit

Ihren Lösungen globaler Marktführer bezogen auf das totale Marktvolumen sind. Es ist aber durchaus realistisch, dass Sie Marktführer mit Ihren Produkten und Lösungen in jenen Ländern sind, in denen Sie aktiv sind, und damit haben Sie die Marktführerschaft in den im aktuellen Set-up erreichbaren oder adressierbaren Märkten. Das Thema Marktführerschaft wird in späterer Folge noch behandelt, daher an dieser Stelle nur eine erste grobe Definition: Wenn Sie mehr als 30 % des adressierbaren(!) Marktvolumens pro Jahr in einem Markt mit drei oder mehr Marktteilnehmern vorweisen können, dann können Sie sich in den meisten Fällen als globaler Marktführer bezeichnen.

Ein anderes Beispiel, weshalb diese Definitionen von großer Wichtigkeit sind, ist das Thema einer strategischen Wachstumsstrategie. Wenn Sie mit Ihren Produkten und Lösungen den erreichbaren Markt vergrößern möchten und sich damit dem adressierbaren Marktvolumen annähern, ist dieser Schritt realisierbar durch verschiedene vertriebliche oder NOG (Non-organic Growth-)Maßnahmen. Sie könnten Vertriebsniederlassungen in neuen Ländern gründen und beginnen, in diesen Ländern Business-Development zu starten. In einigen Fällen ist es jedoch vielleicht wirtschaftlicher, durch gezielte M&A-Aktivitäten den Markteintritt in bestimmte Länder oder Regionen zu wagen. Vielleicht ist es aber auch notwendig, bei bestehender Marktabdeckung die Vertriebs- und Marketingaktivitäten zu intensivieren. Diese Beispiele zeigen, wie Sie das erreichbare Marktvolumen dem adressierbaren Marktvolumen annähern können.

Haben Sie das erreichbare Marktvolumen dem adressierbaren Marktvolumen angenähert oder dieses erreicht, bedeutet das, dass weiteres Wachstum nun etwas schwieriger wird. Sie können nun den Marktanteil versuchen zu erhöhen, was meistens einhergeht mit einem Verdrängungswettbewerb, da sich Ihre Mitbewerber wohl auch nicht so ohne Weiteres geschlagen geben werden. Der nächste logische Schritt ist daher, dass man versuchen wird, den adressierbaren Markt zu vergrößern.

Auf das Beispiel von vorhin umgelegt bedeutet das, dass das Versicherungsunternehmen nun Wege finden muss, neue Produkte in das Portfolio aufzunehmen. In diesem Beispiel wären das Versicherungsangebote im Bereich der bisher nicht adressierten 50 % Nichtlebensversicherungen. Speziell diese Art von Marktvergrößerung, also die Erweiterung des adressierbaren Marktes durch neue Portfolioelemente, benötigt eine umfangreiche „Make-or-Buy"-Analyse (siehe auch Kapitel 3) und resultiert in vielen Fällen in einer M&A-Aktivität bei bestehenden Märkten bzw. Produkten.

Sie werden sich an dieser Stelle nun fragen, weshalb ich dieses Thema über mehrere Seiten in einer sehr theoretischen Art und Weise versucht habe zu beschreiben? Die Antwort auf diese Frage lesen Sie im folgenden Kapitel. Denn wenn Sie wissen möchten, ob ein Marktreport Ihren qualitativen Anforderungen entspricht, empfehle ich Ihnen, genau diese Kategorien – also totaler Markt, adressierbarer Markt und erreichbarer Markt – beim Qualitätscheck zu berücksichtigen.

Und wenn ein Marktreport auf den ersten Blick von unrealistischen Marktvolumen spricht, dann ist dies meist das totale Marktvolumen, und eine genaue Analyse, ob sich Ihre adressierbaren Märkte (Portfolioelemente) als eigene Kategorien im Report wiederfinden, schadet definitiv nicht.

Zusammenfassend könnte man die drei Marktbegriffe wie folgt definieren:

- **Totaler Markt:** das gesamte globale Marktvolumen einer spezifischen Industrie oder Branche.
- **Adressierbarer Markt:** jenes globale Marktpotenzial, das ein Unternehmen mit dem eigenen Portfolio an Produkten und/oder Lösungen adressiert.
- **Erreichbarer Markt:** jener Teil des adressierbaren Marktes, der mit dem aktuellen Portfolio und der aktuellen Vertriebsorganisation und unter den aktuellen politischen Rahmenbedingungen tatsächlich erreichbar ist, ohne am Setup etwas ändern zu müssen.

Bottom-up oder Top-down

Kostenpflichtige Industriereporte

Wer kennt sie nicht, die E-Mails von seriösen, aber – viel häufiger – auch unseriösen Anbietern diverser Industriemarktreporte. Diese sind zumeist auf Englisch geschrieben, und beginnen dann oft wie folgt: „(...) The global market size reached USD xxx billion in 2020 (...)." Nicht selten bekommen Sie dann wenige Wochen später eine E-Mail von einem anderen Anbieter, mit beinahe identem Wortlaut, wobei statt xxx nun yyy steht, jedoch yyy ggf. um einen Faktor 3 bis 10 von xxx abweicht. Beide Reporte können Sie um mehrere Tausend EUR käuflich erwerben, aber wie können Sie erkennen, welchem Marktreport sie trauen? Denn immerhin würden Sie einen zumindest fünfstelligen Betrag an ein Unternehmen überweisen, das Sie vielleicht nicht mal kennen.

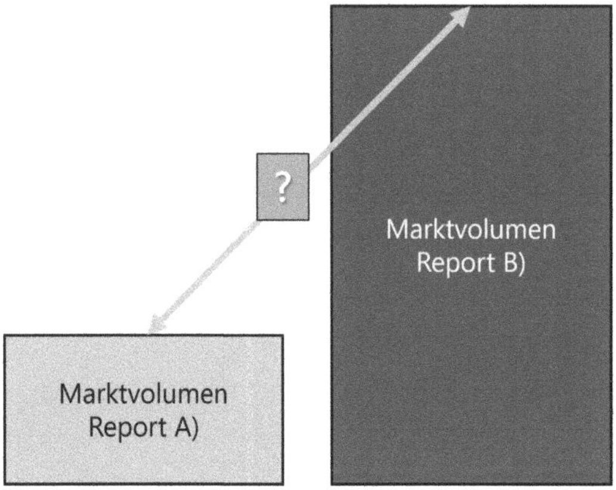

Abb. 2: Marktvolumen divergieren oft je nach Report

Unabhängig von Unterschieden im geschätzten Marktvolumen von Reporten zu ein und demselben Industriemarkt, erkennen Sie am folgenden Beispiel auch sehr schnell, was mit E-Mails dieser Art bezweckt wird: Sie sollen innerhalb der Empfängerunternehmen weiter verteilt werden, damit die Anbieter dieser Reporte an möglichst viele Kontaktdaten kommen. Typischerweise beinhalten diese „Marketing"-E-Mails immer sehr schlagkräftige Buzzwords, um Aufmerksamkeit bis hin zum Topmanagement zu erhalten. Nicht selten werden in weiterer Folge dann Exemplare bestellt, weil man auf Buzzwords angesprungen ist bzw. die berühmten „roten Knöpfe" virtuell gedrückt wurden. In den Beispielen von Abb. 3 sind es die Schlagwörter „COVID-19" und „Russia Ukraine Conflict", womit man speziell in den Jahren 2020 bis 2022 sehr hohe Aufmerksamkeit in jedem Unternehmen erwecken konnte.

i	Achten Sie auf die Währung, in der der Report dargestellt wird!

Meistens werden Marktreporte in USD veröffentlicht. Daher übersehen Sie bitte nicht, die dort dargestellten Werte auch mit den entsprechenden Umrechnungskursen in EUR umzurechnen, sofern Ihr Unternehmen seinen Sitz in der Eurozone hat bzw. in EUR bilanziert.

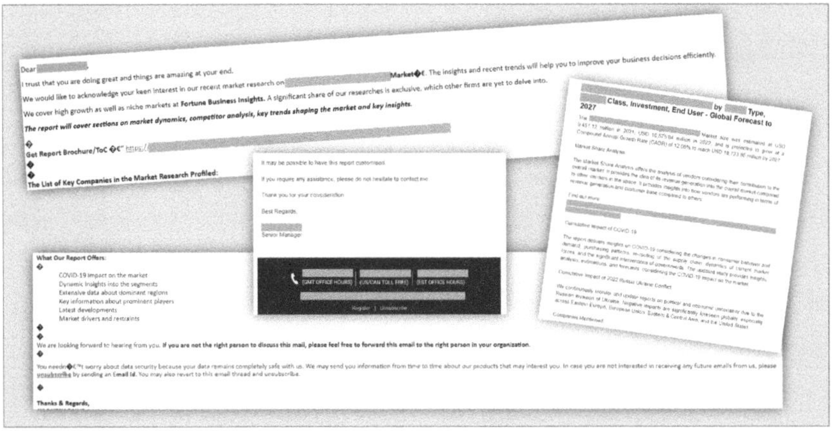

Abb. 3: Typische Markreport-Marketing-E-Mails

An dieser Stelle möchte ich Ihnen gleich zwei wichtige Tipps im Umgang mit dieser Art von E-Mails geben.

i	Verteilen sie E-Mails dieser Art nicht im Unternehmen!

Mit hoher Wahrscheinlichkeit erhalten Ihre Kollegen diese entweder bereits ebenfalls oder Sie ermöglichen es diesen Firmen auf einfache Art und Weise an die Kontaktdaten Ihrer Kollegen zu kommen.

i	Klicken Sie nicht auf <Unsubscribe/Abmelden> und rufen Sie nicht ungeprüft eine der angeführten Kontaktnummern an!

Damit riskieren Sie im besten Fall, in Zukunft noch stärker mit Spam-E-Mails konfrontiert zu sein, und im schlimmsten Fall könnten Sie zum Opfer von Malware und Phishingattacken werden.

Sie fragen sich in weiterer Folge selbst wohl auch: Woher haben die Autoren der Reporte denn diese Marktdaten und weshalb weicht das Marktvolumen im zweiten Report derart massiv vom ersten Report ab. Grundsätzlich liegt das daran, dass viele dieser Dokumente mit unterschiedlichen Gruppierungen von Produkten arbeiten, die berücksichtigt werden. Als Beispiel kann hier zum Beispiel ein Report über den Markt „Polizeiinfrastruktur" angeführt werden, wo man in einigen Reporten das Marktpotenzial bezogen auf Ausstattungen der Polizeistationen oder Notrufannahmestellen findet („fixe Infrastruktur") und in anderen Reporten zusätzlich auch noch das gesamte „fahrende" Equipment hinzugenommen wird in den Berechnungen. Und in wiederum weiteren Exemplaren werden sogar die Gebäudeerrichtungskosten in den Markt für „Polizeiinfrastruktur" eingerechnet. Für den Fall, dass Sie ein Anbieter von Lösungen „fixer Infrastruktur" sind, werden Sie wenig Nutzen von einem Marktreport haben, der auch noch Polizei-Kfz bzw. die dort installierten Funkgeräte inkludiert oder gar die Hausbaukosten darstellt.

Meine persönliche Erfahrung mit diesen Reporten ist, dass nur die wenigsten ihren Preis – und wie bereits erwähnt sprechen wir hier über mehrere Tausend Euro pro Report – wert sind. Zusätzlich werden viele E-Mails zu diesem Thema verschickt, die ausschließlich dazu dienen, an Kontaktdaten wie z. B. Ihre E-Mail-Adresse („Phishing"-Gefahr) oder – im schlimmsten Fall – an die beim Kauf verwendeten Kreditkartendetails zu kommen.

Ich möchte Ihnen gerne meine persönliche Erfahrung mit einem derartigen Report erläutern. Von einem US-basierten Beratungsunternehmen mit klingendem Doppelnamen wurde Anfang 2021 ein Report beworben, der den internationalen Markt für Flugsicherungsequipment darstellen soll, und zwar inklusive einer „COVID-19-Impact-Analyse". Wir dachten uns, dass es einen Versuch wert wäre, diesen Report zu kaufen, da wir wissen wollten, zu welchen Schlussfolgerungen dieses Beratungsunternehmen kommt. Also haben wir einen nicht geringen Betrag überwiesen und nach kurzer Zeit auch schon einen Link zum Download des Reports erhalten. Die Analyse der Qualität war jedoch ernüchternd. Dieses Unternehmen zeigte für 2019 – also vor der Pandemie – ein Gesamtmarktvolumen, welches sich mit unseren Schätzungen deckte. Jedoch die stark beworbene „COVID-19-Impact-Analyse" beschränkte sich darauf, dass für 2020 ein „Nullwachstum" angeführt wurde und ab 2021 eine Wachstumsrate wie zu Zeiten vor der Pandemie präsentiert wurde. Dies widersprach sämtlicher Logik, denn wie Sie sicher noch in Erinnerung haben: 2020 standen monatelang beinahe 80 % aller Flugzeuge am Boden. Dies hatte zur Folge, dass im Bereich „Flugsicherungsequipment" kein Budget bei Airports und Behörden vorhanden war und dieser Impact noch einige Jahre andauerte. Alle Player am Markt sahen einen Einbruch von minus 30-40 % für 2020 und eine „Recovery"-Zeit von ca. 3-5 Jahren. Was hat nun dieses US-Unternehmen dazu bewogen, in seinem Report anstelle von zweistelligen Einbrüchen am Markt von einem Nullwachstum zu schreiben?

Dieser Frage musste nachgegangen werden. Also besuchte ich die Homepage des Unternehmens und übermittelte über das Kontaktformular meine Fragen zur Methodik der Reporterstellung. Nach wenigen Tagen bekam ich eine E-Mail mit ersten Informationen. Da mich diese noch nicht zufriedenstellten, bot man mir an, mit dem zuständigen Bereichsleiter ein persönliches Gespräch zu führen. Dieses kam über Web-Konferenz zustande und mir wurde vom Bereichsleiter sowie von zwei seiner Kollegen aus Asien erklärt, weshalb sie keinen Markteinbruch dargestellt haben. Die Erklärung ist simpel, aber zugleich auch frustrierend. Das Eingeständnis bzw. die Argumentation seitens der Berater lautete: Der Report wurde im April/Mai 2020 erstellt (Anm.: also kurz nach

Beginn der Pandemie) und die „Experten" bei diesem Beratungsunternehmen gingen davon aus, dass die Pandemie nach zwei Monaten wieder vorbei wäre. Auf meinen Input, dass der Report im Dezember 2020 veröffentlicht wurde und die Pandemie zu diesem Zeitpunkt bereits beinahe zwölf Monate existierte, bekam ich zur Antwort, dass dies tatsächlich eine „kleine" Ungenauigkeit im Report sei, und im nächsten Update würde man dies berücksichtigen. Das erwähnte nächste Update gab es zum Zeitpunkt, als ich diese Zeilen schrieb – also ca. 1,5 Jahre danach – noch immer nicht. Stattdessen kann man weiterhin ausschließlich jenen oben erwähnten Report käuflich erwerben, in dem man sich um 30 % bzw. 3-5 Jahre „verschätzte", und zwar zu einem Preis von ca. 4.500 EUR. Sind derartige Reporte ihr Geld wert? Dieser Report war es auf alle Fälle nicht. Um die Qualität eines derartigen Reports bewerten zu können, ist es notwendig, die Methodik zu kennen, mit welcher der Report erstellt wurde. Seriöse Anbieter stellen ihre Methodik in Grundzügen zumeist als eigenes Kapitel oder Anhang zur Verfügung, sodass Sie sich damit auch ein Bild machen können, ob der verwendete Zugang für Sie plausibel und nachvollziehbar erscheint. Im Idealfall werden sämtliche Annahmen, Quellen, aber auch etwaige Einschränkungen schon vor einem etwaigen Kaufabschluss zur Verfügung gestellt. Meine Empfehlung an Sie in diesem Zusammenhang:

i	Testexemplare immer mit einer anonymen E-Mail-Adresse bestellen!

Lassen Sie sich ein Testexemplar vorab schicken, verwenden Sie dabei jedoch eine Free-Mail und nicht Ihre Firmen-E-Mail-Adresse! Wichtig in diesem Zusammenhang wäre, dass der Anbieter zumindest sein abgeschätztes Gesamtmarktvolumen für ein Beispieljahr anführt, damit Sie von Beginn an wissen, ob der Report mit Zahlen arbeitet, die sich zumindest annähernd mit Ihren Abschätzungen decken.

Anbieter und Impressum überprüfen!

Prüfen Sie immer den Anbieter des Reports (Impressum) und in welchem Land ein etwaiger Report dann schlussendlich gekauft wird. Achtung: selbst Kontakttelefonnummern die mit +1 beginnen und damit suggerieren, dass es sich um ein US-Unternehmen handelt, sitzen nicht automatisch auch in den USA.

Telefonnummern zeigen nicht immer das Ursprungsland.

Lassen Sie sich nicht von EU- oder US-Telefonnummern in die Irre führen, denn in vielen Fällen würden Sie den Report final dann außerhalb dieser Regionen kaufen, und zwar meistens in asiatischen Ländern wie Indien oder China!

Analyse der Reportstruktur auf Anwendbarkeit bei Ihnen!

Achten Sie im Testexemplar darauf, dass Ihnen die Struktur (Gliederung, z. B. nach Regionen oder Anwendungen) auch tatsächlich weiterhilft!

Mehrere Quellen verwenden, um Daten zu validieren!

Suchen Sie im Internet nach vergleichbaren Reporten, überprüfen Sie, zu welchen Marktgrößen diese kommen und ob die Größenordnung plausibel ist!

Nutzen Sie Reporte zur Trendanalyse!

Nutzen Sie externe Marktreporte, um einen Überblick über Trends und Megatrends zu erhalten (siehe auch Kapitel <Trends und Megatrends>)!

Wenn Sie dann schlussendlich einen für Sie (halbwegs) zufrieden-stellenden Report erstanden haben, der sich auch mit Ihrem

Expertenwissen deckt, können Sie sich glücklich schätzen. Meine Empfehlung in diesem Fall ist, dass Sie alle 3 bis 5 Jahre ein Update dieses Reports erstehen. Wenn Sie bei diesem Anbieter bleiben, dann haben Sie den Vorteil, dass dieser Anbieter wohl auch kommende Reporte nach gleichen Kriterien und Kategorien gliedert und Sie damit vergleichbare Daten und Fakten haben. Und wenn Sie sich fragen, weshalb man einen Report nicht öfter kaufen sollte, ist die Antwort schnell gegeben: weil sich im Normalfall globale Märkte nicht so schnell ändern und auch Ihre eigene Firmen-/Vertriebsstrategie wohl nicht so oft komplett überarbeitet wird. Daher sehe ich es als Geldverschwendung an, wenn man häufiger auf derartige (externe) kostenpflichtige Reporte zugreift.

Expertenbasierte Marktschätzungen

Weshalb wird in vielen Unternehmen ausschließlich externen Marktreporten vertraut und nicht viel häufiger auf das Expertenwissen im eigenen Unternehmen zurückgegriffen?

Dies ist eine in der Tat berechtigte Frage, denn auf Basis des Erfahrungsschatzes von lang dienenden Mitarbeitern im Unternehmen, kombiniert mit dem so oft zitierten Hausverstand, entstehen in vielen Fällen sehr gut verwertbare Analysen. Vereinfacht formuliert könnte man sagen, dass jeder erfahrene Mitarbeiter im eigenen Unternehmen mehr Expertenwissen aufweist als die im vorigen Kapitel erwähnten Datenanalysten von Unternehmen, die ausschließlich Marktreporte über Industrien erstellen, in den sie in den seltensten Fällen selbst aktiv tätig waren. Nehmen Sie zum Beispiel einen Vertriebsmitarbeiter, der seit mehreren Jahren bei Ihnen im Unternehmen arbeitet. Denken Sie, dass dieser Mitarbeiter oder Kollege von Ihnen die Preise am Markt weniger gut kennt als ein externer Consultant, der noch nie in seinem Leben einen Ihrer Kunden kennengelernt hat? Ein guter Vertriebsmitarbeiter kennt im Idealfall die Marktpreise, weiß, zu welchen Preisen Mitbewerber ihre Lösungen anbieten, und ist in der Lage, auf Basis von Kundenbudgets und typischen Lebenszyklen der Produkte und Lösungen den jährlichen Investitionsbedarf bei seinen Kunden sehr gut abschätzen zu können. Wie wir bereits am Beginn des Kapitels 1 im dort angeführten Beispiel definiert haben, definiert sich die für Ihr Unternehmen relevante Marktgröße primär über die Investitionsausgaben Ihrer Kunden in Produkte und Lösungen Ihrer Industrie. Somit ist eine ausgezeichnete Methode, die Marktgrößen Ihrer Produkte und Lösungen auf Basis der Marktpreise „Bottom-up" zu schätzen. Die Betonung hier liegt auf dem Wort „schätzen", denn natürlich benötigt diese Methodik einen gewissen Mut, auf Abschätzungen und Annahmen zu vertrauen.

In diesem Zusammenhang möchte ich Ihnen ein Beispiel aus meiner Schulzeit bringen und wie dieses Beispiel ehrlicherweise mein gesamtes Leben im Umgang mit Schätzungen prägte.

Als ich im Alter von 15 Jahren in die erste Klasse der HTL für Nachrichtentechnik und Elektronik ging, versuchte uns unser damaliger Professor für Physik Themen wie Energie, Energiegehalt verschiedener Rohstoffe oder den Unterschied zwischen Energie und Leistung näherzubringen. Beim ersten schriftlichen Test für die gesamte Klasse von uns im ersten Semester war eine von sieben Fragen die folgende Frage: „Schätzen Sie, wie lange ein Güterzug mit Güterwagen, gefüllt mit Kohle, wäre, wenn dieser Zug den gesamten jährlichen Energieverbrauch Österreichs zum Heizen der Privathaushalte transportieren müsste!" Als wir am Beginn dieser Stunde den Aufgabenzettel mit unter anderem dieser Frage erhalten haben, war die Reaktion von meinen Klassenkollegen und mir im ersten Moment– vorsichtig formuliert – Sprachlosigkeit. Einigen Kollegen stand der Schock wahrlich ins Gesicht geschrieben, während sich andere Kollegen zuerst mal den anderen Fragen des Tests widmeten. Schlussendlich führte kein Weg daran vorbei, diese Aufgabe anzugehen, und es gab nur einen Weg: Annahmen treffen und mit Schätzungen arbeiten. Es gab jedoch auch Klassenkollegen, die an der Fragestellung derart verzweifelt sind, weil wir in Physik ja logischerweise nie gelernt hatten, wie lange zum Beispiel ein Güterwagen ist, sodass sie überhaupt nicht begonnen haben mit dieser Aufgabe. Dies resultierte schlussendlich darin, dass es für diese Aufgabe bei diesen Kollegen 0 Punkte gab, weil der Antwortbereich leer gelassen wurde. Eine Ausnahme bildeten jene Kollegen, die zumindest versuchten, Annahmen zu treffen und mit Schätzungen zu arbeiten. Sie können sich vorstellen, dass es beim obligatorischen Elternsprechtag nach diesem Test einen größeren „Aufstand" einiger Eltern bei diesem Physikprofessor gab. Der Grundtenor war, dass dieses Thema nie im Unterricht präsentiert wurde und daher nicht abgefragt werden hätte dürfen.

Die Reaktion des Professors auf diese Einwände war aus meiner Sicht so einfach wie genial: Er hat bei allen Schülern diese Frage positiv bewertet, wenn die Annahmen halbwegs schlüssig und nachvollziehbar waren. Bei diesem Fallbeispiel gab es im Prinzip nur wenige Parameter abzuschätzen: 1) Wie viel Energieinhalt besitzt Kohle (Anm.: Und das haben wir im Unterricht gelernt)?, 2) Wie groß ist ein typisches Kohlestück (Volumen)?, 3) Wie viel Energie ist zum Heizen einer Wohnung notwendig?, 4) Wie viele Haushalte gibt es in Österreich?, 5) Wie viel Kohle passt in einen typischen Eisenbahnwaggon für Kohle?, und 6) Wie lange ist ein Eisenbahnwaggon mit Puffer bzw. eine Lokomotive? Wenn man diese Annahmen als Schüler im Test in dieser oder ähnlicher Art niedergeschrieben hatte und dann gegebenenfalls noch ein paar Multiplikationen und Divisionen durchführte, wurde die Frage auch mit voller Punkteanzahl bewertet.

Im Prinzip war die Antwort sehr kurz und sah in etwa wie folgt aus:

$$\frac{\text{(Energieverbrauch p.a. pro Haushalt zum Heizen) x (Gesamtanzahl der Haushalte in Österreich)}}{\text{Energiegehalt pro Kohlestück}} = \text{Anzahl Kohlestücke}$$

$$\frac{\text{Anzahl Kohlestücke x Volumen pro Stück} \rightarrow \text{Gesamtvolumen (Länge x Breite x Höhe)}}{\text{Volumen eines Güterwagens}} = \text{Anzahl Güterwagen}$$

Gesamtlänge des Zuges = Anzahl Güterwagen x Länge pro Wagen + Länge der Lokomotive

Der Professor erklärte den teilweise erbosten Eltern damals, dass er nicht das Ergebnis bewertete – denn es gab hier nie ein 100 % richtiges Ergebnis –, sondern in diesem Fall den Weg zu einem möglichen Ergebnis sehen wollte. Und wenn jemand nicht den Mut hatte, gegebenenfalls auch falsche Annahmen zu treffen, sondern stattdessen einen leeren Zettel abgab, wurde dies negativ bewertet. Umgekehrt wurden alle Antworten, unabhängig wie das Ergebnis – also eine Zuglänge in km oder Meter – war, positiv bewertet, sofern die Annahmen dokumentiert wurden, und der Weg bzw. Prozess niedergeschrieben wurde.

Die Quintessenz von diesem Beispiel lautet damals wie heute für mich: Nur wer keine Annahmen trifft und überhaupt keinen Weg zur Lösung einzuschlagen beginnt, kommt definitiv nie zu einem Ergebnis. Um ein Ergebnis oder eine Abschätzung zu erhalten, müssen wir in unserem Leben oft Annahmen treffen, einen Weg einschlagen und dann auf Basis des ersten Ergebnisses vielleicht iterativ den Weg – also die Methodik – adaptieren und verfeinern.

Bei allen Annahmen und Schätzungen gibt es immer eine gewisse Ungenauigkeit, und es gibt nie das perfekte Ergebnis. Jedoch ist ein nicht perfektes Ergebnis, das man jederzeit verfeinern kann, immer noch besser, als kein Ergebnis und damit kein Datenmaterial zu bekommen.

Zurück zum eigentlichen Thema dieses Kapitels, nämlich den Marktschätzungen, basierend auf Expertenschätzungen. Das Beispiel aus meiner Schulzeit zeigt sehr augenscheinlich, dass man den Mut zu Schätzungen und Annahmen durchaus bereits als Kind oder Jugendlicher trainieren kann. Und auf der anderen Seite zeigt dieses Beispiel auch, dass es Menschen gibt, die weder als Jugendliche noch später im Berufsleben gerne Annahmen treffen sowie mit daraus abgeleiteten Unsicherheiten umgehen wollen oder gar können. Aber wie so oft in unserem Leben kann man auch dieses eigene Verhaltensmuster sukzessive ändern oder anpassen, wenn es erforderlich, aber auch vertretbar ist.

Am Beginn dieses Kapitels habe ich Ihnen beschrieben, wie man schon mal eine grobe Abschätzung zum Marktvolumen der eigenen Industrie erstellen kann. Als Beispiel möchte ich einen kleinen Ausflug in die Industrie des Skitourismus machen. Wir alle möchten, sofern wir Skifahrer sind, mit bequemen Sesselliften oder Seilbahnen auf die schneebedeckten Gipfel der Berge gebracht werden. Ohne in Details zu gehen, könnte man nun zum Beispiel folgende Parameter für eine grobe Bottom-up Marktschätzung im Bereich Sessellifte erstellen, unter der Annahme, dass Sie bzw. Ihr Unternehmen in diesem Bereich wirtschaftlich aktiv ist:

- Anzahl der Skigebiete bzw. Berge mit Relevanz für Skigebiete pro Land/Region/weltweit
- Typische Lebensdauer eines Skilifts (Investitionszyklus)
- Typisches Geschäft mit Bestandsanlagen (z. B. Ersatzteile, Wartungsverträge ...)
- Typischer Marktpreis vom eigenen Unternehmen sowie den Mitbewerbern für einen Sessellift der Länge x Meter und mit y Sesseln

Mit diesen Informationen können Sie den adressierbaren Markt für Sessellifte grob abschätzen, indem Sie den Einkaufspreis (Marktpreis) pro Lift heranziehen, durch die Anzahl der Jahre der Lebensdauer dividieren, den jährlichen Wartungspreis (zum Beispiel in Prozent vom Anschaffungspreis) dazu addieren und mit der Anzahl an potenziellen Liften pro Land/Region multiplizieren. Damit erhalten Sie das durchschnittliche adressierbare Marktvolumen pro Jahr.

Machen Sie eine ähnliche Rechnung für Umlaufseilbahnen, Pendelbahnen, Schlepplifte und gegebenenfalls auch noch für Standseilbahnen, erhalten Sie den gesamten (totalen) Markt für Seilbahnsysteme. Reduzieren Sie den adressierbaren Markt um jene Länder, in denen Sie kein Geschäft machen können oder aktuell nicht entsprechend positioniert sind, erhalten Sie den für Sie erreichbaren Markt für Sessellifte beziehungsweise analog auch für die anderen Seilbahnsysteme, sofern Sie diese in Ihrem Portfolio haben. Und sollten Sie bis dato ausschließlich Bergbahnen als Ihren Zielmarkt definiert haben und überlegen Sie sich, ob zum Beispiel Stadtseilbahnen für Sie einen (neuen) Markt darstellen, erweitern Sie damit Ihren adressierbaren Markt.

Kombinieren Sie in einem weiteren Schritt diese erste grobe Schätzung mit den Umsatzdaten Ihrer Hauptmitbewerber. In vielen Industrien ist es vollkommen ausreichend, wenn Sie die größten 3 bis 5 Marktanbieter heranziehen, deren Jahresumsätze (oder Auftragseingänge) zusammenzählen und diesen Wert um Ihren eigenen Umsatz ergänzen. Die Summe der Jahresumsätze im Durchschnitt der letzten +/- 5 Jahre gibt einen weiteren Indikator, wie groß der Markt in Ihrer Industrie ist und welche Marktvolumen Sie pro Jahr theoretisch adressieren oder erreichen können. Hilfreich in diesem Zusammenhang ist ein strukturiertes Screening der Mitbewerber sowie deren Jahresberichte, auf die ich im Kapitel 2 näher eingehen werde.

Eine weitere Variante, um Ihre Bottom-up Schätzung zu verfeinern und zu ergänzen, ist, dass Sie CAPEX- und OPEX-Budgets – also die Investitions- und Betriebsausgaben – Ihrer Kunden analysieren. In vielen Jahresberichten finden Sie Informationen zu diesen Themen. Und wenn Sie zum Beispiel die TOP-20-Kunden in Ihrer Industrie analysieren, können Sie eine sehr grobe Analyse zu Investitionen und laufenden Ausgaben erstellen, welche im Umkehrschluss jene Marktgröße repräsentieren, die Sie mit Ihren Produkten und Lösungen erreichen können. Diese Werte dann hochgerechnet, um die restlichen Kunden abzuschätzen, und vielleicht um Kundeninvestitionen ergänzen, die Sie mit Ihren (aktuellen) Produkten und Lösungen nicht adressieren können, ergeben ein gutes weiteres Bild über den totalen sowie adressierbaren Markt.

Sie haben es nun geschafft, die verschiedenen Marktvolumen pro Jahr bestmöglich abzuschätzen. Es handelt sich hier um die Jahressicht. Was uns jedoch im Normalfall interessiert, ist der Blick in die Glaskugel der Zukunft, also die Sichtweite zu erweitern. Wir möchten weg vom Blickwinkel auf ein Jahr und in die Lage versetzt werden, ein möglichst detailliertes Forecasting zu erstellen. Hier wird typischerweise ein Zeithorizont von bis zu zehn Jahren anvisiert. Wie man dazu kommen kann, möchte ich Ihnen gerne im kommenden Kapitel näher beschreiben.

Maßgeschneiderte Marktmodelle

Was macht nun einen wirklich verwendbaren und effektiven Marktreport aus, der Ihnen einen Überblick über Vergangenheit und über die aktuelle Situation gibt, aber auch einen Ausblick auf zukünftige Marktentwicklungen liefert, damit diese in Ihre Businesspläne und Vertriebsstrategien einfließen können?

In den vorigen beiden Kapiteln haben Sie einen Überblick bekommen, worauf Sie bei teuren, aber fertigen Marktreporten achten sollten und wie

Sie mit Annahmen und Schätzungen sowie Expertenwissen ebenfalls zu validen Marktdaten kommen können. In diesem Kapitel sollten Sie im Idealfall einen Überblick erhalten, welche weiteren Parameter berücksichtigt werden können, um ein valides Bild des Marktes zu erhalten und daraus auch grobe Ableitungen zu Ihrem Auftragseingang und Umsatz zu erhalten.

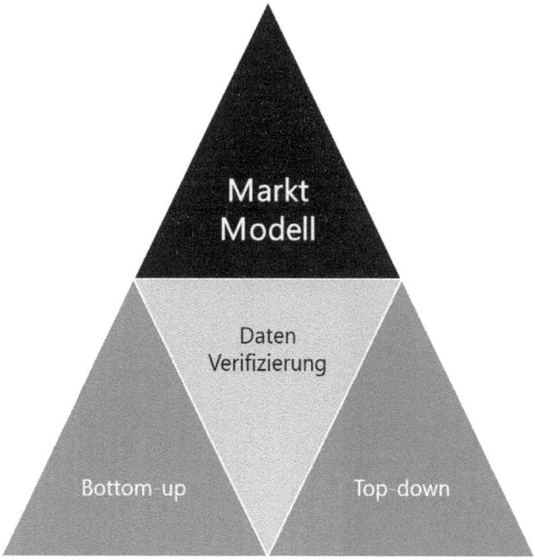

Abb. 4: Datentriangulation

Die hier dargestellten Parameter und Methodiken sind aus meiner Sicht in jeder Industrie sowie Branche unterschiedlich und sehr individuell anzuwenden und daher beispielhaft zu verstehen. Jeder maßgeschneiderte Report ist, wie der Name schon sagt, ein spezifischer Report mit unterschiedlichen Parametern, Gewichtungen und Annahmen. Jedoch ist das Prinzip, also die Methodik der Erstellung, in allen Fällen vergleichbar, und darauf möchte ich das Hauptaugenmerk hier legen. Bei der Erstellung von Marktmodellen mit erweitertem Zeithorizont, also nicht bloß auf das aktuelle Jahr bezogen, kommen neben den beschriebenen Industrieparametern wie Marktpreisen noch übergeordnete Parameter in der Berechnung hinzu. Das sind meistens makroökonomische Daten sowie etwaige vorhandene Studien und Untersuchungen zu unterschiedlichen statistischen Korrelationen der einzelnen Parameter.

Bottom-up	Top-down	Verifizierung
Marktpreis pro Produkt oder Lösung	Externe Reporte und deren Ergebnisse sowie historische Daten von Marktreaktionen auf externe Einflüsse, wie z. B. 9/11 oder COVID-19	Verbindung der Bottom-up und Top-down Ergebnisse
Datenbanken zur Anzahl potenzieller Kunden und geografischer Besonderheiten	Industriespezifische Analysen von z. B. Branchenvertretern, Industriekonferenzen …	Abstimmung mit vorhandenen Kunden-Investitionsdaten, Bilanzen oder Jahresberichten
Etwaige externe Marktreporte mit Bottom-up Methodik	Angebotsfaktoren, also Parameter, die das Angebot in der Industrie beeinflussen	Interviews mit Kunden und weiteren Marktteilnehmern
Adressierbares Marktvolumen	Nachfragefaktoren wie z. B. das BIP pro Land, BIP pro Einwohner oder auch Wechselkurse	Expertenbasierte Reviews
Erreichbares Marktvolumen, u. a. auf Basis Ihres Set-ups und zum Beispiel Tier-Kategorien Ihrer Vertriebsregionen oder Länder	Trends und Megatrends, wie z. B. „Green Economy“ und deren Auswirkung auf das Nachfrageverhalten in Ihrer Industrie oder Branche	Überprüfung durch rückwirkende Gegenchecks (Was ergibt das Marktmodell für Jahre der Vergangenheit, und stimmen diese Ergebnisse mit der Realität überein?)

Um die Marktgrößen abschätzen zu können, empfehle ich, verschiedene Quellen heranzuziehen, diese abzugleichen und zu einem für Sie passenden Marktmodell zusammenzufassen.

Sie finden in der vorigen Tabelle ein paar ausgewählte Parameter, welche aus meiner Sicht in der einen oder anderen Form mit ziemlicher

Sicherheit auch in Ihrer Industrie einen Einfluss auf Marktverhalten und Marktvolumen haben.

Marktpreise: Sie kennen Ihre Kunden, Mitbewerber und eigenen Preise besser als jeder externe Berater. Im Kapitel <Expertenbasierte Marktschätzungen> konnten Sie bereits meine Gedanken dazu lesen, jedoch nochmals kurz zur Erinnerung: Schätzen Sie den Preis pro System bzw. pro Lösung inklusive der OPEX-Ausgaben Ihrer Kunden, dividieren Sie diese Werte durch die Anzahl an Jahren, welche der Lebensdauer entsprechen, und errechnen Sie so CAPEX- & OPEX-Markt pro Jahr und System.

Datenbanken: Um zu wissen, wie viele potenzielle Kunden, Installationen bzw. Anwendungen es pro Region oder Land gibt, benötigen Sie Zusatzinformationen. In den meisten Fällen handelt es sich dabei um öffentlich zugängliche Informationen. Für Seilbahnanbieter wäre interessant, wie viele Skigebiete oder Berge für Skifahrer es pro Land gibt. Für Versicherungsunternehmen wiederum ist interessant, wie viele Firmen und Einwohner in einem Land angesiedelt sind bzw. leben. Und für Flugzeuganbieter wiederum wäre es wichtig zu wissen, wie viele Airlines es gibt und wie viele Flugzeuge bzw. welche Typen diese im Einsatz haben. Hier gilt es, die bestmöglichen Annahmen und Schätzungen zu treffen, um einen Zusammenhang mit dem vorigen Punkt (Marktpreise) herzustellen und damit das totale jährliche Marktvolumen abschätzen zu können.

Mein Tipp an dieser Stelle:

i	Greifen Sie auf gängige Wissensdatenbanken sowie auf Daten von staatlichen oder überregionalen (z. B. von EU oder UNO) Statistikbehörden oder Wirtschaftsforschungseinrichtungen zurück!

Externe Marktreporte mit Bottom-up Methodik: Sollte es Ihnen schwerfallen, die vorhin erwähnten Parameter zu identifizieren bzw. diese mit Marktpreisen zu verbinden, organisieren Sie sich doch den einen oder anderen Marktreport eines externen Anbieters und sehen Sie sich an, welche Annahmen und Parameter dieser zur Anwendung bringt. Bei aller Unsicherheit betreffend die Qualität dieser Reporte bringen sie Ihnen jedoch den einen oder anderen Input zur für Sie relevanten Methodik bei der Erstellung Ihres maßgeschneiderten Marktmodells.

Adressierbares und erreichbares Marktvolumen: Wenn Sie anstelle eines generischen Marktmodells, welches im Normalfall den totalen Markt darstellt, einen für Sie erweiterten Marktreport benötigen, der auch den adressierbaren sowie Ihren erreichbaren Markt darstellt, sind diese beiden Bereiche essenziell und im Regelfall immer Bottom-up geschätzt, jedoch mit Daten aus Top-down-Quellen ergänzt (siehe nächster Absatz).

Externe Reporte: Sie haben meine persönliche Einschätzung dieser Informationsquellen bereits im Kapitel <Kostenpflichtige Industriereporte> lesen können. Ein in meinen Augen sehr wertvoller Input, den diese Quellen trotzdem liefern, sind Analysen von vergangenen Events, die einen Markt maßgeblich beeinflusst haben. Ich bringe in diesem Zusammenhang als Beispiele immer folgende Events: die Terroranschläge von 9/11 im Jahr 2001, die Finanzkrise in den Jahren 2008/2009 sowie den Ausbruch der COVID-19-Pandemie zu Beginn des Jahres 2020. Alle drei Events können im weitesten Sinn auch als sogenannte „Back-Swan"-Events bezeichnet werden, also als Ereignisse, die sehr unerwartet und unwahrscheinlich aufgetreten sind und allesamt massive Auswirkungen in beinahe sämtlichen Industrien und Branchen weltweit zur Folge hatten.

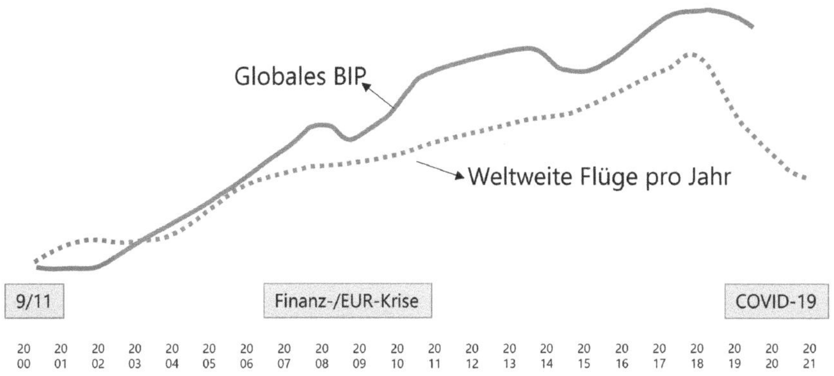

Abb. 5: Beispiel möglicher Korrelationen

In Abb. 5 sehen Sie ein Beispiel, welche zwei Parameter zum Beispiel für Unternehmen von Interesse sind, die in der Flugzeugindustrie aktiv sind. Es handelt sich hier um das BIP sowie die weltweiten Flugbewegungen pro Jahr seit dem Jahr 2000. Da externe Reporte im Normalfall auf Daten der Vergangenheit die Zukunft interpolieren und prognostizieren, können Sie diese Reporte heranziehen, um zu evaluieren, wie sich Ihre Märkte in der Vergangenheit entwickelt haben und welche statischen Korrelationen Sie hier ggf. ableiten können. Ebenfalls hilfreich ist ein Blick durch diese Brille in die Vergangenheit, wenn Sie abschätzen müssen, wie sich neue Ereignisse auf Ihren Markt auswirken. Ich möchte Ihnen hier als Beispiel die Pandemie von COVID-19 bringen. Zu Beginn der Pandemie im Frühjahr 2020 wussten die wenigsten Menschen, wie lange diese Pandemie dauern wird und wie sich ein Virusausbruch dieser Art auf die weltweite Wirtschaft auswirken wird. Ein Blick in die Vergangenheit kann hier in der Evaluierung im Zuge derartiger Impact-Analysen unterstützen. Um beim Beispiel der jährlichen Flugbewegungen zu bleiben: Bereits im Jahr 2003 gab es einen SARS-Virusausbruch, nämlich in Asien. Und damals gab es eine sofortige Reduktion der Fluganzahl in der Region. Es handelte sich damals im klassischen Sinn um keine weltweite Pandemie, jedoch reduzierten sich die Flüge um 40 % und erholten sich zurück auf das Niveau vor Ausbruch der Virusvariante innerhalb von ca. zehn Monaten. Man konnte nun bereits Mitte 2020 die Auswirkungen von COVID-19 auf den weltweiten Flugverkehr abschätzen, denn die Anzahl der Flüge brach um bis zu 90 % weltweit ein und es handelte sich um eine weltweite Pandemie und nicht „bloß" um eine regionale Epidemie. Mit verschiedenen Modellen konnte daher bereits wenige Wochen nach Ausbruch der Pandemie vorhergesagt werden, dass sich die weltweiten Flugbewegungen wohl erst 3 bis 4 Jahre nach Ausbruch der Pandemie wieder auf das Niveau 2019 bewegen würden. Zu diesem Ergebnis kam man auch, wenn man den Einbruch an weltweiten Flugbewegungen nach 9/11 betrachtete und erkennen konnte, dass die Reduktion an Flügen, verursacht durch COVID-19, im Jahr 2020 um den Faktor zehn massiver war als 2002 nach 9/11. Die Erholung dieser Kennzahl im Jahr 2021 war dann um den Faktor 7 stärker als 2003 nach 9/11. Dies führte zur Annahme bei COVID-19, dass sich die Anzahl der Flüge erholen wird, jedoch um den Faktor 1,4 (= 10:7) länger dauern wird als 2002. Und damals dauerte es 3 Jahre, bis die Anzahl der weltweiten Flüge wieder auf dem Niveau von vor 9/11 war. Sie können hier erkennen, dass Marktreaktionen in der Vergangenheit durchaus hilfreich sein können bei der Abschätzung von zukünftigen Entwicklungen Ihrer Märkte, wenn Ihr Markt einem aktuellen externen Schock ausgesetzt ist. Und speziell für diese Art von Analysen können externe Marktreporte valide Quellen sein.

Industriespezifische Analysen: Viele Ihrer Kunden im B2G-Segment sind in branchenspezifischen Interessenvertretungen organisiert. Da – vereinfacht formuliert – die Einnahmen Ihrer Kunden auch das Investitionsbudget Ihrer Kunden bestimmen und damit auch den Markt, den Sie adressieren können, sind branchenspezifische Analysen sowie Konferenzen ein sehr guter Informationspool für Sie. Wenn Sie sich diese Analysen zum Beispiel nach Konferenzen im jeweiligen Downloadbereich organisieren oder im Idealfall persönlich bzw. hybrid oder virtuell via Web-Konferenz teilnehmen, erhalten Sie oft sehr gute Indikatoren, wie sich die Branche Ihrer Kunden entwickelte und aus Sicht der Kunden entwickeln wird. Sind Sie international tätig und sind Ihre Kunden somit global verteilt, möchte ich Ihnen gerne den Tipp geben, sich auf den Homepages von internationalen Konferenzen (regional oder global) und auf den Informationsportalen der internationalen Interessenvertretungen Ihrer Kunden nach brauchbaren Informationen umzusehen. Sie werden sehen, dass es Ihnen nach kurzer Zeit und auch mithilfe von Internet-Suchmaschinen gelingen wird, sehr valide Dokumente zu finden, welche in den meisten Fällen auch kostenlos angeboten werden.

Angebotsfaktoren („Supply Factors"): Wenn es Ihren Kunden zum Beispiel aus behördlichen Gründen nicht möglich ist, ihr Angebot anzubieten und somit wirtschaftlich aktiv zu sein, entgehen Ihren Kunden wichtige Einnahmen, die dann bei Investitionsplanungen fehlen. Um beim Beispiel der Flugzeugindustrie zu bleiben, war es den Fluglinien nach 9/11 oder am Beginn der COVID-19-Pandemie nicht möglich, ihr Service anzubieten, denn es gab behördlich verordnete Groundings von Flugzeugen aufgrund des Verbots von Flügen. Die Angebotsseite im Segment Ihrer Kunden kam zum Erliegen und damit kam es zu massiven Einnahmeausfällen. In weiterer Folge reduzierte sich bei den Airlines die Nachfrage nach neuen Flugzeugen und somit hatte der Faktor „Flugbewegungen (Angebotsseite)" eine starke Korrelation – wenn auch etwas zeitversetzt – auf den Markt für Unternehmen in der Flugzeugindustrie. Damit einhergehend sind in weiterer Folge selbstverständlich auch die Märkte der Zulieferindustrie betroffen, da auch deren Märkte zumindest kurz- und mittelfristig kleiner wurden oder stagnierten.

Nachfragefaktoren („Demand Factors"): In den meisten Branchen und Industrien zeigt die Nachfrage nach Leistungen Ihrer Kunden eine gewisse Korrelation zwischen Nachfrage und der einen oder anderen makroökomischen Kennzahl auf. Im Umkehrschluss bedeutet das: Wenn Sie die Entwicklung dieser makroökonomischen Parameter kennen, sind Sie in der Lage, eine Vorhersage zur Marktentwicklung in Ihrem Kundensegment zu treffen. In vielen Industrien gibt es eindeutige Korrelationen zwischen Wohlstand bzw. Wohlstandswachstum und Nachfrageverhalten. Diese Informationen, also welche makroökonomischen Indikatoren die größte Korrelation mit dem Nachfrageverhalten in der Industrie Ihrer Kunden aufweist, finden Sie oft in öffentlich zugänglichen Studien oder aber auch Master-/Diplomarbeiten. Eine weitere Variante ist, dass Sie selbst eine statistische Korrelationsanalyse durchführen, und zwar zwischen verschiedenen makroökonomischen Indikatoren und den Umsätzen Ihrer Kunden oder sogar dem Auftragseingang bzw. Umsatz in Ihrem Unternehmen. Beispielhaft möchte ich hier anführen, dass es in den unterschiedlichen Regionen weltweit eine klare Korrelation zwischen dem BIP sowie BIP-Wachstum und der Nachfrage nach Flügen gibt. Als weiteres Beispiel kann angeführt werden, dass das Nachfrageverhalten bei Versicherungen, speziell abseits der „Basis"-Versicherungen, ebenfalls sehr stark wohlstandsabhängig ist. Im ersten Beispiel kann daher das BIP-Wachstum (in Prozent) herangezogen werden als Basisindikator, und daraus abgeleitet ergeben sich sehr gute Prognosen zu Wachstumsraten betreffend Flugnachfrage in den einzelnen Regionen der Welt. Diese

Information wiederum wäre für Sie von Interesse, wenn Sie beispielhaft in der schon mehrmals erwähnten Flugzeugindustrie tätig sind. Im zweiten Beispiel der Versicherungsbranche könnten Sie als Basisindikatoren das BIP pro Einwohner sowie dessen Wachstumsprognosen heranziehen, wenn Sie eine Abschätzung zur Entwicklung der Märkte für Versicherungen erstellen möchten. Wichtig bei dieser Art von Korrelationsanalyse ist, dass Sie die geeigneten Parameter wählen und in weiterer Folge eine valide statistische Korrelationsanalyse durchführen. Bei korrekter Auswahl und Analyse erhalten Sie am Ende einen sogenannten Multiplier, also einen Faktor, der den Zusammenhang zwischen dem gewählten Indikator und der für Sie relevanten Marktkennzahl beschreibt. Diese Zusammenhänge können global betrachtet werden, jedoch ist meine Empfehlung, hier auf regionaler Ebene zu analysieren. Wenn Sie sich die wirtschaftlichen Entwicklungen weltweit ansehen, werden Sie erkennen, dass nicht alle Regionen die gleichen Entwicklungen und Trends bzw. Wachstumsraten aufweisen. Daher lautet meine Empfehlung:

> i Korrelationsanalysen immer global und auch regional durchführen!

Wenn Sie derartige Korrelationsanalysen immer global, aber eben auch regional durchführen, können Sie evaluieren, ob sich Multiplier zwischen den Regionen unterscheiden. Ein finales Fallbeispiel zu diesem Thema wäre der Zusammenhang zwischen BIP und Airline-Passagierzahlen, und um zu sehen, wie eine derartige Korrelationsanalyse final aussehen kann, können Sie im Internet zum Beispiel folgende Analyse finden: „Airports: The correlation between GDP growth and the increase in airline passengers. A flash analysis."[1]. Ich möchte diese Analyse inhaltlich an dieser Stelle nicht bewerten, jedoch zeigt sie Ihnen, wie kompakt und trotzdem wertvoll eine derartige Analyse sein kann und wie sich die Ergebnisse und Multiplier je nach Region auch unterschiedlich darstellen lassen können. Ein weiterer Bereich, der für Unternehmen mit Sitz in der EURO-Zone ebenfalls von Relevanz ist, betrifft die Wechselkurs-schwankungen, zum Beispiel zwischen EURO und USD. Etwas simplifiziert dargestellt: Ist der EURO „schwach", haben Sie kompetitive Vorteile am internationalen Markt gegenüber etwaigen Mitbewerbern aus dem US-amerikanischen Markt sowie bei Projekten und Angeboten in Ländern, deren Währung an den USD gekoppelt ist. Seriöse Quellen für makroökonomische Indikatoren sind aus meiner Sicht die teilweise mehrmals pro Jahr erscheinenden Daten von Institutionen wie Weltbank, IWF oder OECD, da Sie auf deren Homepages in der Regel Datenreihen der vergangenen Jahre sowie auch Forecasts und Outlooks in verwertbaren und editierbaren Formaten downloaden können. Um Wechselkurse bewerten und auch abschätzen zu können, empfehle ich als Quelle zum einen die Berichte der jeweiligen Notenbanken, also EZB oder FED), und zum anderen die Forecasts von großen Geschäftsbanken sowie Investmenthäusern. Auf diese Art können Sie die Marktentwicklung von einer reinen Jahressicht auf mehrere Jahre erweitern.

Trends und Megatrends: In einem maßgeschneiderten Report, der für Sie von Relevanz ist, empfehle ich, die langfristige Sichtweise nie aus den Augen zu verlieren. Dazu zählen Trends und Megatrends, und diese stellen maßgebliche Parameter in der Definition von Risken und Chancen dar und fließen damit in sogenannte Upside- und Downside-Szenarien ein. Ich komme in diesem Buch im Kapitel <Trends und Megatrends> nochmals genauer auf dieses Thema zurück.

Datenverifizierung: Wenn Sie sämtliche Quellen, Daten und Analysen zur Verfügung haben, geht es nun daran, diese Daten zu harmonisieren und abgestimmt zu einem Marktmodell zusammenzuführen. Wie bereits vorhin beschrieben, ist meine Empfehlung, dass man jede Methode – egal ob Bottom-up oder Top-down – in einem ersten Schritt verifiziert, in dem man das Modell in die Vergangenheit rückrechnet. Danach wird überprüft, ob die Daten des Modells mit jenen der Realität halbwegs übereinstimmen. Wenn Sie nun die unterschiedlichen Methodiken zu einem Modell zusammenführen, gewichten Sie jene Methodik, welche beim Rückwärtscheck das genaueste Ergebnis liefert, am höchsten und arbeiten Sie ggf. mit gewichteten Durchschnittswerten. Weiters empfehle ich, das Marktmodell mit Jahresberichten Ihrer Kunden oder durch Interviews mit Kundenvertretern zu verifizieren. Wie vorhin bereits erwähnt: Die Summe aller Kunden Investitionen ergibt die Summe Ihrer Marktvolumen. Und schlussendlich empfehle ich, Plausibilitätschecks auf Länderbasis. Als Faustformel können Sie hier beispielhaft, wie in vielen Bereichen, einen Faktor 1:10 zwischen Österreich und Deutschland annehmen. Weitere derartiger Faustformeln gibt es auch zur Anwendung zwischen weiteren Länderpaarungen. Sollte also in Ihrem Marktmodell das Ergebnis dazu führen, dass Ihr Modell eine Marktgröße für Deutschland zeigt, welche circa zehnmal so groß ist wie jene für Österreich, hätte Ihr Marktmodell auch diese (einfache) Plausibilitätsüberprüfung bestanden. Auch bei der Datenverifizierung gilt das Prinzip, dass Sie Annahmen treffen, mit Schätzungen arbeiten und dann verschiedene Methodiken im Idealfall austesten, bis das Marktmodell Ihren eigenen Ansprüchen – sowohl inhaltlich als auch qualitativ – entspricht.

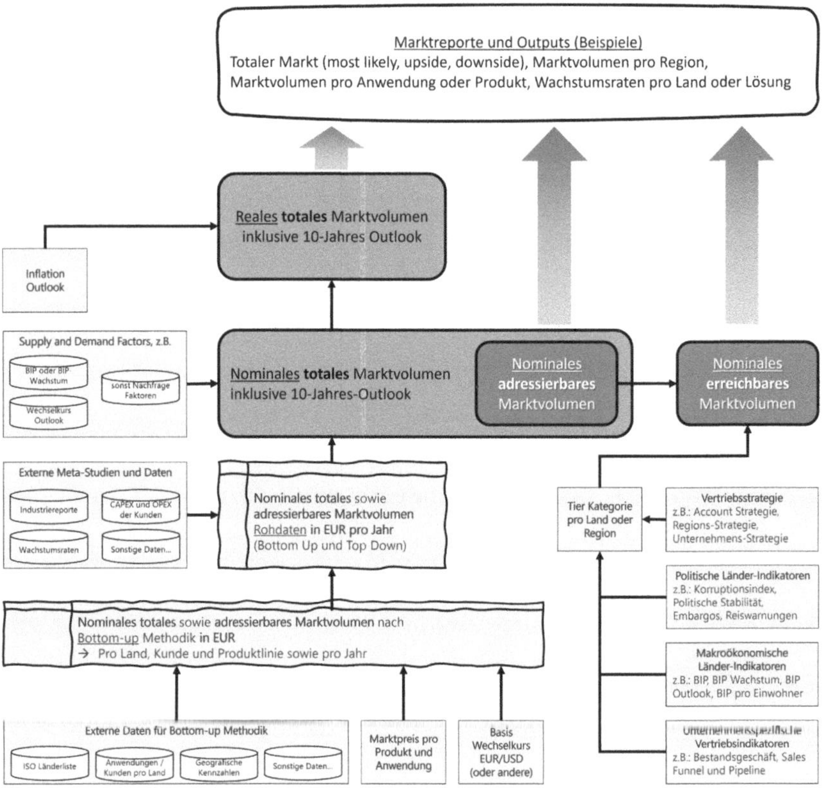

Abb. 6: Beispielprozess der Erstellung eines Marktmodells

Der Einfachheit halber wurden in Abb. 6 einige Parameter wie System-Life-Cycle, Anteil des Marktpreises zwischen Neukundengeschäft (CAPEX bei Ihren Kunden) und Bestandsgeschäft (OPEX bei Ihren Kunden) sowie weitere Faktoren bei der Definition der Tierkategorien in der Darstellung weggelassen. Da individuelle Marktmodelle immer sehr stark von Industrie und Branche abhängen, möchte ich Ihnen mit dieser Darstellung eines Beispielprozesses zeigen, wie Sie mit einer strukturierten Methodik schlussendlich eine auf Ihre Produkte und Lösungen maßgeschneiderte und multidimensionale Marktübersicht erhalten können.

Wenn Sie schlussendlich ein Marktmodell erstellt haben, dass Ihren Anforderungen entspricht, können Sie verschiedene Reporte erstellen. Die Darstellungsform, also speziell Grafiklayouts und Tabellengestaltung, können sie selbstverständlich nach Ihren Bedürfnissen gestalten. Der Vorteil bei der Verwendung eines datenbankbasierenden Modells mit einem Tabellenkalkulationsprogramm ist, dass Sie auch Datenanalyse, Auswertung und Darstellung sehr flexibel gestalten und filtern können.

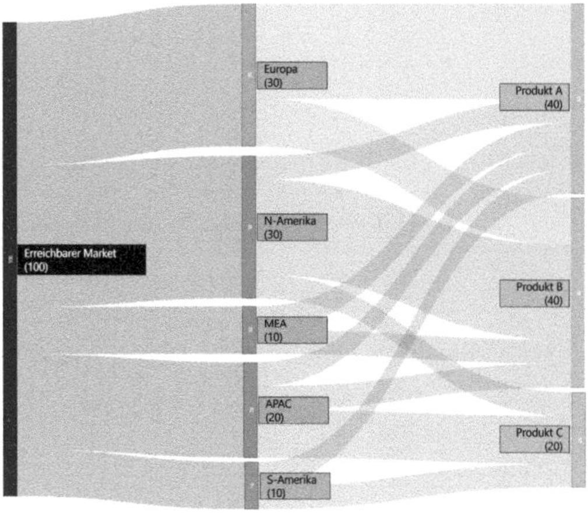

Abb. 7: Sankey-Diagramm (Beispiel)

Wenn Sie aus Österreich kommen, kennen Sie mit ziemlicher Sicherheit die Wählerstromanalysen, welche im österreichischen TV am Abend jeder Wahl präsentiert werden. Der in früheren Jahren dabei verwendete Diagrammtyp wird als „Sankey"-Diagramm bezeichnet. Diese Diagrammform eignet sich aus meiner Sicht sehr gut, wenn Sie eine Analyse Ihres erreichbaren Marktes, gegliedert nach Regionen und Produkten, in einer einzigen Grafik darstellen möchten. Im Beispiel von Abb. 7 ist erkennbar, dass die größten Märkte des erreichbaren Marktes in Europa und Nordamerika liegen. Auf der rechten Seite wiederum ist sehr gut erkennbar, dass Produkt A primär seinen Markt in Europa hat, während der Hauptmarkt von Produkt B in Nordamerika liegt. Eine weitere Interpretation dieses Beispiels wäre, dass Produkt C einen erreichbaren Markt nur in drei Regionen aufweist, während Produkt A sehr divers in allen Regionen einen erreichbaren Markt hätte. Sie könnten diese Grafik nun um den adressierbaren – jedoch nicht erreichbaren – Markt erweitern, um zu evaluieren, in welchen Regionen Sie mit den drei Produkten noch Wachstumspotenzial generieren können. Wenn Sie in weiterer Folge noch die zeitliche Dimension einbauen, erhalten Sie zusätzlich einen ausgezeichneten Überblick über prognostizierte Wachstumsraten und können damit Ihre Produkt- und Vertriebsstrategien entsprechend ausrichten und gewichten. Eine Empfehlung, die ich Ihnen bei der Erstellung von Marktmodellen an dieser Stelle geben möchte:

> i Vorhersagemodelle immer in Szenarien abbilden!

Versuchen Sie, die wahrscheinliche Entwicklung zu erarbeiten, berücksichtigen Sie jedoch auch Chancen und Risken in Ihrem Marktmodell.

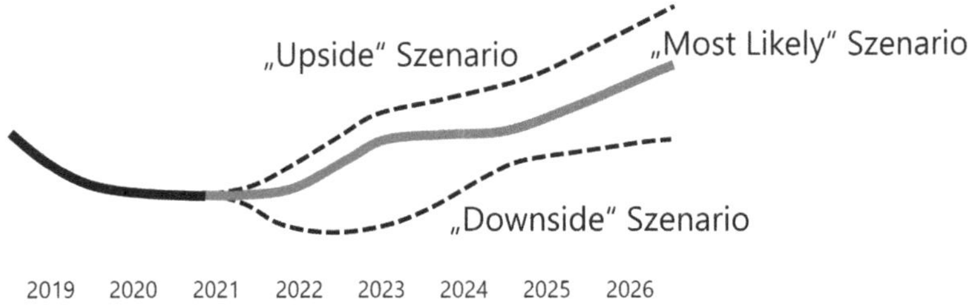

Abb. 8: Marktmodellszenarien

Das Downside-Szenario berücksichtigt hier zum Beispiel pessimistische Prognosen des Wirtschaftswachstums oder den unteren Bereich von möglichen Wechselkursbereichen. Für Unternehmen, deren Kunden im öffentlichen Sektor beheimatet sind oder diesem nahestehen, wäre ein weiterer Inputfaktor für das Downside-Szenario eine etwaige Budget-Konsolidierung oder die Reduktion von öffentlichen Investitionsausgaben. Upside-Szenarien zeigen auf der anderen Seite das Marktvolumen, wenn sich das BIP doch besser als prognostiziert entwickelt, Nachfragefaktoren stärker wachsen, als im Durchschnitt erwartet, oder neue Produkte und Lösungen schneller und damit stärker nachgefragt werden, als im Businessplan abgeschätzt. Speziell in Zeiten unsicherer politischer und wirtschaftlicher Rahmenbedingungen hat sich das Konzept von Szenarien als sehr hilfreich erwiesen.

Wenn Sie in Zeiten von erhöhten Inflationsraten das reale Marktwachstum analysieren möchten, ist der erste Schritt, dass Sie ein Basisjahr (T0) definierten, welches als Basis dient.

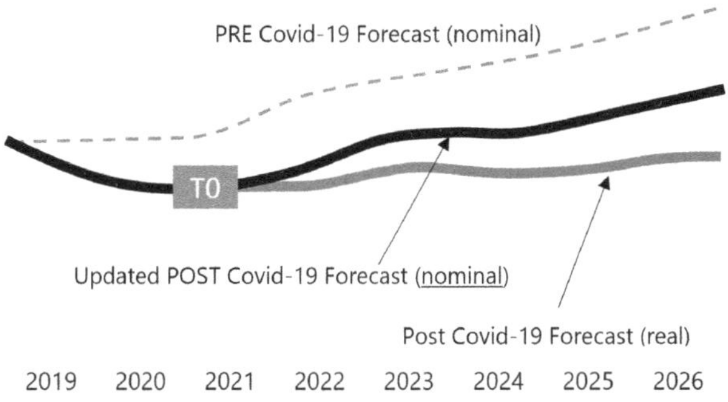

Abb. 9: Unterschied nominale vs. reale Marktentwicklung

In Abb. 9 sehen Sie eine mögliche Darstellungsform im Zuge einer Impact-Analyse der COVID-19-Pandemie. Die obere, strichlierte Linie stellt die Marktentwicklung dar, wie sie vor Ausbruch der Pandemie abgeschätzt wurde. Ein leichtes, aber stetiges Wachstum ist hier erkennbar. Um die Auswirkungen der Pandemie auf den Markt in diesem Beispiel zu verifizieren, wurde mithilfe verschiedener Parameter ein neues Marktvolumen errechnet, welches durch die schwarze Linie in der Mitte der Grafik dargestellt wird. An dieser Stelle möchte ich hervorheben, dass sämtliche Marktmodelle im Normalfall mit nominalen Marktvolumen arbeiten, also Inflation nicht berücksichtigt wird. Dies ist in Zeiten von sehr niedrigen Inflationsraten auch durchaus nachvollziehbar und ergibt ein Ergebnis, mit dem man im Normalfall gut weiterarbeiten kann. Steigt jedoch die Inflationsrate, empfehle ich ein zweistufiges Modell, welches die Inflationsraten berücksichtigt und damit das reale Marktvolumen darstellt. Sie können so in weiterer Folge mit diesem realen Bild sehr gut abschätzen, welches Wachstum Sie bei Auftragseingang und Umsatz mit Ihren Produkten und Lösungen benötigen, um Kosten abzudecken sowie Deckungsbeitrag und Gewinn zu erwirtschaften. Sollte das reale Marktwachstum nämlich wie in diesem Beispiel sehr gering ausfallen oder nach Abzug der Inflation gar negativ ausfallen, ist diese Information von enormer Wichtigkeit, um abschätzen zu können, ob Ihre anvisierten Geschäftswachstumsraten überhaupt plausibel und erreichbar sind. Folgen Sie rein den nominalen Marktwachstumsraten (in unserem Beispiel hier 5 bis 7 %) und nicht den realen Marktwachstumsraten (in diesem Beispiel nur noch 2 bis 3 %) und gehen Sie davon aus, dass Sie mit dem Markt mitwachsen – weil 5 bis 7 % sehr positiv klingt –, könnten Sie am Ende vor dem Problem stehen, dass das Wachstum in Auftragseingang und Umsatz nicht ausreicht, um den Anstieg der Kosten für Gehälter und Löhne, Energie sowie weitere Kostenarten im Unternehmen abzudecken.

Um die Wartung und zukünftige Updates möglichst automatisiert gestalten zu können, empfehle ich, sämtliche Daten in einer Tabellenkalkulation oder Datenbank zu führen, sodass ein Update von einem der Faktoren oder Indikatoren automatisiert („auf Knopfdruck") zu einem Update des gesamten Marktmodells führt. Vermeiden Sie manuelle Dateneingaben, sondern benutzen Sie im Idealfall klar definierte Übergabeschnittstellen zwischen den einzelnen Datenbanken und vertrauen Sie

Ihren Kenntnissen von MS-Excel und Co, denn wir benötigen im Normalfall relativ simple Verlinkungen und Formeln. Zudem werden viele der beschriebenen externen Datenquellen meistens auch in kompatiblen Formaten angeboten, sodass Sie sie relativ einfach in Ihre „Master"-Datei kopieren oder verlinken können. Abschließend möchte ich Ihnen noch einen Tipp geben, um den Aufwand der Updates nicht aus dem Ruder laufen zu lassen.

> i
> Ein optimaler Update-Zyklus von Marktmodellen und Marktreporten ist, wenn Sie den gesamten Report einmal pro Jahr updaten und maximal einmal pro Quartal ein kurzes Update der wichtigsten Kennzahlen vornehmen.

Damit stellen Sie sicher, dass der Aufwand für das Updaten des mehrere Seiten langen Reports überschaubar bleibt und auf der anderen Seite die wichtigsten Stakeholder im Unternehmen einmal pro Quartal ein grobes Update der Entwicklung des Marktes erhalten. Es handelt sich dabei um eine Executive Summary, die im Idealfall auf einer A4-Seite Platz finden sollte.

Da Ihr Marktmodell im Normalfall von vielen im Unternehmen als Basis für weitere Diskussionen und Analysen dienen wird, möchte ich Ihnen noch einen Tipp geben: Seien Sie darauf gefasst, dass je nachdem, wer die Marktdaten verwendet, Ihre Marktvolumen entweder in den oberen Bereich oder eher in Richtung Downside auslegen wird. Ein typisches Beispiel ist die Anwendung der Marktdaten durch Produktmanager oder Business-Verantwortliche mit Verantwortung über einen Business-Case. Sie können davon ausgehen, dass für den Fall, dass diese Abteilung oder dieser Bereich zusätzliche Mitarbeiter benötigt und diese „Headcounts" beim Vorstand argumentiert werden müssen, mit Sicherheit der obere Bereich Ihrer Marktzahlen zur Anwendung kommt. Getreu dem Motto: „Lieber Vorstand, sehen Sie sich an, welches hohe Marktvolumen und Potenzial sich für uns erschließen würde, wenn wir zusätzliche Mitarbeiter bekommen würden." Umgekehrt werden Sie beobachten können, dass ein Produktmanager, der seine persönlichen Umsatzziele und Businesspläne fix zusagen muss, mit ziemlicher Sicherheit in seiner Argumentation den unteren Bereich Ihrer Marktzahlen verwenden wird. Dann können Sie sehr schnell zu hören bekommen, welche Risken nicht alle zu berücksichtigen sind und dass daher ein Umsatzziel nicht höher als x sein darf. Ich empfehle Ihnen, dies bei Diskussionen zu Marktvolumen immer im Hinterkopf zu behalten und darauf zu achten, wer welche Absichten und Ziele hat, wenn auf Ihre Marktzahlen zurückgegriffen wird. Wichtig in diesem Zusammenhang ist, dass Ihr Modell sauber und nachvollziehbar in der Methodik und den Annahmen erstellt ist, denn damit haben Sie als „neutrale" Stelle die Expertise, um ggf. zu schlichten, wenn notwendig.

Trends und Megatrends

Weshalb sollten Sie sowohl die zumeist industriespezifischen Trends, aber auch externe Megatrends beachten und evaluieren, wenn Sie die Zukunft Ihrer Produkte und Lösungen strategisch vorbereiten, wo Sie doch meistens in Ihrem Unternehmen die Experten haben?

Die Frage nach dem Unterschied zwischen einem Trend und einem Megatrend könnte man, bezogen auf Industrien und Marktgrößen, vereinfacht so beantworten: Ein Trend spiegelt in den meisten Fällen die Entwicklung wider, welche sich innerhalb der jeweiligen Industrie abgrenzen lässt. Als Beispiel dazu könnte man anführen, dass Mobiltelefone zu Beginn immer mit Tasten ausgestattet waren, während man heutzutage primär auf Smartphones mit Touchscreen oder Voice-Recognition setzt. Dieser technologische Trend war Teil des gesellschaftlichen Megatrends der mobilen Kommunikation unserer Gesellschaft, wobei Teil dieses Megatrends sowohl technologische Trends waren, aber eben auch soziologische Trends sowie Trends der mobilen Arbeitswelt etc. eine Rolle spielten. Megatrends sind daher in den meisten Fällen globale Entwicklungen in weitläufigen Lebens- und Sozialbereichen, ausgelöst sowie unterstützt durch enger definierte (Sub)-Trends. Wenn Sie die Zukunft für Ihre Produkte profitabel entwickeln möchten, sollten Sie Trends in Ihrer Industrie sowie globale Megatrends immer berücksichtigen.

Ein aktueller Megatrend ist definitiv das Thema der „Green Economy", und hier ist es unumgänglich, dass Ihre Produkte diesen unterstützen beziehungsweise diesem gerecht werden. Wenn Sie heute Flugzeuge mit Dieselmotoren und Propeller entwickeln würden, würden Sie wohl zum einen den technologischen Trends (Stichwort: Biokerosin), aber eben auch dem speziell nach der Coronapandemie reduzierten Bedürfnis nach (Business-)Reisen entgegenwirken. Damit finden Sie sich wohl oder übel in einer Situation, ein Produkt zu entwickeln, für das es wenig bis keine Nachfrage gibt. Diese Trends sind Teil des Megatrends der „Green Economy", welcher z. B. in Europa dazu führen wird, dass die Nachfrage nach Kurzstreckenflügen – und damit dem Zielmarkt für die oben als Beispiel erwähnten Propellermaschinen – weiter sinken wird. Stattdessen werden diese Flugverbindungen durch Hochgeschwindigkeitsbahnverbindungen oder Flugzeuge mit Solarantrieb mittel- und langfristig abgelöst werden. Somit ist der Megatrend „Green Economy" mit Sicherheit ein Megatrend, der viele Subtrends mit sich bringen wird und damit viele Produkte und Lösungen in den meisten der aktuell existierenden Industriebereiche betrifft.

Im Zuge dieses Kapitels möchte ich Ihnen ein weiteres Beispiel bringen, welches sehr gut zeigt, welche Auswirkung der Trend der flexiblen Mobilität auf etablierte Industrien haben kann: Taxidrohnen. In den letzten

Jahren haben sich viele Start-up-Unternehmen sowie etablierte Flugzeug- und Automobilhersteller mit der Entwicklung von neuen Megadrohnen als zukünftigem möglichem Ersatz von Taxis oder privaten Pkw beschäftigt. Egal ob man diesen Trend nun möchte oder nicht, aber es ist mit ziemlicher Sicherheit davon auszugehen, dass diese Art von Mobilität in den kommenden 5 bis 10 Jahren zu einer gewissen Marktreife kommen wird. Wenn Sie nun jedoch in einem Unternehmen arbeiten, dessen Geschäftsmodell zum Beispiel auf der Entwicklung und Herstellung von Zufahrtssystemen für Parkhäuser oder Mautsystemen für Autobahnen oder Citymautlösungen basiert, besteht die Gefahr, dass aktuelle Marktvolumen und bestehende Kundenstrukturen in 5 bis 10 Jahren stark verändert sein werden. Um nicht zu sagen, diese Systeme werden geringer nachgefragt werden und vielleicht sogar langfristig verschwinden, denn der Umkehrschluss zur Marktreife von autonom fliegenden Megadrohnen bedeutet, dass weniger Autos auf den aktuellen Straßen unterwegs sein werden.

Wie kann man nun die Auswirkung auf Marktentwicklungen abschätzen, wo dieses Thema doch tatsächlich neu ist? Sie werden sich wundern, doch zum Zeitpunkt, als ich diese Zeilen hier geschrieben habe, ergab eine einfache Suchmaschinenanfrage nach „Drohnen Taxi Markt" (auf Englisch) bereits über zehn Mio. Suchergebnisse, wovon alleine auf den ersten Seiten bereits unterschiedliche Marktreporte zu finden waren. Es wird Ihnen jedoch wenig helfen, die Auswirkung auf Ihr ursprüngliches Marktpotenzial zum Beispiel in den Bereichen Zufahrtssysteme oder Mautlösungen abschätzen zu können, wenn Sie erfahren, wie groß der Markt für Taxidrohnen ist, außer Ihr Unternehmen entscheidet sich, diese in Zukunft selbst zu bauen bzw. zu verkaufen. In dieser Situation hilft es jedoch trotzdem, wenn Sie sich diese Reporte organisieren, denn auf diese Art und Weise bekommen Sie ggf. einen Überblick, wie viele Autos (Taxis oder private Pkw) z. B. durch Drohnen abgelöst werden könnten. Damit bekommen Sie auch einen Überblick, mit welchem Einnahmenverlust Ihre aktuellen Kunden – also in unserem Beispiel die Parkhausbetreiber bzw. Autobahnbetreiber – rechnen müssen und in welchem Umfang sich dieser Einnahmenverlust in reduzierten Investitionsbudgets auswirkt. Dies im Umkehrschluss ermöglicht es Ihnen rechtzeitig, Ihre Produkte in einer Art und Weise zu adaptieren, die den dann geringeren Kundenbudgets entsprechen. Zusätzlich ermöglicht es Ihnen ein Trend dieser Art aber auch, dass Sie in Zukunft Märkte und Kunden adressieren, die aktuell noch überhaupt keine Rolle in Ihrem Go2Market-Modell spielen. Drohnen müssen sich – wie Autos – von A nach B bewegen, nur geschieht das im dreidimensionalen Luftraum und nicht – wie beim Auto – auf mehr oder weniger zweidimensionalen Straßen. Anstelle von Autobahnbetreibern, welche die oben erwähnten Mautsysteme einsetzen, wird der Flugverkehr im Regelfall von mit der Flugsicherung beauftragten Unternehmen („Flugsicherungsbehörden") geregelt und kontrolliert. Sie können davon ausgehen, dass diese Unternehmen diese Tätigkeiten nicht ohne Unterstützung von entsprechenden Kontrollsystemen durchführen. Vereinfacht formuliert: Teile des ursprünglichen Marktvolumens für Mautsysteme bei Autobahnbetreibern oder Citymaut-Anbietern werden in anderer Form mittel-/langfristig als UTM („Unmanned-Traffic-Management"-) Investitionsbudget bei Flugsicherungsunternehmen aufscheinen bzw. budgetiert werden müssen. In unserem Beispiel bedeutet dies, dass man als Produkt-/Lösungsmanager im Idealfall Lösungen generiert, welche diesen neuen Markt bei neuen Kunden adressiert. Damit wird es ermöglicht, den wahrscheinlichen Wegfall an Business im aktuellen Markt zu kompensieren oder bei entsprechenden Wachstumsraten zusätzliches Potenzial zu eröffnen. Dieses Beispiel zeigt in klarer Weise, dass durch Trends in einem primär nicht direkten Geschäftsfeld durchaus das eigene Geschäftsmodell beeinflusst werden kann. Wenn man das jedoch rechtzeitig erkennt, kann man auch rechtzeitig agieren und ist nicht in einer passiven Art und Weise zum Reagieren gezwungen.

An dieser Stelle möchte ich Ihnen ein paar Beispiele von Trends geben, die in vielen Industrien weltweit verstärkt eine Rolle spielen. Überlegen Sie sich, ob der eine oder andere Themenblock für Ihr Business von Relevanz ist und wie Sie schon jetzt auf derartige Trends eingehen können.

- Managed Services bei Kunden und Produkten/Lösungen, wo dies bis dato noch kein Thema war. Der Trend zum Auslagern von bisher internen Tasks kommt immer häufiger vor, mit all den damit verbundenen Vor- und Nachteilen für Ihre Kunden, die aufgrund der Neuigkeit der Herausforderungen oft überhaupt nicht wissen, was sie erwartet.
- Public-Private-Partnership (PPP) im öffentlichen Sektor, was dazu führt, dass Ihre Kunden oder Buying-Center in Zukunft nicht mehr jene öffentlichen Kunden sind, die Sie aktuell in Ihren Märkten adressieren. Anstelle von Körperschaften öffentlichen Rechts treten privatrechtliche Unternehmen als Einkäufer Ihrer Produkte auf, die Sie im Idealfall auch anders bedienen in Ihrem Vertriebsprozess.
- Augmented Reality (AR) führt verstärkt dazu, dass verschiedene Leistungen in Zukunft nicht mehr persönlich stattfinden werden. Das betrifft speziell in hardwareintensiven Branchen die Bereiche Kundeneinschulungen, Wartungsarbeiten, Serviceverträge sowie im Vertriebsumfeld auch neue Wege der Präsentation von Kundenreferenzanlagen. Wenn Sie heute Ihre Kundenschulungen im Haus oder direkt beim Kunden durch zertifizierte Trainer durchführen oder einen

Wartungsvertrag mit jährlichen Inspektionen der Anlage durch Ihre Servicemitarbeiter erfüllen, wird sich das früher oder später mit der Unterstützung durch AR mit weitaus weniger Reiseaufwand sowie physischer Präsenz Ihrer Mitarbeiter und Kollegen realisieren lassen.

- Cybersecurity betrifft jeden von uns und damit mit an Sicherheit grenzender Wahrscheinlichkeit auch Ihr Unternehmen. Selbst die katholische Kirche war im März 2022 davon betroffen, als mitten in der Nacht am Wiener Stephansdom die Glocken zu läuten begonnen haben, weil Hacker das Fernwartungssystem als Sicherheitslücke entdeckt hatten[2]. Damit ist Cybersecurity ein unverzichtbares Thema bei der Entwicklung und Auslieferung Ihrer Produkte und Lösungen. Es kann aber auch eine vertriebliche Chance für Sie sein, wenn Sie Beratungskompetenzen in diesem Bereich Ihren Kunden auch als entsprechendes Service anbieten können.
- Künstliche Intelligenz (KI) kommt in vielen Bereichen bereits jetzt vor. Im Industriebereich wird KI verstärkt verwendet, um Prozesse zu optimieren oder auch um auf sich verändernde Bedingungen entsprechend zu reagieren. In allen Bereichen wird laufend optimiert und sämtliche Lösungen, die Ihre Kunden unterstützen, effizienter zu werden, haben einen vertrieblichen Startvorteil. Aber selbst in Ihren internen Vertriebsprozessen kann KI in Zukunft verstärkt eine maßgebliche Rolle einnehmen. KI kann zum Beispiel eingesetzt werden bei digitalen Marketingkampagnen, als virtueller Chatbot auf Ihrer Firmenhomepage oder als automatisiertes Tool, um Angebotsdokumente automatisiert zu erstellen und trotzdem flexibel auf Ausschreibungs-

anforderungen eingehen zu können. Oder haben Sie sich noch nie gefreut, wenn Ihr Lieblingsportal für Online-Shopping erkennt, was Sie kaufen möchten bzw. die Suchmaschine im Internet nach drei getippten Buchstaben erkennt, wonach Sie suchen?

Obwohl externe Marktreporte durchaus in vielen Bereichen bzw. von leider zu vielen Anbietern nur sehr eingeschränkte Informationen betreffend Marktgrößen liefern, haben diese Reporte einen nicht zu leugnenden Nutzen: zusammenfassende Trendanalysen. Da diese Reporte oft von externen Datenanalysten bzw. Mitarbeitern erstellt werden, die nicht unbedingt primär aus jener Industrie kommen, über die im Marktreport berichtet wird, sind die Autoren der Reporte sehr oft auf externe Informationsquellen angewiesen. Dazu führen sie Interviews mit Marktteilnehmern wie Anbietern oder Kunden, arbeiten mit Sekundärquellen, nutzen öffentlich verfügbare Informationen von Unternehmen (in erster Linie Presseaussendungen sowie Jahresberichte) und fügen diese einzelnen Elemente zu einem Gesamtwerk zusammen. Auf Basis dieser Recherchen werden dann sehr oft auch von der Industrie identifizierte Trends und Megatrends erkannt und im Idealfall auch im finalen Report ausgewiesen und beschrieben.

Auf diese Art und Weise erhalten auch Sie einen wertvollen Input über Trends in Ihrer Industrie, die Sie vielleicht bis dato nicht oder nur teilweise erkannt haben. Der Vorteil bei der Verwendung von externen Marktreporten zur Identifizierung von Trends ist, dass Sie weniger Aufwand im Datenscreening haben und zudem auch die Ansichten Ihrer Mitbewerber und Kunden zumindest grob zusammengefasst präsentiert bekommen. Marktreporte arbeiten oft mit Daten aus der Vergangenheit und interpolieren diese, um die zukünftige Entwicklung hochzurechnen. Trends und Megatrends sind jedoch in vielen Fällen zukünftige Gamechanger, und diese sollten Sie auf alle Fälle berücksichtigen, wenn Sie Businesspläne für Ihre Produkte oder ein Update für Ihre Produkt- und Go2Market-Strategien erstellen. Und hier stellen externe Marktreporte eine durchaus valide Informationsquelle dar, welche es Ihnen ermöglicht, auf eine effiziente Art und Weise an sekundärquellenbasierte Informationen zu gelangen.

5 Key Takeaways

1. Achten Sie beim Kauf von externen Marktreporten darauf, dass Ihnen die darin vorkommende Struktur auch weiterhilft, die Daten plausibel sind, und Sie vorab ein Testexemplar erhalten!
2. Unterscheiden Sie zwischen dem totalen, dem adressierbaren und dem erreichbaren Marktvolumen und arbeiten Sie bei Vorhersagen mit Szenarien unterschiedlicher Wahrscheinlichkeiten!
3. Scheuen Sie nicht davor zurück, Annahmen bei der Erstellung Ihres Marktreports zu treffen, dokumentieren Sie diese, und erweitern Sie Ihr Marktmodell sukzessive und iterativ! Bitte beachten Sie auch, dass diese Marktmodelle immer statistische Ergebnisse liefern über Durchschnittswerte von mehreren Jahren! Etwaige Einmalinvestitionen Ihrer Kunden werden auf diese Art nicht berücksichtigt, was jedoch auch nicht das Ziel von Marktmodellen dieser Art ist.

4. Erfinden Sie das Rad nicht neu, denn viele Daten und Informationen finden Sie im Internet und bei Zeitreihen meistens in einem Format, das kompatibel zu Ihrem Tabellenverarbeitungsprogramm ist!
5. Nutzen Sie das Expertenwissen Ihrer Kollegen, das Ihrer Kunden und auch Ihr eigenes Expertenwissen, um Daten auf Plausibilität zu überprüfen, damit Sie am Ende nicht zu hören bekommen: „Traue keiner Statistik, die du nicht selbst gefälscht hast."

Tools und Templates

Sie finden auf der Website www.MA-4Consult.at (anonymisierte) Beispiele von standardisierten Marktreporten sowie eine Darstellung des Prozesses zur Erstellung eigener Marktreporte. Beispiele von Diagrammformaten und Layouts sowie unterstützende Links zu Seiten von Datenanbietern zur Verwendung als Parameter Ihres Reports können Sie gerne, auf Ihre Bedürfnisse angepasst, über das Kontaktformular erhalten. Sollten Sie Unterstützung bei der Auswahl seriöser Anbieter von kostenpflichtigen Industriereporten, oder bei der Erstellung eines maßgeschneiderten Marktmodells wünschen, verwenden Sie bitte ebenfalls eine der auf der Website angeführten Kontaktmöglichkeiten!

2. Mitbewerber: Competitive Landscape

⊗ Irrtum #1: Mitbewerberanalysen sind ohne Insiderwissen nicht machbar und kosten viele Ressourcen.

⊗ Irrtum #2: Kundensicht und Mitbewerberanalysen sind zwei unabhängige Themen im Vertrieb.

⊗ Irrtum #3: Mitbewerber sind immer Konkurrenten und werden niemals Partner sein, außer sie ziehen sich vom Markt zurück.

Wäre es nicht eine ideale Situation, wenn Sie mit Ihrem Unternehmen und Ihren Produkten und Lösungen den Mitbewerber komplett aus dem Markt drängen und quasi als Monopolist am Markt agieren könnten?

An der Universität werden zum Thema „Monopole, Oligopole und Polypole" Seminare angeboten und man lernt dort sehr detailliert die Definitionen diese Begriffe. Daher meine zugegebenermaßen sehr kurze Antwort auf die Einleitungsfrage: Ja, es wäre eine ideale Situation, jedoch werden Sie diese Situation nur für verhältnismäßig kurze Zeit „genießen" können. Und wenn ich ein altes Sprichwort an dieser Stelle zitieren darf: „Wer hoch aufsteigt, kann auch sehr tief fallen." In der wirtschaftswissenschaftlichen Literatur finden Sie den Begriff „Schweinezyklus", wenn es um den Zusammenhang zwischen Marktpreis und Angebotsmenge geht. Vereinfacht gesagt lockt ein hoher Marktpreis immer neue Anbieter in den Markt. Somit müssen Sie im Falle eines Monopols früher oder später mit neuen – oder alten – Mitbewerbern rechnen.

Wenn Sie während der Zeit der Alleinstellung am Markt übersehen, innovativ in Ihre Produkte zu investieren, könnte es passieren, dass Sie am Ende sehr „arm" dastehen. Ich würde daher sagen, dass ein fairer und kompetitiver Wettbewerb immer dafür sorgen wird, dass Sie Ihre Produkte und Lösungen innovativ weiterentwickeln, Ihr Unternehmen fit und effektiv bleibt, die Prozesse laufend optimiert und effizienter werden und schlussendlich Wachstum generiert werden kann. Dieses Wachstum, verbunden mit laufender Weiterentwicklung, wäre im Falle eines Monopols mittel- und langfristig mit an Sicherheit grenzender Wahrscheinlichkeit nicht gegeben. Auf das Thema von marktbeherrschenden Unternehmen und den damit verbundenen wettbewerbsrechtlichen Konsequenzen möchte ich hier gar nicht weiter eingehen, da sich um diese Themen die Wettbewerbsbehörden kümmern.

Kennen Sie Ihre Mitbewerber?

Diese Frage zu beantworten fällt vielen Unternehmen gar nicht so leicht. Und realistischerweise ist sie auch nicht einfach zu beantworten, speziell für Unternehmen mit einem breit aufgestellten Portfolio an Produkten und Lösungen. Sehr schnell kommt man hier in Detailfragen, die sich damit beschäftigen, dass die Mitbewerberlandschaft je nach Produkt oder Lösung (also einer Kombination verschiedener Produkte zu einer Lösung), Region oder Kundenanwendung durchaus unterschiedlich sein kann. Damit ist es oft nicht möglich, DIE einzig richtige Antwort auf diese Frage zu geben.

Wenn Sie einen groben Überblick darstellen möchten, der Ihre Mitbewerber und das eigene Unternehmen übersichtlich nach Marktrelevanz und Angebotsportfolio darstellt, empfehle ich Ihnen ein Format ähnlich dem Beispiel von Abb. 10. Auf der horizontalen Achse werden die Anbieter nach der Menge an relevanten Produkten in Ihrem Markt – also nach der Größe des Angebotsportfolios gereiht. Je mehr Produkte ein Anbieter im Portfolio anbieten kann, desto weiter rechts in der Grafik wird dieses Unternehmen dargestellt. Anbieter, die Komplettlösungen, basierend auf mehreren kombinierten Produkten, aufweisen, reihen Sie damit ebenfalls weiter rechts ein. Nischenanbieter, die zum Beispiel ausschließlich ein einziges Produkt im Portfolio haben, das für Ihren Markt von Relevanz ist, reihen Sie weiter links in dieser Grafik. Auf der vertikalen Achse reihen Sie die Anbieter nach Marktrelevanz. Somit sind Marktführer in Ihrem Produktumfeld, also auch ggf. Marktführer in einem Submarkt Ihres totalen Industriemarktes, weiter oben anzusetzen, während kleinere Anbieter beziehungsweise Anbieter, die zum Beispiel in einem globalen Markt nur regional auftreten, im unteren Bereich dargestellt werden.

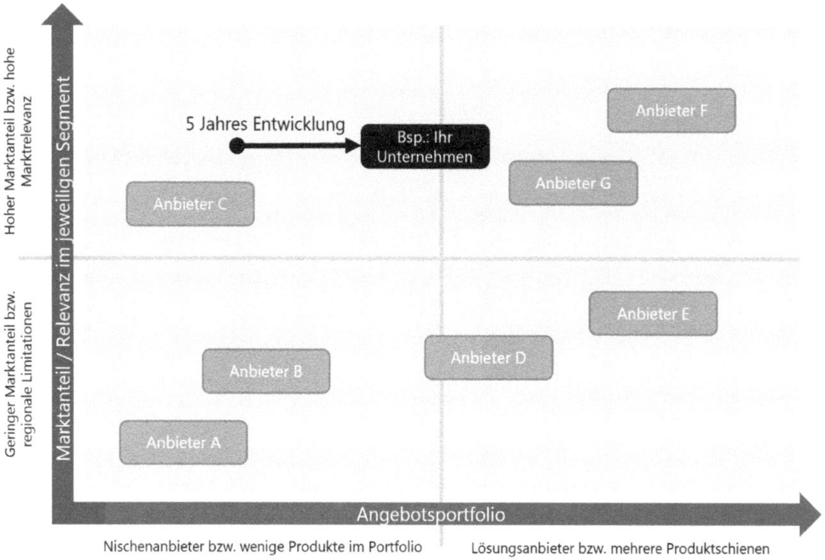

Abb. 10: Mitbewerberlandschaft

Selbstverständlich können und sollten Sie auch Ihr eigenes Unternehmen entsprechend darstellen, um die Relationen zu Ihren Mitbewerbern zu erkennen. Sie können in dieser Grafik auch die zeitliche Dimension einbauen, wenn auch vereinfacht. In Abb. 10 können Sie dies am Beispiel des eigenen Unternehmens erkennen. Die Interpretation in diesem Beispiel wäre, dass Ihr Unternehmen sich in den letzten fünf Jahren von einem Nischenanbieter mit eher wenige Produkten zu einem breit aufgestellten Anbieter in Ihrem Markt entwickelt hat. Weiters weist Ihr Unternehmen in diesem Beispiel einen hohen Marktanteil im Vergleich zu weiteren Anbietern auf, da es in der Darstellung im eher oberen Bereich gezeigt wird.

Wenn Sie diese Art von Darstellung inklusive der zeitlichen Komponente wählen, ermöglicht Ihnen das, dass Sie auch sehr schnell erkennen können, welche grobe strategische Positionierung Anbieter für sich wählen. Bleiben Anbieter in ihrer Nische oder Region oder entwickeln sie sich weiter durch ein vergrößertes Produktportfolio oder regionale Expansionsstrategien? Sie können weiters mit dieser Darstellungsform etwaige Firmenzusammenschlüsse oder Marktrückzüge sowie Markteintritte auf einen Blick erkennen. Auf diese Art und Weise lassen sich Ihre internen Strategien grafisch darstellen und Sie können speziell bei börsennotierten Unternehmen, Investoren oder Banken einen kompakten Marktüberblick präsentieren.

Marktführerschaft

Die Frage, ob Sie Marktführer sind, kann in verschiedensten Bereichen für Sie von Relevanz sein. Zum einen ist es gut für die eigene Motivation, wenn Sie Marktführer sind. In weiterer Folge erleichtern Sie es aber auch Ihren Kollegen der Marketingabteilung oder des Produktmanagements, toll klingende Presseaussendungen oder Präsentationsfolien zu erstellen. Und schlussendlich werden auf Basis des eigenen Marktanteils auch strategische Ableitungen und Maßnahmen beschlossen.

Um den Marktanteil berechnen zu können, wird im Normalfall der jährliche Umsatz oder Auftragseingang eines Unternehmens in Relation zum adressierbaren Marktvolumen gesetzt. An dieser Stelle empfehle ich Ihnen das adressierbare Marktvolumen als Referenzwert. Diese Berechnungen führen Sie für alle Ihre relevanten Mitbewerber durch, und reihen danach die Marktteilnehmer nach der Höhe des Marktanteils. Befindet sich Ihr Unternehmen nun an erster Stelle des Rankings, können Sie sich gratulieren, denn dann sind Sie Marktführer in dem von Ihren Produkten und Lösungen adressierbaren Markt. In einem Markt mit zum Beispiel 3 bis 5 Hauptanbietern liegt im Normalfall die Marktführerschaft bei einem Marktanteil ab 30 %. Wenn Sie diese Berechnungen verfeinern und diese zum Beispiel pro Produkt aus Ihrem Portfolio oder pro Region, in der Sie aktiv sind, durchführen, können Sie auf diese Art produktbezogene oder regionale Marktanteile errechnen. Für Ihre Marketing- und Kommunikationsstrategie könnte es von Relevanz sein, wenn Sie sich „Marktführer mit Produkt C" oder „Marktführer in Europa bei ..." oder gar „globaler Marktführer für ..." nennen. Von Vorteil ist es bei derartigen Statements, wenn Sie diese Aussagen auch plausibel und nachvollziehbar argumentieren können, sofern sie infrage gestellt werden. Im Idealfall folgen Sie mit Ihrer Argumentationslinie hier den bereits beschriebenen Marktmodellen in Kombination mit Ihren Umsatz- oder Auftragszahlen. Da der erreichbare Markt – wie bereits beschrieben – in den meisten Fällen kleiner als der adressierbare Markt ist, empfehle ich Ihnen, die Marktanteile zusätzlich zum adressierbaren Markt auch noch in Relation zum erreichbaren Marktvolumen zu errechnen (siehe auch Kapitel 3).

Die Sicht der Kunden

Wenn Sie Produkte und Lösungen entwickeln bzw. in weiterer Folge am Markt verkaufen möchten, sollten Sie nie – und hier möchte ich das Wort „nie" symbolisch doppelt unterstreichen – die Kundensicht aus dem Fokus verlieren. Der größte strategische Fehler wäre, wenn man sich ausschließlich auf die Eigensicht verlässt und die Fremdsicht, also die Sicht von außen, in strategische Entscheidungen nicht einfließen lässt. Ganz getreu dem falschen Motto: „Wir wissen besser, was der Markt und die

Kunden von uns benötigen bzw. wie wir am Markt wahrgenommen werden."

Die effektivste Methode, um die Sichtweise Ihrer Kunden sowie potenzieller Kunden in Erfahrung zu bringen, ist, eine klassische Umfrage oder Befragung durchzuführen. Diese können Sie selbst in Ihren Prozessen verankern und durchführen, oder Sie beauftragen mit der Durchführung und Auswertung ein externes Beratungsunternehmen. Speziell bei interviewbasierten Umfragen empfehle ich, auf externe Dienstleister zurückzugreifen, weil Sie damit gegenüber Ihren Kunden auch eine gewisse Neutralität und Unabhängigkeit der Interviewer sicherstellen. Zusätzlich gelangen Sie auf diese Art und Weise indirekt an Informationen, die Sie unter Umständen bei direkten Kundengesprächen nicht erhalten hätten.

Unabhängig davon, wer die Umfragen schlussendlich durchführt, gibt es aus meiner Sicht ein paar grundlegende Anforderungen an die Methodik, um zu validen, aber auch verwertbaren Ergebnissen zu gelangen. Folgende Bereiche der Wertschöpfungskette empfehle ich einer laufenden Evaluierung zu unterziehen:

- ✓ Spezielle Funktionen oder Produkteigenschaften im Zuge von Produktneu- und -weiterentwicklungen
- ✓ Generelle Qualität Ihrer Produkte und Lösungen
- ✓ Wahrgenommenes Preisniveau sowohl bei Investitions- als auch bei Betriebskosten („After Warranty")
- ✓ „Value for Money", um herauszufinden, ob Kunden etwaige höhere Preise mit der Qualität Ihrer Leistungen wertschätzen
- ✓ Zufriedenheit mit der Kundenbetreuung über die gesamte Wertschöpfungskette (Vertrieb, Angebotsqualität, Lieferung und Projektmanagement, Gewährleistung, Service/Wartung)

- ✓ Beratungsqualität Ihrer Mitarbeiter, und damit einhergehend die wahrgenommenen Qualifikationen Ihrer Mitarbeiter

Ich empfehle Ihnen, die Liste an Fragen an Ihre Kunden so kurz wie möglich und so lange wie notwendig zu gestalten. Wir alle bekommen nach Aufenthalten in Hotels oder bei der Benutzung von Mietautos oft E-Mails mit der Bitte, eine Bewertung abzugeben. Für mich persönlich darf die Liste nicht länger als 10–15 Fragen sein, denn sonst sinkt meine persönliche Motivation, konstruktive Antworten zu geben, und ich denke, dass dies auf viele Umfragen dieser oder ähnlicher Art umgelegt werden kann.

Eine weitverbreitete Methode der Befragung ist, bestimmte Themen nach dem Schulnotenprinzip bewerten zu lassen. Ich empfehle Ihnen, auf eine Skala mit einer geraden Zahl an Auswahlmöglichkeiten zu setzen, also zum Beispiel eine Skala 1–4 oder 1–6. Im Vergleich zu einer ungeraden Anzahl, wie dies beim „echten" Schulnotenprinzip – zumindest auf Basis österreichischer Schulnoten – der Fall ist, ist es bei einer geraden Anzahl nicht möglich, sich mit seiner Antwort in die Mitte zu legen. Bei Schulnotenskalen mit fünf Möglichkeiten ist es immer möglich, eine Bewertung von 3 zu geben. Die Aussagekraft dieser Antworten ist für Sie jedoch begrenzt, denn Sie möchten ja in den meisten Fällen am Ende der Befragungen eine Tendenz ablesen. Jeder Mensch hat bei beinahe allen Themen des täglichen Lebens – egal ob im privaten Leben oder im beruflichen Umfeld – eine tendenzielle Meinung. Und dies betrifft viele Akzente, unabhängig ob es eine Frage nach Pro und Kontra, nach Wichtigkeiten verschiedener Themen oder nach Präferenzen ist. Es lohnt sich immer nachzufragen, wenn man als Antwort erhält, die Person gegenüber sei unentschlossen oder ein bestimmtes Thema sei der befragten Person egal. In einem Interview kann man nachfragen und zum Beispiel mit dem Adverb „eher" eine Tendenz abfragen. Bei strukturierten und vielleicht sogar automatisierten Umfragen ist ein einfaches Nachfragen nicht möglich. Daher empfehle ich, schon bei der Gestaltung der Auswahl- und Antwortmöglichkeiten sicherzustellen, dass man Trends und Tendenzen erhält, und das können Sie bei quantitativen Fragen durch eine gerade Anzahl an Antwortmöglichkeiten gewährleisten.

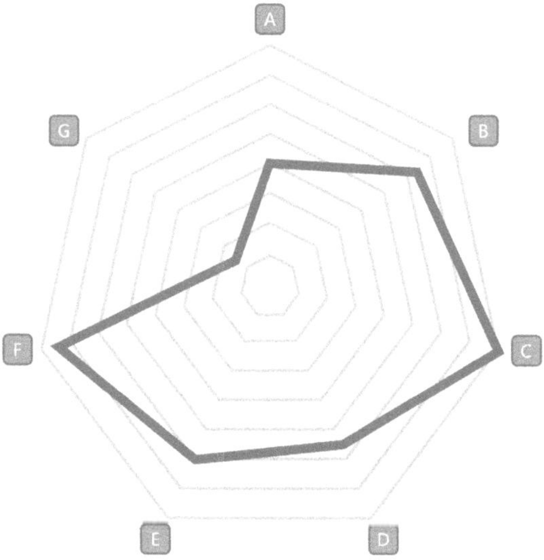

Abb. 11: Kundensichtweise als Netzdiagramm

Wenn Sie ein Firmenprofil auf Basis von verschiedenen Bewertungskriterien darstellen möchten, empfehle ich Ihnen das Netzdiagramm als Formatvorlage. Sie können auf diese Art und Weise die Bewertungsskala darstellen und zusätzlich – sofern Sie zum Beispiel die identen Fragen auch zu anderen Produkten oder Mitbewerbern stellen – auch durch zusätzliche Datenlinien die unterschiedlichen Profile sehr gut darstellen. In Abb. 11 sind die jeweiligen Fragen beziehungsweise Kriterien durch Buchstaben dargestellt, und je weiter außen ein Datenpunkt liegt, desto besser wurde dieser Punkt von den Befragten bewertet. Damit würde eine Bewertung von 1 einem Datenpunkt nahe dem Mittelpunkt des Netzes entsprechen und eine sehr hohe Bewertung einer Lage des Datenpunktes näher zum äußeren Rand des Netzes.

Legen Sie nun zur Linie, welche Ihr Unternehmen und/oder Ihre Produkte repräsentiert, eine weitere Linie zu Ihren Mitbewerbern in das Netzdiagramm, können Sie sehr schnell die unterschiedlichen (oder identen) Profile erkennen, und zwar so, wie Ihre Kunden Sie und Ihre Mitbewerber wahrnehmen. Für Sie von Relevanz ist jedoch nicht bloß ausschließlich die relative Positionierung, sondern auch eine entsprechende Gewichtung aufseiten Ihrer Kunden. Simplifiziert formuliert könnte man sagen: „Was hilft Ihnen der beste Wettbewerbsvorteil, wenn er für etwaige Kunden nicht wichtig ist?" Die klassische Darstellung von Wettbewerbsvorteil erfolgt mittels einer Wettbewerbsmatrix, in der Sie Themen wie Kostenvorteile, funktionelle und technische Differenzierungen, Innovationsführerschaft oder auch die Skills und Fähigkeiten Ihrer Mitarbeiter entsprechend zusammenfassend darstellen. Selbstverständlich nur, wenn Sie auch tatsächlich zutreffend sind und von Ihren Kunden so gesehen werden. Wie findet man nun jedoch heraus, ob diese Themenbereiche auch für Ihre Kunden wichtig sind und Ihre Kunden damit bereit wären, etwaige höhere Preise für Ihr Produkt zu bezahlen?

Wenn Sie die Fragengestaltung der Kundenbefragung quasi zweidimensional gestalten, empfehle ich Ihnen, bei der Ergebnisdarstellung von einem Netzdiagramm zu einer Matrixdarstellung zu wechseln. In Abb. 12 sehen Sie ein Beispiel, in dem die abgefragten Bereiche wieder durch Großbuchstaben repräsentiert werden.

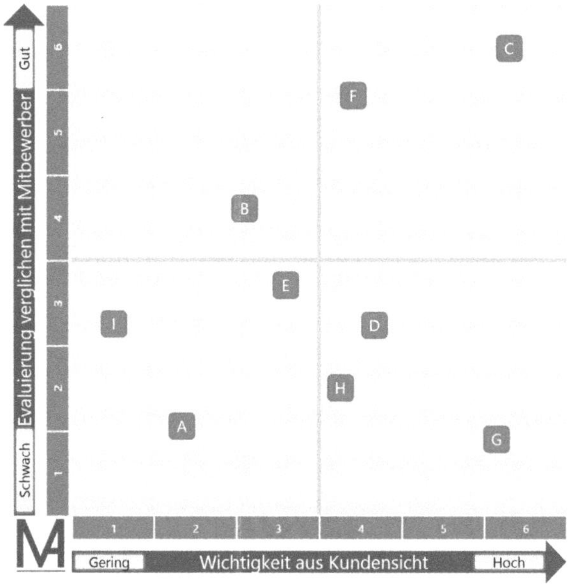

Abb. 12: Relative Kundensichtweise

In der Befragung verzichten Sie nun auf eine absolute Skala von zum Beispiel 1–6, sondern stellen die Fragen immer relativ zu Ihren Mitbewerbern. Ein Beispiel dazu wäre eine Frage wie: „Wie sehen Sie das Kundenservice von uns im Ersatzteilservice, verglichen mit weiteren Lieferanten von Ihnen?" (Antwortskala: 1 ... Sehr schwach # 6 ... Ausgezeichnet). Und zum gleichen Thema stellen Sie noch eine weitere Frage, und zwar nach der Wichtigkeit dieses Themenblocks aus der Perspektive Ihrer Kunden. Hier gibt es zwei bewährte Methoden der Fragetechnik.

Die wohl häufigste Fragetechnik ist, dass Sie innerhalb des Fragebogens bei jeder Frage zwei Skalen zur Beantwortung vorsehen. Die erste Skala betrifft die bereits beschriebene relative Evaluierung im Vergleich zu Ihrem Mitbewerber. Die zweite Skala wird verwendet, um die Wichtigkeit aus Kundensicht abzufragen.

Frage/Thema (Beispiel)	**Ihre Bewertung im Vergleich zu anderen Lieferanten?**	**Wie wichtig ist Ihnen dieses Thema bei der Auswahl von Lieferanten?**
A) Wie sehen Sie das Kundenservice von uns im Ersatzteilservice, verglichen mit weiteren Lieferanten von Ihnen?	① ② ③ ④ ⑤ ⑥ Schwach Ausgezeichnet	① ② ③ ④ ⑤ ⑥ Nicht wichtig Sehr wichtig

Eine ebenfalls sehr gebräuchliche Fragetechnik wäre, mehrere Fragen (oder alle Fragen) zu einer Gruppe an Fragen zusammenzufassen und virtuell zum Beispiel 100 Punkte oder 100 virtuelle Währungseinheiten zu vergeben. Im Zuge der Beantwortung der Fragen müsste der Kunde nun diese 100 Punkte auf die gruppierten Fragen entsprechend der persönlichen Wichtigkeit verteilen. Also Themen von großer Wichtigkeit bekommen mehr Punkte von diesen 100 Punkten und Themen mit weniger großer Relevanz erhalten weniger Punkte. Wichtig bei dieser Methodik ist, dass man immer alle 100 Punkte (oder Währungseinheiten) vergeben muss, man jedoch die Möglichkeit hat, alle 100 Punkte auf eine Frage zu setzen und damit alle anderen Themen mit null „Wichtigkeits"-Punkten zu bewerten. Der Vorteil bei der Verwendung dieser Methodik ist, dass Sie eine sehr klare Indikation erhalten, wie wichtig die einzelnen Themenkomplexe relativ zueinander wahrgenommen werden. Der Nachteil dieser Methodik ist, dass sie sinnvollerweise und aus Gründen der Effizienz nur online durchgeführt werden kann und Anfragen nach Teilnahme an einer Online-Befragung bei vielen Personen mittlerweile entweder im Spamfolder landen oder aktiv ignoriert werden.

Meine Empfehlung an Sie im Zusammenhang mit Kundenbefragungen ist, dass Sie die erhaltenen Ergebnisse in Ihre jeweiligen Strategien einbauen. Sie können am Beispiel von Abb. 12 sehr gut mögliche Prioritäten für etwaige Action Items ableiten. Umgekehrt zeigt Ihnen eine Darstellung dieser Art auch, bei welchen Themenblöcken Sie weniger in Marketing oder Vertrieb investieren müssen. Nehmen wir in Abb. 12 den Themenbereich <A>: Hier werden Sie relativ zum Mitbewerber von Ihren Kunden zwar nicht sehr gut bewertet, auf der anderen Seite ist dieses Thema für Ihre Kunden jedoch anscheinend auch nicht besonders relevant bei der Lieferantenauswahl. Umgekehrt würde es bei Themenbereich <G> aussehen: Hier werden Sie ebenfalls nicht sehr gut bewertet, jedoch ist dieses Thema für Ihre Kunden von großer Wichtigkeit. Daher erscheint Thema <G> auch sehr weit rechts auf der Matrixdarstellung. Bei diesem Thema liegt es nahe, dass Sie alles unternehmen sollten, um in der Bewertung Ihrer Leistung besser wahrgenommen zu werden bzw. relativ zu Ihren Mitbewerbern besser zu werden, denn sonst besteht die große Gefahr, dass Kunden dieses wichtige Thema in Zukunft bei Ihren Mitbewerbern beziehen. Vereinfacht kann man die Matrix wie folgt interpretieren:

- ✓ Quadrant rechts oben: Halten Sie Ihre Qualität, denn diese Themen sind Ihren Kunden sehr wichtig und aktuell werden Sie hier gut bewertet.
- ✓ Quadrant links oben: Sie performen in diesem Bereich sehr gut, jedoch schätzt der Kunde diese Themen nicht als wichtig ein.
- ✓ Quadrant rechts unten: Hier sollten Sie unbedingt Verbesserungen einplanen und umsetzen, da Sie relativ gesehen schwach wahrgenommen werden, und parallel dieses betroffene Thema Ihren Kunden wichtig ist.
- ✓ Quadrant links unten: Hier können Sie besser werden jedoch sollten Sie Ihre Priorität eindeutig auf den vorigen Punkt legen, da die Wichtigkeit bei Ihren Kunden (aktuell) nicht gegeben ist.

Führen Sie Ihre Befragungen online oder mittels elektronischer Fragebogen und Tools durch, können Sie quasi auf Knopfdruck eine Auswertung erstellen und die beschriebene Matrix erstellen. Befragen Sie Ihre Kunden noch traditionell mit Papier und Kugelschreiber oder durch persönlich geführte Interviews, empfehle ich Ihnen eine gute Vorbereitung mit einem Template, basierend auf einem Tabellenkalkulations- oder Statistikprogramm, damit die manuelle Eingabe der Ergebnisse nicht zu viel Zeit von Ihnen konsumiert. Sollten Sie Interviews führen oder diese in Auftrag geben, sehen Sie zusätzlich zu quantitativen Fragen genügend „Freitext"-Felder vor. Der Vorteil von Interviews ist, dass man ggf. wichtige Bereiche, die frei formuliert werden und wiederholt als Antwort gegeben werden, in die Umfrageergebnisse aufnehmen kann.

Mitbewerber-Screening

Das berühmte „A und O" bei sämtlichen vertrieblichen Aktivitäten ist, den Markt und seine Teilnehmer zu kennen. Sie sind nahe an Ihren Kunden und Interessenten, überprüfen laufend direkt oder indirekt, welchen Bedarf es bei Ihren Kunden gibt, und sie haben eine perfekte Vertriebs- und Marketingstrategie, um Ihre Kunden zu adressieren. Das wäre meine Grundannahme, wenn Sie dieses Buch gerade lesen. Damit decken Sie die Nachfrageseite des Marktes ab.

Betreiben Sie oder Ihre Kollegen jedoch auch einen ähnlichen Aufwand, um die Angebotsseite im Auge zu behalten und damit Ihre Mitbewerber einem regelmäßigen Screening zu unterziehen? Die folgenden Seiten sollen Ihnen einen groben Überblick über empfehlenswerte Maßnahmen geben, die dazu dienen, eine strukturierte Marktumfeldanalyse in Ihrem Unternehmen sicherzustellen.

Datenquellen und Datenaufbereitung

Generische Informationen zu Ihren Mitbewerbern können Sie tagtäglich über frei zugängliche Quellen abrufen. Analog zur nachrichtendienstlichen Methodik der „Open Source Intelligence" (OSINT) werden dabei Informationen aus frei verfügbaren und offenen Quellen gewonnen. Mit den richtigen Suchbegriffen – auch in Fremdsprachen – über namhafte Internetsuchmaschinen finden Sie viele offene und frei verfügbare Informationen, ohne auf kostenpflichtige Anbieter zurückgreifen zu müssen. Verwenden Sie hier Anführungszeichen bei bestimmten Suchbegriffen, und Sie werden sehr viele Dokumente finden, die Sie nicht erwartet hätten zu finden. Erweitern Sie die Suche auf Fremdsprachen von Märkten, in denen Ihr Mitbewerber aktiv ist, oder auf die Sprache des Heimmarktes Ihres Mitbewerbers, bekommen Sie Zugang zu Informationen, bei denen Sie beim Suchen auf Deutsch wohl nicht automatisch auf sinnvolle Ergebnisse stoßen werden. Firmenbuchabfragen von Unternehmen oder deren Niederlassungen im Ausland bringen im Normalfall valide Informationen zur dortigen Situation, jedoch auch hier benötigte es die entsprechenden Sprachkenntnisse. Entsprechende Abfragen sind in vielen Fällen kostenlos. Wenn Sie damit externe und kostenpflichtige Agenturen beauftragen, vergehen damit meistens viele Tage, bis Sie ein Ergebnis erhalten, ohne sicherstellen zu können, dass die Ergebnisse auch Ihren Anforderungen entsprechen.

An erster Stelle empfehle ich, dass innerhalb Ihres Unternehmens klar definiert ist, wer für die Informationsbeschaffung und die Verwaltung dieser Informationen verantwortlich ist, und dass alle Mitarbeiter im Unternehmen wissen, an wen Sie etwaige „aufgeschnappte" Informationen zu Mitbewerbern weiterleiten können. In weiterer Folge empfehle ich ein Datenbanksystem, in welchem sämtliche Informationen zu Mitbewerbern abgelegt werden, damit diese jederzeit verfügbar und zur weiteren Aufbereitung leicht zu finden sind. Sie werden mit ziemlicher Sicherheit in Ihrem Unternehmen ein CRM (Customer-Relationship-Management-) System im Einsatz haben, um kundenspezifische Daten und Informationen sowie Interaktionen abzuspeichern.

Information	Mögliche offen zugängliche Quellen
Eigentümerstruktur	Firmenbuch, Jahresbilanz, Firmenhomepage
Finanzdaten	Jahresbilanz, externe Dienstleister mit Spezialisierung auf Company-Screenings sowie Company-Ratings
Marketing Messages	Industriemessen und Konferenzen, Downloadbereich der Mitbewerber Unternehmenshomepage
Produktbeschreibungen	Downloadbereich der Unternehmenshomepage, sowie wichtig(!): Bei manchen öffentlichen Ausschreibungsverfahren können alle Anbieter legal und offiziell Einsicht in Angebote der Mitbieter nehmen.
Angebotspreise	Siehe voriger Punkt. Wenn Sie Angebote verloren haben, fragen Sie aktiv nach, zu welchem Preis der Mitbewerber den Zuschlag erhalten hat. In Europa können Sie bei öffentlichen Aufträgen am elektronischen Portal für Ausschreibungen (TED)[3] ebenfalls überprüfen, wer welchen Auftrag zu welchem Preis zugeschlagen bekommen hat. (Tipp: Filtern Sie nach Ihren Kunden oder Mitbewerbern!)
Pressemitteilungen	Newsletter des Mitbewerbers, Newsletter von branchenspezifischen Nachrichtenportalen, eigens eingerichtete Medienbeobachtung oder Pressespiegel bei entsprechenden Agenturen, Social-Media-Informationskanäle des Mitbewerbers sowie dessen Auftritt bei Karriereportalen

Ich empfehle Ihnen ein ähnliches System – oder auch dasselbe System – als Datenbank für Informationen, Ihre Mitbewerber betreffend, zu verwenden, wie Sie für Ihr CRM-System im Einsatz haben. Welche Daten (Informationen) von Relevanz sind und daher aus meiner Sicht als eigene Felder mit Suchfunktion in dieser Mitbewerberdatenbank verfügbar sein sollten, zeigt Ihnen beispielhaft die vorige Tabelle.

Prinzipiell empfehle ich Ihnen, dass alle Informationen für sämtliche Mitarbeiter einfach zugänglich sein sollten, da die meisten Kollegen in der einen oder anderen Form direkten oder indirekten Kundenkontakt haben und damit auch über Mitbewerber informiert sein sollten. Ich plädiere hier für eine Strategie getreu dem Motto: „Nach innen informieren und nach außen die Mitbewerber im Unklaren lassen." Dies funktioniert jedoch nur, wenn relevante Mitbewerberinformationen im inneren Kreis auch tatsächlich verteilt werden. Eine einfache und effektive Informationsverteilung im internen Mitarbeiterkreis ist, dass Sie einen Newsletter zu verschiedenen Branchen (Märkten) mit entsprechendem E-Mail-Verteiler einrichten und somit zum Beispiel aktuelle Pressemitteilungen der Mitbewerber sehr effizient intern verteilen können.

Battle Card und SWOT-Analyse

Ein sehr wichtiges Tool im Vertriebssupport ist die sogenannte „Battle Card". Hier werden die relevantesten und wichtigsten Informationen kompakt zusammengefasst und auf diese Art und Weise den Mitarbeitern mit Vertriebsaufgaben zur Verfügung gestellt. Ein integraler Bestandteil von Battle Cards ist im Idealfall eine SWOT (Strengths/Stärken, Weaknesses/Schwächen, Opportunities/Chancen und Threats/Risiken)-Analyse, wobei ich empfehle, diese SWOT-Analyse im Zuge eines Workshops und Brainstormings mit Kollegen aus unterschiedlichen Bereichen zu erstellen, da hier sehr viele Themenbereiche abgedeckt werden sollten.

Der Kundenfokus muss auch hier die Richtung vorgeben, denn wenn Sie Stärken oder Schwächen identifizieren, sollten diese immer in Relation zu Ihren Kunden stehen. Stärken oder Schwächen Ihrer Mitbewerber sind nur dann von wirklich relevantem Impact, wenn diese in der einen oder anderen Form auch Ihre Kunden betreffen – und damit auch Sie.

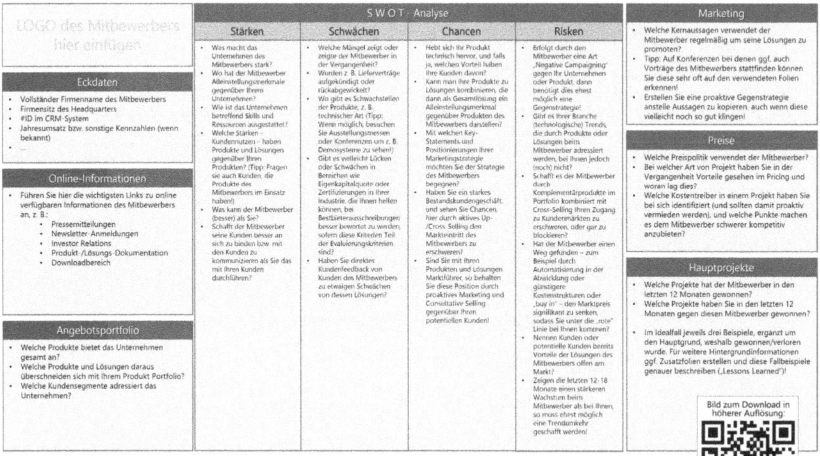

Bild zum Download in höherer Auflösung:

Abb. 13: Battle Card (Template)

Das Template in Abb. 13 beinhaltet Beispiele an relevanten Informationen für Battle Cards. Es gibt hier jedoch keine allgemeingültige Wahrheit zur Gestaltung von Battle Cards, da diese immer Ihren Anforderungen zur Vertriebsunterstützung entsprechen sollten. Hier empfehle ich, mit den Vertriebsmitarbeitern zu sprechen und auf diese Art in Erfahrung zu bringen, welche Informationen in Ihrem Vertriebsprozess benötigt werden und in welcher Tiefe. Battle Cards können durchaus auch aus mehreren Seiten mit Zusatzinformationen bestehen, und dann wäre die erste Seite der Battle Card eine Art „Executive Summary" mit weiteren Informationen im Anhang. Im Internet finden Sie eine Unmenge an Beispielen, um sich Ihr persönliches „Best-of"-Template darauf basierend zu gestalten.

Unter der Annahme, dass Sie ein dezidiertes Produktmanagement im Unternehmen haben, empfehle ich Ihnen, dass die Verantwortung für die Erstellung und Wartung der Battle Cards beim jeweiligen Produktmanager liegt. Die Daten und Informationen werden immer von vielen Quellen kommen, die Datenaufbereitung sollte jedoch bei jener Funktion im Unternehmen liegen, die Business-Cases und Go2Market-Strategien von Produkten und Lösungen im Unternehmen verantwortet. Einmal erstellt, empfehle ich ein Update einmal pro Jahr, und dass Sie dieses Update dann zum Beispiel im Zuge Ihres jährlichen Vertriebsmeetings vorstellen und an Ihre Vertriebsmitarbeiter verteilen. Die Qualität der Battle Cards hängt von der Datenqualität der Rohdaten ab. In diesem Zusammenhang empfehle ich Ihnen, sicherzustellen, dass erhaltene Informationen zu Ihren Mitbewerbern einfach und schnell in die Mitbewerberdatenbank geladen werden können. Dieses Hochladen sollte unabhängig davon möglich sein, wer in Ihrem Unternehmen diese Informationen erhalten hat und hochladen möchte. Entweder erstellen Sie eine IT-basierende Lösung, die zum Beispiel E-Mails automatisch in das CRM-System laden kann und dem entsprechenden Mitbewerber zuordnet. Oder – falls dies aus technischen Gründen (noch) nicht in Ihrem Unternehmen möglich ist – Sie informieren alle Kollegen über jene Person im Unternehmen, die für die Sammlung und Ablage der Rohdaten verantwortlich ist. Jeder Mitarbeiter sollte wissen, an wen er Informationen jeglicher Art schnell und effizient leitet, denn nur auf diese Art stellen Sie sicher, dass Kollegen gerne Ihre Augen und Ohren öffnen, wenn es um Ihre Mitbewerber geht.

Abschließend zu diesem Teil des Kapitels möchte ich Ihnen noch einen persönlichen Tipp geben. Nichts ist mühsamer für einen Vertriebsmitarbeiter, wenn man die Informationen über Mitbewerber nicht schnell und effizient findet, wenn man Sie benötigt. Aus diesem Grund ist es von enormer Wichtigkeit, dass mit wenigen Mausklicks auf ein Informationsportal innerhalb Ihres Unternehmens zugegriffen werden kann, auf dem die relevanten Informationen zu Ihren Mitbewerbern, also speziell die Battle Cards, gesammelt verfügbar gemacht werden. Und bitte stellen Sie sicher, dass dort auch immer die letztgültige Version abgespeichert wird, um auch eine akkurate und aktuelle Informationslage für Ihre Kollegen zu garantieren. Ein modernes Dokumentenmanagement mit nachvollziehbarem Versionsmanagement kann sich in diesem Zusammenhang als sehr wertvoll erweisen.

Target Pricing

Die Kernfrage im Angebotsprozess ist immer, wo man sich preislich mit seinem Angebot hinlegen soll. Prinzipiell hängt das natürlich von mehreren Parametern und den zur Anwendung kommenden Evaluierungskriterien ab, die Sie in weiterer Folge in einem der kommenden Kapitel noch zu lesen bekommen. Die zwei Hauptparameter für den Zielpreis Ihres Angebots sind das vorhandene Kundenbudget und die zu erwartenden Preise Ihrer Mitbewerber, also der weiteren Anbieter.

Im Idealfall besitzen Sie eine Art „Zielpreiskalkulator", der Ihnen auf Knopfdruck den wahrscheinlichen Preis der infrage kommenden Mitbewerber erstellt. Die wohl einfachste Lösung können Sie mit einem Tabellenkalkulationsprogramm erstellen, da Sie mit einer derartigen Lösung die größte Flexibilität sicherstellen. Jetzt müssen Sie nur noch dafür sorgen, dass dieses Tool auch eine valide Datenbasis hat, auf die zurückgegriffen werden kann und auf welcher die geschätzten Mitbewerberpreise berechnet werden. In diesem Zusammenhang möchte ich nochmals auf das Kapitel <Datenquellen und Datenaufbereitung> verweisen. In vielen Fällen haben Sie speziell bei öffentlichen Vergabeverfahren das Recht, weiterführende Informationen zu den Angeboten der Mitbieter zu erhalten. Auf diese Art und Weise bekommen Sie sehr wertvolle Rohdaten, nämlich Preise von Mitbewerbern, basierend auf deren Angeboten und Projekten, die Sie selbst auch kalkuliert und angeboten haben. Diese Preisinformationen sollten Sie in Ihrer Mitbewerberdatenbank abspeichern, um Sie jederzeit verfügbar zu haben.

In einem weiteren Schritt empfehle ich Ihnen, die Eckdaten dieser Projekte/Ausschreibungen zu dokumentieren. Ähnlich einer Abschätzung Bottom-up von Marktvolumen, gibt es im Normalfall bestimmte Parameter, die sich in einen direkten oder indirekten Zusammenhang mit den Marktpreisen bringen lassen. Dabei handelt es sich meistens um technische Anforderungen an Funktionalität oder Systemgrößen sowie um Anforderungen an die begleitenden Services und Dienstleistungen wie Trainings, Gewährleistung oder Systemwartung.

Wenn Sie es schaffen, hier ein paar verifizierbare Zusammenhänge zu identifizieren und darauf basierend Schätzformeln zu erstellen, können Sie in Zukunft relativ schnell auf Basis dieser wenigen Eckparameter einer vorliegenden Ausschreibung den wahrscheinlichen Preis Ihrer Mitbewerber hochrechnen. Sie werden mit ziemlicher Sicherheit für Ihre Angebotskalkulationen einen Konfigurator oder ein Kalkulationstool verwenden. Meine Empfehlung an dieser Stelle ist, dass Sie die Datenbank Ihrer Mitbewerberpreise mit Ihrem eigenen Kalkulationstool verlinken, damit Sie jederzeit einen Vergleich zwischen den von Ihnen kalkulierten Verkaufspreisen und den erwartbaren Preisen der Mitbewerber verfügbar haben. Die interne Verantwortung für die Wartung und das Up-to-date-Halten dieses Mitbewerberpreis-Tools empfehle ich an jene Personen in Ihrem Unternehmen zu übertragen, die auch für Ihre Machbarkeitsanalysen und Kalkulationen verantwortlich sind. In vielen Fällen sind das Kollegen aus den Bereichen technischer Vertrieb oder Produktmanagement, da ein starkes technisches Verständnis mit hoher Vertriebsaffinität bei diesen Tätigkeiten empfehlenswert ist. Stellen Sie auf alle Fälle sicher, dass diese Mitarbeiter jederzeit die neuesten verfügbaren Mitbewerberpreise erhalten, damit der „Zielpreiskalkulator" auch tatsächlich akkurat ist und möglichst genaue Abschätzungen liefert.

Kooperationswettbewerb (Coopetition)

Sie finden zur Definition von Coopetition in der Fachliteratur sowie im Internet eine Unmenge an Beschreibungen zu unterschiedlichen Ausprägungen dieser speziellen Form von Wettbewerb. Daher möchte ich Sie nicht allzu lange mit theoretischen Abhandlungen oder Fallbeispielen langweilen, die schon x-mal in der Literatur beschrieben wurden. An dieser Stelle nur ein Satz, der das Wort „Kooperationswettbewerb" aus meiner Sicht prägnant beschreibt: Es handelt sich bei Coopetition um eine Art von Zusammenarbeit zwischen (an sich) Konkurrenten, welche mittlerweile in vielen Branchen und Industrien vorkommt und ursächlich erfolgt, um kosteneffizient zu arbeiten oder um kompetitive Nachteile zum Beispiel durch ein ergänzendes komplementäres Portfolio auszugleichen. Ein Spezialfall von Coopetition im weitesten Sinn ist eine Konstellation, bei der Ihre Kunden bei anderen Projekten oder in anderen Regionen zu Mitbewerbern werden.

Wenn Sie in einem Unternehmen arbeiten, das in einem Nischenmarkt aktiv ist – also im linken Bereich von Abb. 10 auf Seite 61 –, werden Sie relativ selten in die Situation des Kooperationswettbewerbs kommen. Im Normalfall werden Sie Ihre Lösungen direkt an die Endkunden anbieten oder Sie nutzen lokale bzw. internationale Hauptvertragsnehmer und bieten als Subunternehmer an. In letzterer Konstellation gibt es oft strategische Gründe des meist größeren Hauptvertragsnehmers, Produkte und Lösungen aus Ihrem Portfolio nicht im eigenen Portfolio zu besitzen. Es handelt sich um klassische Komplementärprodukte, welche in keiner gegenseitigen Konkurrenz stehen.

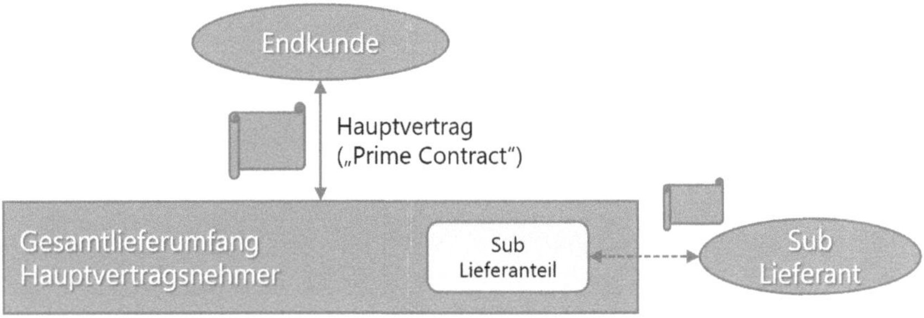

Abb. 14: Typische Prime-/Sub-Contractor-Konstellation

In diesem Beispiel, bei dem der Sublieferant am Markt in keiner direkten Konkurrenz mit dem Hauptvertragsnehmer auftritt, weil das Angebotsportfolio komplementär ist, ergibt sich für beide Vertragspartner eine Win-win-Situation. Der Hauptvertragsnehmer kann auf das Know-how seines eigenen Portfolios, ergänzt um jenes des Sublieferanten, zurückgreifen, um ein Gesamtangebot an den Endkunden zu liefern. Da der Sublieferant mit seinem Portfolio gegenüber dem Hauptvertragsnehmer am Markt nicht in Konkurrenz auftritt, sprechen objektiv aus Sicht des Hauptvertragsnehmers auch keine Gründe gegen ein derartiges Angebotskonstrukt.

Erweitert der Sublieferant nun sein Portfolio, bewegt sich also in Abb. 10 auf Seite 61 auf der Portfolioachse von links nach rechts, könnte es sehr rasch zu Konkurrenzsituationen kommen. Spätestens wenn das wachsende Unternehmen in seinem Portfolio Produkte und Lösungen anbieten kann, welche bisher typischerweise vom Hauptvertragsunternehmer geliefert wurden, ergibt sich ein neues Bild am Markt. Es wird Situationen geben, bei denen der gerade in einer Wachstumsphase befindliche bisherige Sublieferant auch weiterhin ein Sublieferant sein wird. Gründe dafür können unter anderem darin liegen, dass das eigene Portfolio noch nicht global, sondern nur regional angeboten werden kann oder im Falle von funktionellen Beschränkungen auch für den Endkunden (noch) nicht von Interesse ist. Die Kernfrage, die sich nun stellt: Wie können Sie sicherstellen, dass der Hauptvertragsnehmer – mit dem Sie nun bei anderen Projekten teilweise in einer direkten Mitbewerbersituation sind – auch weiterhin Ihre Produkte als Subanteil an Sie vergibt und nicht auf alternative Nischenanbieter zurückgreift.

Die Antwort auf diese Frage führt uns direkt zum bereits mehrmals hervorgehobenen Kundenfokus, und in diesem Fall sind es zwei Kunden für Sie: der Endkunde sowie der Hauptvertragsnehmer. Der Hauptvertragsnehmer wird sehr rasch erkennen, dass Sie eine expansive Portfoliostrategie umsetzen und dass diese dazu führen wird, dass Ihr Unternehmen vermehrt am Markt auch direkte Hauptverträge gewinnen kann. Damit wird der berühmte Kuchen für den bisherigen Hauptvertragsnehmer kleiner und er wird alles unternehmen, Ihr Unternehmen nicht auch noch zusätzlich durch seine Subverträge an Sie zu stärken beziehungsweise die Strategie des Wachstums zu beschleunigen. Was also tun, wenn Sie selbst nicht – oder noch nicht – in der Lage sind, in allen Fällen als Hauptvertragsunternehmer anzubieten?

Jeder erfolgreiche Anbieter wird alles unternehmen, um mit seinen Produkten und Lösungen den Kundenanforderungen zu entsprechen. Wenn also der Endkunde von Ihren Lösungen überzeugt ist und dies auch dem Hauptvertragsnehmer bewusst ist, kann dieser seine eigenen Gewinnchancen erhöhen, wenn er Ihr Leistungspaket in sein Angebot aufnimmt. Sorgen Sie also dafür, dass Sie nie den Endkunden aus dem Fokus verlieren, und agieren Sie so, als ob Sie direkt an diesen anbieten. Dadurch erhöhen Sie indirekt Ihre Chancen, im Paket des Hauptvertrages als Sublieferant berücksichtigt zu werden, selbst wenn Sie in anderen Projekten in direkter Konkurrenz mit dem Hauptvertragsnehmer stehen. Die einfache Erklärung dafür lautet, dass Ihre Lösungen vom Endkunden gewünscht werden und der Hauptvertragsnehmer mit Ihren Produkten den Bedarf des (seines) Endkunden optimal erfüllt.

Wie zuvor erwähnt haben Sie in diesen Situationen zwei Kunden, und der Hauptvertragsnehmer als Ihr direkter Kunde ist im Falle von Kooperationswettbewerb ein sehr „schwieriger" Kunde, der per se nicht bereit ist, Sie mit Sublieferanteilen zu beauftragen. Er möchte Sie ja nicht noch weiter stärken. Auch wenn Sie in verschiedenen Konstellationen und Bereichen in Konkurrenz stehen, empfehle ich Ihnen, immer eine Art von „Kommunikationsdraht" zu diesen Unternehmen aufrechtzuhalten. Gute Möglichkeiten dazu ergeben sich sehr oft bei branchenspezifischen Messen und Konferenzen, und im Idealfall können Sie zum Beispiel mit ihrem Counterpart auf vertrieblicher Ebene einen regelmäßigen Jour fixe vereinbaren, um Informationen auszutauschen, konkrete (gemeinsame) Projekte zu besprechen und natürlich den erwähnten „Kommunikationsdraht" aktiv zu halten. Vielleicht werden mittel- bzw. langfristig die gemeinsamen Projekte weniger, weil Sie mit Ihrem Portfolio selbst größere Projekte in der Rolle als Hauptvertragsnehmer anbieten. Jedoch sagt man in Wien: „Bringt's nix, schadt's nix." Also wenn es vielleicht keine kurzfristigen Aufträge bringt, schadet es auf alle Fälle nicht, einen Informationsaustausch mit anderen Marktteilnehmern zu gewährleisten. Und in diesem Fall geht es simpel darum, eine Art von Kommunikationskanal aufrechtzuerhalten, speziell für den Fall, wenn Sie dann doch (wieder) gemeinsame Projekte gewinnen wollen.

Wenn Ihr Unternehmen wächst, speziell anorganisch, ist die Kehrseite der Medaille, dass Sie typischerweise weniger oft von – nun neuen – Mitbewerbern Subaufträge erhalten. Solange Sie sicherstellen, dass Ihr eigenes Unternehmenswachstum mit höheren Wachstumsraten verbunden ist als etwaige Verringerungen, die Sie dadurch im klassischen Prime-/Subvertragsgeschäft akzeptieren müssen, werden Sie sich im

Normalfall auf einem positiven Pfad befinden. Durch ein erweitertes Angebotsportfolio vergrößern Sie den adressierbaren Markt und damit den Anteil am totalen Markt Ihrer Industrie. Mit einer guten Strategie im Umgang mit Kooperationswettbewerb können Sie Ihren erreichbaren Markt, also jenen Anteil am adressierbaren Markt, den Sie auch tatsächlich erfolgreich erreichen können, vergrößern. Dies erreichen Sie dadurch, dass Sie zwei Kundenzugänge beziehungsweise Sales Channels haben: den direkten Endkundenzugang, sowie den Zugang zum Endkunden über einen Prime Contractor. Schlussendlich steigen Sie damit von klassischen „Tier-2" oder Nischenanbietern in die Liga der „Tier-1"-Anbieter auf. Diese höhere Kategorie zu erreichen sowie zu halten, ist im Normalfall der Lohn einer gut ausgearbeiteten Go2Market-Strategie, auf die im folgenden Kapitel näher eingegangen wird.

5 Key Takeaways

1. Halten Sie die Datenbank mit Informationen zu Ihren Mitbewerbern immer aktuell und stellen Sie sicher, dass die relevanten Informationen von allen betreffenden Mitarbeitern einfach zu finden sind sowie neue Informationen von allen Mitarbeitern unabhängig von ihrer Funktion einfach und zentral abgelegt werden können!
2. Nutzen Sie öffentlich zugängliche Informationen und scheuen Sie nicht davor zurück, mit Ihrer Internetsuchmaschine oder in ausländischen Firmenbuchdatenbanken nach Informationen abseits Ihrer Heimatsprache zu suchen, wenn Sie ein Mitbewerber-Screening durchführen!
3. Erstellen Sie bzw. eine dafür verantwortliche Person im Unternehmen Zusammenfassungen dieser Informationen, und zwar in einem Format, welches für den Vertriebsprozess unter-

stützend ist und im besten Fall auch ein Tool auf Basis vergangener Projekte und Angebote inkludiert, um rasch und effizient einen Zielpreis als Parameter bei neuen Angeboten errechnen zu können!

4. Fragen Sie die Kundensicht strukturiert und regelmäßig ab und nehmen Sie die Kundensicht als zentrales Element Ihrer eigenen Positionierung im Vergleich zu Mitbewerbern wahr, denn am Ende zählt für Ihren Erfolg einzig die Sicht Ihrer potenziellen Kunden!
5. Sehen Sie Kooperationswettbewerb sowie eine intakte Kommunikationsbasis mit bisherigen Partnern und nun Mitbewerbern als Chance, den adressierbaren Markt durch neue Elemente im Portfolio zu vergrößern, ohne dabei den erreichbaren Markt von bestehenden Lösungen Ihres Portfolios einzuschränken!

Tools und Templates

Die in diesem Kapitel gezeigten Beispiele (Abbildungen) können Sie auf der Website www.MA-4Consult.at als Templates downloaden. Das inkludiert Vorlagen, die Darstellung Ihrer Position im Vergleich zu Ihren Mitbewerbern, Beispiele von typischen Kundenzufriedenheitsfragebögen sowie eine einfach auszufüllende Vorlage einer Battle Card. Nutzen Sie bitte eine der auf unserer Website angeführten Kontaktmöglichkeiten für Informationen zu detaillierten Mitbewerber-Screenings im In- und Ausland, Zielpreisgeneratoren/-tools, oder strukturierten Kundeninterviews, um Unternehmenspositionierungen zu evaluieren!

3. Go2Market-Strategie

- ⊗ Irrtum #1: Strategische Marktentwicklung benötigt jahrelange Erfahrung, kostet viel Geld, und erfolgt opportunistisch.
- ⊗ Irrtum #2: Unterstützende Tools zur Marktentwicklung sind teuer und nur bei Spezialisten erhältlich.
- ⊗ Irrtum #3: Es zahlt sich aus, möglichst nicht selektiert viele Angebote zu legen und davon zumindest ein paar Projekte zu gewinnen.

Wo sollen wir vertrieblich investieren und wie setzen wir vertrieblich die richtigen Maßnahmen? Fragen dieser Art sind die Kernfragen bei der Erstellung von Vertriebsstrategien. In diesem Kapitel sollen daher die unterschiedlichen Aspekte zu diesem Thema beleuchtet werden. Dieses Thema ist sehr komplex und vielschichtig, betrifft unterschiedliche Bereiche im Unternehmen, daher wäre es sicher möglich, ein eigenes Buch dazu zu schreiben. Das Ziel dieses Buches ist, Ihnen die vertrieblichen Aspekte zu unterschiedlichen Themen im Projektgeschäft näherzubringen, daher werden in diesem Kapitel die vertrieblichen Themen der Markterschließung im Vordergrund stehen. Themen wie Product Launch, Produktmanagement oder Produktlebenszyklen werden in diesem Kapitel daher auf einer „höheren Flughöhe“ behandelt.

Regionale Marktabdeckung

Stärken stärken

Wenn Sie Ihre Stärken stärken möchten, sollten Sie diese selbstverständlich zuerst kennen. Eine vertriebliche Stärke sind Ihre Bestandskunden, und diese gilt es zu stärken. Um einen Überblick der aktuellen Situation und Umsatzbringer zu erhalten, empfehle ich Ihnen, jene Kunden herauszufinden, die 80 % Ihres Umsatzes einbringen. Bei den meisten Betrieben im projektbezogenen Umfeld sind es ca. 20 bis 30 Kunden (kleinere Abweichung von dieser Faustformel je nach Industrie bzw. Branche), die den Großteil des Auftragseingangs bringen. Auf diese Art können Sie analog zum Paretoprinzip („80:20-Regel") sehr effektiv den aktuell erreichbaren Markt absichern. Effektivität bedeutet im weitesten Sinn, mit den bestehenden Ressourcen das maximale Ergebnis zu erreichen. Genau das wollen wir durch diese Fokussierung und Priorisierung sicherstellen, und in vielen Fällen zeigt sich, dass die oftmals zitierte „letzte Meile" – also die Generierung der restlichen 20 % des Umsatzes – relativ betrachtet sehr viel mehr als „nur" 20 % an zusätzlichem Vertriebsaufwand benötigt.

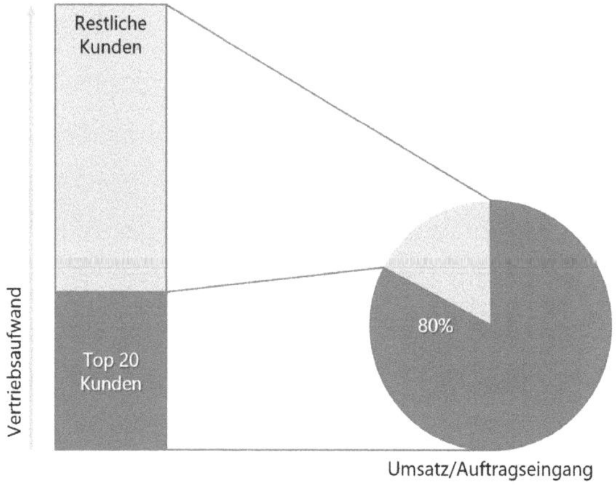

Abb. 15: Topkunden – Vertriebsaufwand vs. Umsatz

Ein bestehender Kunde ist unheimlich wertvoll für Ihr Unternehmen, da Sie auf diese Art Cross- und Up-Selling-Möglichkeiten aus erster Hand identifizieren können und im Umkehrschluss der vertriebliche Einsatz effektiver wird. Auf das Thema Cross-Selling (Geschäft mit zusätzlichen Portfolioelementen) und Up-Selling (Erweiterungsgeschäft von Bestandsgeschäft) wird später noch näher eingegangen. Es zeigt sich im internationalen Vergleich, dass viele Unternehmen dieses Thema massiv unterbewerten und die Wichtigkeit des Bestandskundengeschäfts unterschätzen. Sie haben viele vertriebliche Ressourcen und finanzielle Mittel in die Akquise eines Neukundenauftrages gesteckt. Wenn man nun die vertrieblichen Aktivitäten reduziert und sich nur noch auf Projektabwicklung, Gewährleistung und Standard-Servicebetreuung konzentriert, läuft man Gefahr, neue potenzielle Pain-Points des Kunden zu übersehen und dem Mitbewerber auf diese Art (wieder) die Türe zu öffnen.

Ich empfehle Ihnen für diese Kunden ein starkes (Key-)Account-Management aufzusetzen, das sämtliche Aspekte der Wertschöpfungskette sowie Ihr gesamtes Angebotsportfolio abdeckt. Übersehen Sie die Relevanz jener Kunden, die 80 % Ihres Umsatzes bringen, besteht bei einem etwaigen Verlust dieser Kunden im Umkehrschluss die Gefahr einer größeren Lücke Ihres Geschäftsvolumens. Und final empfehle ich Ihnen, zu bedenken, dass ein einmal an Ihren Mitbewerber verlorener Kunde wieder enorm viel vertrieblichen Aufwand, Ressourcen und wohl auch finanzielle Mittel benötigt, um diesen Kunden wiederzugewinnen. Ganz abgesehen davon, dass dies nicht von heute auf morgen möglich sein wird und je nach Lebenszyklus der Produkte in Ihrer Industrie mehrere Jahre vergehen werden, bis Sie überhaupt die Chance bekommen werden, einen Neuversuch zu wagen.

Länderanalyse

Die in Kapitel 1 beschriebenen Marktgrößen sind bei der vertrieblichen Evaluierung von verschiedenen Ländern und/oder Kunden ein starker Parameter, um für sich selbst Klarheit über veränderte oder neue vertriebliche Schritte zu erhalten. Parallel dazu empfehle ich Ihnen jedoch weitere Parameter in eine Markt- sowie Länderanalyse einzubeziehen, die ich Ihnen im Folgenden etwas näher beschreiben möchte. Ziel einer

Evaluierung dieser Art ist, eine Kategorisierung zu erhalten, nach der Sie selbst schlussendlich Ihre vertrieblichen Prioritäten setzen und Strategien effektiver gestalten können. Typischerweise wird in diesem Zusammenhang anstelle von Kategorien der Terminus „Tier" verwendet, den ich daher ebenfalls zu Anwendung bringen werde.

In Abb. 6 auf Seite 44 sehen Sie im rechten unteren Teil, wie die folgenden Parameter zu einer Tier-Einstufung und damit schlussendlich auch zur Bestimmung des erreichbaren Marktvolumens beitragen. Im Detail empfehle ich Ihnen folgende Parameter mit entsprechender Gewichtung, wobei diese natürlich je nach Bedarf entsprechend ergänzt oder anders gewichtet werden können.

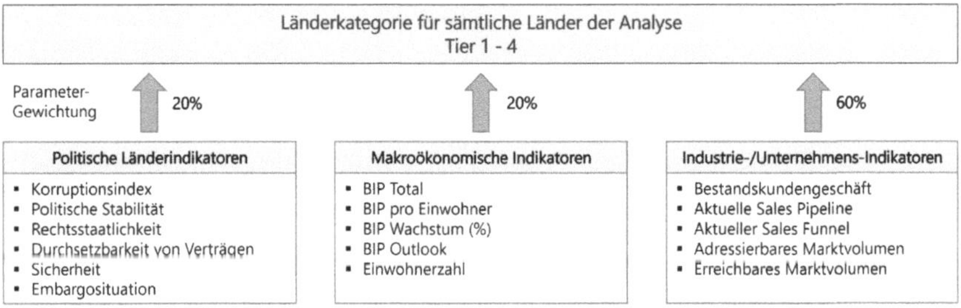

Abb. 16: Gewichtete Parameter bei Länderanalyse (Beispiel)

Im Folgenden erhalten Sie eine kurze Beschreibung zu den vorgeschlagenen Indikatoren. Meine Empfehlung in diesem Zusammenhang ist, dass Sie innerhalb der drei Gruppen (politische, makroökonomische und Unternehmensindikatoren) analog zur Gewichtung dieser Gruppen die jeweiligen Indikatoren innerhalb der Gruppen ebenfalls nach der Wichtigkeit für Ihr Business gewichten. Für jeden Indikator bekommen Sie als Resultat der Evaluierung ein Ranking an Ländern bzw. Punkten pro Land je Indikator, welche zusammen und gewichtet ein finales Länderranking und damit eine entsprechende Tier-Kategorie pro Land ergeben. Dieses

Gesamtranking dient Ihnen in weiterer Folge als Orientierungshilfe bei Ihrer vertrieblichen Prioritätensetzung.

Korruptionsindex: Jedes seriöse Unternehmen besitzt interne und externe Compliance-Richtlinien als Teil des Verhaltenskodexes, um entsprechendes Verhalten von Mitarbeitern und Partnern gegenüber Geschäftspartnern sicherzustellen. Um einen ersten (groben) Überblick über dieses Thema auf Länderbasis zu erhalten, empfehle ich Ihnen die „Worldwide Governance Indicators" der Weltbank[4], innerhalb derer es den Indikator „Control of Corruption" gibt. Wenn Sie hier die Indikatoren für jedes Land in Relation zueinander oder in Relation zum am besten/schlechtesten bewerteten Land setzen, erhalten Sie ein globales Länderranking für diesen Indikator. Dieses Ergebnis zeigt Ihnen, in welchen Ländern Sie speziell auf das Thema „Korruption" achten sollten und in welchen Ländern Sie daher gegebenenfalls mit seriösen Geschäftspraktiken einen schweren und steinigen Weg vor sich haben. Vielleicht erhalten Sie auf diese Weise auch eine Orientierungshilfe, in welchen Ländern Sie ggf. Ihr Go2Market-Modell nochmals überdenken oder zumindest überarbeiten sollten.

Politische Stabilität: Speziell im B2G-Geschäftsumfeld mit öffentlichen Ausschreibungen bzw. Ausschreibungen nach öffentlichem Recht ist ein stabiles politisches Umfeld von enormer Wichtigkeit. Viele Projekte und Ausschreibungen im öffentlichen Sektor und Unternehmen mit Nähe zum öffentlichen Sektor sind oftmals sehr stark von politischer Prioritätensetzung abhängig. Da das Budget der öffentlichen Hand im Prinzip die Prioritäten der Beschaffungsvorhaben widerspiegelt, ist Stabilität in diesem Bereich für Sie von enormer Wichtigkeit, wenn es um Ihr B2G-Geschäft geht. Auch für diesen Parameter empfehle ich Ihnen die „Worldwide Governance Indicators" der Weltbank[5] und den darin enthaltenen Indikator „Political Stability and Absence of Violence/Terrorism".

Rechtsstaatlichkeit: Eine der wichtigsten Säulen einer funktionierenden Demokratie ist die unabhängige Gerichtsbarkeit. Damit kann sichergestellt werden, dass im Falle von Streitigkeiten, resultierend aus einem Vertrag, diese auch vor Gericht gebracht und gegebenenfalls auch durchgesetzt werden können. Sie werden in Ihrem Unternehmen ausgebildete Juristen haben, die sicherstellen, dass Verträge so formuliert sind, dass möglichst alle Situationen der Vertragsumsetzung abgedeckt werden. Trotzdem kommt es vor, dass es in manchen Fällen zu Unstimmigkeiten oder gar Streitigkeiten kommt. In diesen Fällen ist es unumgänglich, dass Sie im Worst Case auf die Unabhängigkeit der Gerichtsbarkeit und damit auf eine stark ausprägte Rechtsstaatlichkeit jenes Landes vertrauen können, in dem Ihr Kunde seinen Sitz hat. Um es Ihnen einfacher zu machen, die einzelnen Indikatoren zu evaluieren, empfehle ich abermals die „Worldwide Governance Indicators" der Weltbank[6], und hier den Indikator „Rule of Law".

Durchsetzbarkeit von Verträgen: Basierend auf einer unabhängigen Justiz, ist es von enormer Wichtigkeit, dass Verträge auch durchsetzbar sind. Eine unabhängige Justiz ist im Normalfall ein sehr guter Indikator zur Rechtssicherheit. Im täglichen Geschäftsleben ist für Sie zusätzlich jedoch von Bedeutung, dass Verträge und etwaige Gerichtsentscheidungen auch durchsetzbar sind. In diesem Zusammenhang empfehle ich Ihnen den Indikator „Time required to enforce a contract" der Weltbank[7], welcher die durchschnittliche Dauer in Tagen angibt, innerhalb derer Sie etwaige Zahlungen oder sonstige Forderungen im jeweiligen Land im Normalfall umsetzen können.

Sicherheit: Im Sinne einer adäquaten Risikobewertung Ihrer Projekte empfehle ich Ihnen, beim Ranking einzelner Länder die Reisesicherheitshinweise zu berücksichtigen, die Sie typischerweise auf der Homepage Ihres Außenministeriums finden. In diesem Zusammenhang empfehle ich die Seiten des österreichischen Bundesministeriums für europäische und internationale Angelegenheiten[8], auf denen Sie für jedes Land die aktuelle Sicherheitsstufe in Erfahrung bringen können. Informationen in ähnlicher Form bietet auch das deutsche Auswärtige Amt auf seinen Internetseiten[9] an. Diese Informationen sind für Sie im Projektgeschäft von Relevanz, weil Sie bei entsprechenden Reise-/Sicherheitswarnungen ggf. keine Mitarbeiter zum Kunden entsenden können und damit etwaige Trainings oder Inbetriebnahmen inklusive damit verbundener Zahlungsmeilensteine gefährdet wären. Bringen Sie auch diesen Parameter jedes einzelnen Landes in Relation zu den anderen Ländern, um auf diese Weise eine relative Sicherheitsbewertung zu erhalten.

Embargos: Dieses Thema wurde bereits im Kapitel <Marktvolumen – total oder adressierbar oder erreichbar> erwähnt. Ich empfehle Ihnen, die aktuelle Situation von Lieferembargos zum Beispiel von Seiten der EU oder der USA laufend zu evaluieren, da es für Sie dazu führen könnte, dass Märkte nicht – oder nicht mehr – für Sie erreichbar sind. Je nach Art des Embargos handelt es sich meistens um Embargos betreffend Unternehmen oder Personen oder um Exportembargos von bestimmten Waren und Dienstleistungen. Für europäische Unternehmen von größter Relevanz sind Embargos, verhängt durch die EU sowie die USA. Achten Sie jedoch auch auf Embargos weiterer Nationen, sofern diese für Ihr Geschäft von Relevanz sind. Für einen Überblick zu Sanktionen, verhängt durch die Europäische Kommission, empfehle ich die entsprechenden Internetseiten dieser Institution[10] sowie in weiterer Folge – für Details – das Studium der dazugehörigen rechtlichen Gesetzestexte. Ähnliche Übersichten können Sie auch den Seiten der Wirtschaftskammer in Österreich [11] (WKO) entnehmen. Für Sanktionen vonseiten der Behörden in den USA empfehle ich die Internetseiten des US-Finanzministeriums[12].

Für makroökonomische Indikatoren empfehle ich Ihnen abermals, auf Daten der Weltbank zurückzugreifen. Da sämtliche der hier angeführten Indikatoren teilweise aufgrund von Problemen in der statistischen Erfassung stark schwanken können, ist meine Empfehlung, dass Sie ein Länderranking für jeden Indikator auf Basis der jeweiligen 3-Jahres-Durchschnittswerte erstellen, und nicht ausschließlich auf Basis der Daten des letzten verfügbaren Jahres. Die von mir empfohlenen Indikatoren können Sie auf der Homepage der Weltbank in Formaten runterladen, welche kompatibel mit Ihrem Tabellenverarbeitungsprogramm sein sollten, und somit ist auch eine Weiterverarbeitung gewährleistet.

Aber Achtung: Diese Daten sind teilweise in USD ausgewiesen. Wenn Sie daher die Daten in EUR auswerten möchten oder in Ihr eigenes Marktmodell übernehmen wollen, müssen Sie die jeweiligen Werte pro Jahr noch mit dem damals anwendbaren Umrechnungskurs in EUR konvertieren.

Der Indikator „BIP total"[13] gibt Ihnen Auskunft über die allgemeine Wirtschaftsstärke eines Landes und damit über die damit zusammenhängende Investitionskraft und „Procurement Power" eines Landes. Sie können dadurch ein Ranking zwischen verschiedenen Ländern erstellen, das Ihnen hilft, auf Marktgrößen und Investitionsvolumen zurück zu schließen.

Den Indikator „BIP pro Einwohner"[14] empfehle ich an dieser Stelle, weil große Länder mit einem hohen absoluten BIP nicht automatisch zu den „reichen" Ländern zählen. Die Information zu Kaufkraft und damit auch Wohlstand eines Landes ist jedoch in vielen Industrien ein relevanter Faktor, weil der Wohlstand die Nachfrage nach bestimmten Waren und Dienstleistungen bestimmt. Im Unterschied zum totalen BIP, das eher auf Marktgrößen und Investitionsvolumen rückschließen lässt, ist das BIP pro

Einwohner ein Indikator für Investitionswahrscheinlichkeiten sowie Wachstumsraten in bestimmten Industrien. Ergänzend zu diesen Werten, und um Wachstumsraten der vergangenen Jahre besser einordnen zu können, empfehle ich Ihnen den Indikator „BIP Wachstum in %" der vergangenen drei Jahre[15], da Sie damit die Wachstumsraten Ihrer Industrie oder auch von Umsatz oder Auftragseingang Ihres Unternehmens in Relation zur wirtschaftlichen Entwicklung der jeweiligen Länder setzen können.

Die beiden vorigen Indikatoren sind rückwärtsorientiert, da sie die vergangenen drei Jahre berücksichtigen. Um einen Ausblick auf die wahrscheinliche Entwicklung eines Landes zu erhalten, empfehle ich den Indikator „BIP Outlook", der in sehr übersichtlicher Form über einen Zeitraum der kommenden 2 bis 5 Jahre sowohl von Weltbank[16] als auch von IWF[17] auf deren Internetseiten verfügbar ist. Die dort angeführten Wachstumsraten der einzelnen Länder können Sie nun ebenfalls wieder in Relation zueinander setzen und auf diese Weise ein mögliches Wachstumspotenzial, basierend auf wirtschaftlichen Entwicklungsprognosen, identifizieren.

Nachfrage ist in vielen Märkten definiert durch die Anzahl der Einwohner der jeweiligen Länder. Können Sie in Ihrer Industrie eine derartige Korrelation zwischen der Nachfrage nach Ihren Lösungen und der jeweiligen Einwohneranzahl feststellen und damit evaluieren, ob Länder für Sie attraktive Märkte darstellen, empfehle ich Ihnen den entsprechenden Datensatz „Population total" der Weltbank[18]. Sie können mit diesem Datensatz die Entwicklung der Bevölkerungszahl eines Landes der letzten Jahre in Relation zum totalen Marktvolumen Ihrer Industrie setzen und damit auf Basis des Bevölkerungswachstums Schätzungen zur zukünftigen Marktentwicklung ableiten.

Bei den industriespezifischen Indikatoren in Abb. 16 sowie jenen, die Ihren Unternehmenskennzahlen entsprechen, vertrauen Sie auf Ihre eigenen Informationsquellen. Die Berechnungen von adressierbaren Marktvolumen und des aktuell für sie erreichbaren Marktvolumens wurden ausführlich in Kapitel 1 erläutert. Nun dienen diese beiden Parameter pro Land als maßgeblicher Indikator in einer Länderanalyse, denn Länder mit großen Marktvolumen für Ihre Industrie sind naturgemäß attraktiver als Länder mit nur geringem Marktvolumen.

Ob Sie in einem Land vertrieblich viel oder wenig Ressourcen einsetzen müssen, kann unter anderem davon abhängig sein, ob Sie bereits Bestandsgeschäft in diesem Land haben. Hier empfehle ich Ihnen, das Volumen (in EUR) von Auftragseingang oder Umsatz der letzten 5 bis 10 Jahre pro Land als Indikator heranzuziehen und die absoluten Beträge der einzelnen Länder in Relation zueinander zu setzen. Sollte Ihr Unternehmen in unterschiedlichen Industrien aktiv sein, dann empfehle ich das Bestandsgeschäft in Unterkategorien zu gliedern: Ihr Bestandsgeschäft aus Ihrer Industrie sowie das Bestandsgeschäft Ihres Unternehmens mit Geschäften, basierend auf anderen Industrien als jenen, welche Teil des Go2Market-Modells sind.

Haben Sie bereits zukünftige Geschäftsmöglichkeiten in einzelnen Ländern identifiziert und damit einen validierten Sales Funnel, sollten diese Länder in dieser Kategorie höher gereiht werden als Länder, in denen Sie noch keine Verkaufsaussichten sowie konkreten Verkaufsmöglichkeiten identifiziert haben. Die Unterscheidung zwischen Sales Pipeline und Sales Funnel erklärt sich im Unterschied, ob es sich um konkrete und damit valide Verkaufsmöglichkeiten handelt („Validierter Sales Funnel“), oder ob es sich um noch wenig konkrete sowie unsichere Verkaufsaussichten mit zum Beispiel zeitlichem oder umsetzungsbezogenem höherem Risiko handelt („Sales Pipeline“). Hier sollte selbstverständlich der validierte Sales Funnel eine höhere interne Gewichtung erhalten als die eher unkonkrete Sales Pipeline.

Nachdem die Indikatoren und Parameter für sämtliche Länder der Auswertung verfügbar sind, empfehle ich Ihnen, diese in ein Tabellenkalkulationsprogramm Ihrer Wahl zu kopieren und mit der Länderliste Ihrer Auswahl und Analyse in Verbindung zu bringen. Danach gewichten Sie entsprechend Ihres Modells und schlussendlich ergeben sich daraus Punkte pro Land. Anhand dieser Punkte, basierend auf den gewichteten Indikatoren, können Sie die gesamte Länderliste nun reihen und konkrete Priorisierungen ableiten.

Country	ISO	Politische Indikatoren	Makroökonomische Ind.	Industrie/Markt-Indikatoren	Total Punkte	Total Ranking
Afghanistan	AFG	2,4%	6,9%			
Albania	ALB	13,7%	8,2%			
Algeria	DZA	8,4%	6,3%			
American Samoa	ASM	13,8%	7,9%			
Andorra	AND	17,4%	6,5%			
Angola	AGO	9,2%	5,3%			
Anguilla		13,0%	7,4%			
Antigua and Barbuda	ATG	15,4%	6,9%			
Argentina	ARG	11,0%	5,9%			
Armenia	ARM	11,2%	7,5%			
Aruba	ABW	14,0%	9,0%	Beispiel		
Australia	AUS	Max 20 % 17,2%	Max 20 % 8,8%			
Austria	AUT	17,3%	8,3%	Auswertung verfügbar auf Anfrage!		
Azerbaijan	AZE	10,4%	6,6%			
Bahamas, The	BHS	12,6%	6,8%			
Bahrain	BHR	11,1%	6,4%			
Bangladesh	BGD	8,6%	10,2%			
Barbados	BRB	12,9%	5,4%			
Belarus	BLR	9,9%	8,2%			
Belgium	BEL	14,0%	8,1%			
Belize	BLZ	10,9%	7,2%			
Benin	BEN	10,0%	8,8%			
Bermuda	BMU	13,4%	9,5%			

Abb. 17: Länderranking (Beispiel)

Um nun für Sie eine vertriebliche Priorisierung sicherzustellen, empfehle ich Ihnen, das Ranking als Basis für eine Tier-Kategorisierung zu verwenden. Hier könnten Sie zum Beispiel die Länder im Ranking mit den Plätzen 1 bis 20 als Tier 1 und damit von höchster Relevanz markieren. Für die Kategorie Tier 2 empfehle ich Ihnen, die nächsten 20 bis 30 % der Länder im Ranking nach Tier 1 zu berücksichtigen, jedoch in Kombination mit einem starken Wachstumspotenzial. Es handelt sich damit um Länder, bei denen Sie bewusst vertrieblich investieren möchten. Tier 3 Länder wären in diesem Beispiel dann alle weiteren Länder der Liste, mit Ausnahme von Ländern, gegen die es aktuell Sanktionen oder Embargos gibt.

Tier #1 Länder / Kunden	Tier #2 Länder / Kunden	Tier #3 Länder / Kunden
▪ Starkes Bestandskundengeschäft ▪ 80:20-Prinzip anwendbar ▪ Stabiler Ausblick ▪ Etabliertes Account-Management ▪ Hoher Anteil des erreichbaren Marktes am adressierbaren Markt	▪ Gutes Bestandskundengeschäft ▪ Starkes Wachstumspotenzial ▪ Strategisches Vertriebs-Investment um z. B. den erreichbaren Markt dem adressierbaren Markt anzunähern	▪ Opportunistisches Vertriebsmanagement ▪ Vertrieb ggf. nur über indirekte Sales-Kanäle (Partner, Reseller, ...) ▪ Potenzial für zukünftiges Wachstum des erreichbaren Marktes

Abb. 18: Charakteristika von Tier-1, -2 und -3-Ländern/-Kunden

Tier-4-Länder oder -Kunden mit existierenden Sanktionen oder Embargos wurden in Abb. 18 bewusst ausgelassen, da diese Länder für Ihr Unternehmen im Normalfall keine erreichbaren Märkte darstellen.

Auf Basis der Tier-Kategorie können Sie nun Priorisierungen vornehmen, vertriebliche Maßnahmen aussteuern, und die „80:20-Regel" in die Praxis umsetzen. Selbstverständlich sind sämtliche Indikatoren und deren Gewichtung beispielhaft zu sehen und können natürlich jederzeit für Ihre Industrie adaptiert und maßgeschneidert werden.

Erschließung neuer regionaler Märkte (Länder)

Die Entscheidung, vertrieblich in neue Länder mit dem bestehenden Angebotsportfolio zu investieren und damit eine Erweiterung des erreichbaren Marktes zu bewirken, kommt meistens mit der Frage nach dem Was, Wann, Wie und Weshalb. Wenn wir in einem fiktiven Beispiel annehmen, dass Ihr Unternehmen bis dato den lateinamerikanischen Markt nicht oder rein opportunistisch bearbeitet hat, und Sie planen nun, erste vertriebliche Schritte mit dem aktuellen Angebotsportfolio in diesen Markt zu unternehmen, dann wird es realistischer Weise so sein, dass Sie priorisieren müssen.

Unlimitierte Ressourcen im Vertrieb wünscht sich jeder Vertriebsmanager, es wird jedoch in den meisten Fällen beim Wunsch danach bleiben.

In Lateinamerika und der Karibik befinden sich 33 Länder und 15 „Oversea"-Territorien[19] und flächenmäßig ist der Kontinent Südamerika 1,8-fach so groß wie Europa[20]. Sie können erkennen, dass die vertriebliche Herausforderung, auf einen Schlag alle Länder von null weg qualitativ gleichwertig vertrieblich zu bearbeiten, eine Herausforderung ist, an der schon viele Unternehmen, speziell aus dem europäischen Raum, gescheitert sind oder sich zeitlich und finanziell massiv verschätzt haben. Es bleibt somit realistischerweise nur ein schon öfters erwähntes Prinzip der Handlung, nämliches jenes, dass wir abermals Prioritäten setzen müssen, um uns bei diesem Schritt nicht zu verzetteln.

Parameter	Aufwand (Stunden)	Punkte Land A)	Punkte Land B)
Punkte / Ranking	10	50	40
Zoll-/Steuerrecht	20	40	50
Lokales Ausschreibungsrecht	20	60	30
Interkulturelle Aspekte	10	20	30
Bestehende / Neue Partner	80	40	70
Analyse Produktanpassungen	80	100	90
Sprachliche Skills (intern)	40	40	40
Kundenstrukturen/-Personen/-Organigramme	100	80	60
Lokale Mitbewerberlandschaft	80	50	90
Gesamt Aufwand / Punkte	440 Stunden pro Land	480 Punkte	500 Punkte

Abb. 19: Ländervergleich für Markteintritte (Beispiel)

Das Beispiel in Abb. 19 geht von der Annahme aus, dass Sie überlegen, Ihren erreichbaren Markt durch Markteintritt in entweder Land A) oder Land B) zu vergrößern. Im Kapitel <Länderanalyse> wurden Ihnen Möglichkeiten aufgezeigt, um auf Basis von politischen, makroökonomischen und unternehmensbezogenen Indikatoren ein Ranking (Punkte) für jedes Land zu erstellen. In vielen Fällen ist diese Information wohl schon eine ausreichende Hilfestellung für eine möglicherweise notwendige Priorisierung.

Sie können die Indikatoren der Länderanalyse noch um einige sehr länder-/kundenbezogene Parameter ergänzen. Einige Beispiele finden Sie in Abb. 19. Ebenfalls in dieser Abbildung habe ich eine grobe Aufwandsschätzung (in Stunden) angeführt, um die jeweiligen Parameter pro Land zu recherchieren und entsprechend zu evaluieren. Das obige Beispiel würde bei einer Anwendung des Rankings aus der Länderanalyse dazu führen, dass Land A) mit 50 Punkten vor Land B) mit 40 Punkten liegt. Wenn Sie zusätzliche länder-/kundenbezogene Parameter in die Analyse aufnehmen, können diese die Gegebenheiten der jeweiligen Länder und Kunden berücksichtigen, die für Ihr Geschäftsmodell zusätzlich von Relevanz sind. So zeigt das fiktive Beispiel etwa, dass das lokale Ausschreibungsrecht bei Land B) nicht sehr vorteilhaft wäre (z.B. Billigstbieterprinzipien anstelle von Bestbieterprinzipien), und daher mit 30 Punkten bewertet wird.

Interkulturelle Aspekte werden im Kapitel <Interkulturelle Zusammenarbeit> noch beschrieben. Dieser Parameter in diesem Beispiel soll bewerten, wie stark kulturelle und soziologische Themen des Ziellandes mit jenen Ihres Heimatlandes übereinstimmen oder – wie in diesem Beispiel – divergieren. Um die eigenen Produkte und Lösungen ohne direkte Niederlassung vertreiben zu können, werden oft lokale Vertriebspartner benötigt, und wenn Sie hier in einem Land schon einen geeigneten Partner identifiziert oder gar schon vertraglich an sich gebunden haben, würde dieser Parameter höher bewertet werden.

Ein kleiner Tipp an dieser Stelle, wenn Sie auf der Suche nach einem lokalen Vertriebspartner in einem Land sind und keine Indikation von Ihrem Endkunden bekommen, welche Partner infrage kommen könnten:

> **i** Finden Sie heraus, welche Partner jene Unternehmen aus Ihrer Industrie haben, die mit einem komplementären Angebotsportfolio zu Ihnen in diesem Land aktiv sind!

Also Unternehmen, die zwar in derselben Industrie aktiv sind wie Sie, jedoch mit Produkten und Lösungen, die sich nicht mit Ihrem Portfolio überschneiden oder konkurrieren. Oftmals haben die lokalen Partner dieser Unternehmen selbst auch den Wunsch nach einer Erweiterung des Portfolios, das sie im Land vertreten, und es bietet sich an, dass sie mit diesen lokalen Firmen in Kontakt treten, um sie zu evaluieren. Vertriebspartner sind auf der einen Seite für Sie eine gute Möglichkeit, Ihre Vertriebskanäle zu diversifizieren, und auf der anderen Seite speziell in Regionen mit vielen Ländern und Kunden zu empfehlen, wenn Sie keine lokale Niederlassung betreiben. Mit der Unterstützung von Vertriebspartnern können Sie Ihren Vertrieb effektiver gestalten, indem sich zum Beispiel Ihre Mitarbeiter auf Vertriebsprojekte mit hohem Komplexitätsgrad fokussieren können, während Vertriebschancen, basierend auf standardisierten Produkten, in Ihrem Portfolio primär durch Ihre lokalen Partner betreut werden.

Manche Länder beziehungsweise lokale Vorschriften benötigen eine Anpassung Ihrer Produkte an den lokalen Markt. Ist das mit einem hohen Grad an Anpassungen verbunden und damit mit einer signifikanten Abweichung Ihrer Standardproduktlinien, wird dieser Punkt mit weniger Punkten in Abb. 19 bewertet. Schaffen Sie einen Markteintritt ohne Anpassung, also mit Ihren Standardprodukten, können Sie diesen Bereich mit einer sehr hohen Punktezahl bewerten. Sprachliche Skills sind in manchen Ländern von enormer Wichtigkeit, und hier empfehle ich Ihnen, in allen relevanten Bereichen Ihrer Wertschöpfungskette sicherzustellen, dass bei einem etwaigen Markteintritt diese Skills im Unternehmen vorhanden sind. In vielen Ländern Lateinamerikas ist es nicht ausreichend, wenn Ihre Vertriebsmitarbeiter Spanisch sprechen, denn Sie müssen auch sicherstellen, dass Ihre Supportbereiche und nachgelagerten Bereiche der Wertschöpfungskette ebenfalls die Sprache des Kunden sprechen.

Selbstverständlich sind bei einem Markteintritt in neue Regionen oder Länder auch Informationen zu Ihren Endkunden in Erfahrung zu bringen und eine lokale Mitbewerberlandschaft zu erstellen. Es gibt vielleicht ein Land, in dem Ihre Mitbewerber noch nicht aktiv sind, und somit könnte man diesen Punkt höher bewerten als bei jenem Land, in dem Ihre Mitbewerber schon aktiv sind und es damit zu einem Verdrängungswettbewerb kommen würde.

Welche Parameter Sie schlussendlich verwenden und ob Sie diese ggf. auch je nach Relevanz gewichten, können Sie frei definieren. In diesem Beispiel von Abb. 19 sind alle Parameter gleich gewichtet, was dazu führt, dass Land B) am Ende bei 500 Punkten landet, während Land A) bei 480 Punkten landet. Die Handlungsempfehlung an Sie wäre nun, dass Sie zuerst einen Markteintritt in Land B) starten, bevor Sie sich das Land A) vornehmen. Das Beispiel zeigt, dass ein Land, in welchem Sie bereits lokale Partner haben und Ihre Mitbewerber noch nicht aktiv sind, schlussendlich doch für einen Markteintritt mit Ihren Produkten und Lösungen interessant werden kann, auch wenn das ursprüngliche Länder-/Punkteranking eine umgekehrte Priorisierung ergeben hätte.

Abschließend in diesem Kapitel möchte ich Ihnen noch einen Parameter beschreiben, den Sie in Ihre Evaluierung einbeziehen können, sofern er für Sie von Relevanz ist: außenhandelspolitische Unterstützung.

Am Beispiel von Lateinamerika kann man sehr gut erkennen, von welcher enormen Wichtigkeit es für spanische Unternehmen ist, dass deren Geschäfte in Lateinamerika durch konkrete Maßnahmen der spanischen Regierung und Außenhandelspolitik unterstützt werden. Die Handelsbilanz zwischen Spanien und Lateinamerika ist für Spanien positiv, das heißt, Spanien exportiert mehr Waren und Dienstleistungen in diese Region, als es von dort importiert[21]. Dieser Markt ist daher von großer Wichtigkeit für die spanische Wirtschaft, und dadurch bekommen spanische Firmen eine sehr starke politische Unterstützung ihrer Heimatregierung.

Wenn Sie in dieser Region aktiv sind, werden Sie nicht selten Pressemeldungen über spanische Politikerbesuche bei lokalen Niederlassungen spanischer Unternehmen oder den Kunden dieser Unternehmen lesen. Da speziell im Projektgeschäft auch oft sogenannte Government-to-Government-Geschäfte vorkommen, also Abkommen zwischen Regierungen sowie Administrationen, empfehle ich Ihnen, in einer Analyse der Marktteilnehmer auch lokale Botschaften und deren Außenhandelsabteilungen zu berücksichtigen.

Es kommt nicht selten vor, dass ein Endkunde vielleicht eine Lösung von Anbieter A bevorzugt, das Angebot von A auch objektiv besser bewertet werden kann, es aber zu keinem Vertragsabschluss mit A kommt. Der Anbieter A wundert sich und stellt fest, dass der Botschafter des Heimatlandes von Anbieter B mal wieder ein Meeting mit lokalen Behörden hatte, und diese lokalen Behörden beschließen danach, den Ausschreibungsprozess zu stoppen und das Projekt neu auszuschreiben. Es wird Sie nun wenig verwundern, dass die Bewertungskriterien dieser Neuausschreibung nun dazu führen, dass Anbieter B vor Anbieter A liegt und es zu einer Auftragsvergabe an Anbieter B kommt. Dieses Beispiel ist mehr oder weniger fiktiv, jedoch vermute ich, dass Ihnen ähnliche

Situationen in verschiedensten Regionen weltweit schon untergekommen sind. Meine Empfehlung an Sie in diesem Zusammenhang:

> i Vertretungen im Ausland aktiv einbinden in Ihre Aktivitäten!

Die Vertretungen Ihres Landes oder zum Beispiel der EU im jeweiligen Land können Ihnen in vielen Bereichen helfen, die vielleicht aktuell nicht in Ihren Händen liegen. Und die lokalen Vertretungen sind ausgezeichnete Partner bei der Informationsbeschaffung im Vorfeld einer Länderanalyse. Einige der Parameter in Abb. 19 können Ihnen (auch) von lokalen Repräsentanzen politischer Einrichtungen beigesteuert werden.

Im deutschsprachigen Raum sind das die österreichische WKO sowie die deutsche Industrie- und Handelskammer (IHK). Nachdem die Mitgliedschaft in diesen Organisationen für Unternehmen in den meisten Fällen sowohl in Österreich als auch in Deutschland Pflicht ist, nutzen Sie diese Organisationen für Ihren Geschäftserfolg. Mit hoher Wahrscheinlichkeit führen Sie oder Ihr Unternehmen Pflichtmitgliedsbeiträge an diese Organisationen ab, also haben Sie daraus resultierend auch alle Rechte, dass Sie für Ihr Geld ein entsprechendes Service erwarten dürfen. Und ich möchte hier ausdrücklich erwähnen, dass dies in vielen Fällen auch in guter Qualität erfolgt.

Regionale Vertriebsstrategien und Account-Strategien

Die optimale Vertriebsorganisation wird von vielen unterschiedlichen Faktoren bestimmt und ist wohl nur dann eine gute Strategie, wenn Sie für das jeweilige Unternehmen passt und in sich stimmig und umsetzbar ist. Bitte erwarten Sie sich in diesem kurzen Kapitel keine fertigen Vertriebsstrategien, denn diese können und sollen immer fallspezifisch erstellt werden.

Speziell die Vertriebsorganisation, ob regional, global oder ausschließlich auf Kunden (Account) ausgerichtet, ist bei jedem Unternehmen unterschiedlich aufgesetzt. Meine Empfehlung an dieser Stelle:

> i Gestalten Sie sich Ihr eigenes Template für Ihre Vertriebsstrategie auf Basis unterschiedlicher Quellen!

Ein „Best-of"-Template für Ihre Vertriebsstrategie mit Quellen aus Ihrem eigenen Unternehmen, öffentlich zugänglichen Beispielen aus dem Internet oder vielleicht der einen oder anderen Idee aus diesem Kapitel sollten schlussendlich so gestaltet sein, dass es zu 100 % Ihren Anforderungen entspricht.

Was sollte in einer qualitativ hochwertigen Vertriebsstrategie berücksichtigt werden? Auf diese Frage bekommen Sie in diesem Kapitel ein paar Inputs, die sich aus meiner Sicht als wertvoll im Vertriebsalltag erwiesen haben.

Ein wesentlicher Einflussfaktor bei der Erstellung einer Vertriebsstrategie ist die übergeordnete Unternehmensstrategie. Diese gibt die Grundrichtung des Unternehmens vor und umfasst im Normalfall einen Zeitraum von +/- fünf Jahren. An der Unternehmensstrategie orientieren sich sämtliche „Sub"-Strategien, wie M&A-Strategie, Produktstrategie, Marketingstrategie, Technologiestrategie, Servicestrategie, Niederlassungsstrategie, und eben auch die Vertriebsstrategie mit allen damit zusammenhängenden „Sub-Sub"-Strategien auf regionaler Ebene und/oder Kundenebene. Ein typischer Strategieerstellungsprozess erfolgt „Top-down", womit sich auch erklärt, weshalb sich die Vertriebsstrategien immer an der übergeordneten Unternehmensstrategie orientieren sollte. Eine gute Strategie beschreibt die aktuelle Situation, gibt einen Überblick über die Ziele, zeigt Maßnahmen auf und ist so kompakt wie möglich und so umfangreich wie maximal notwendig. Wenden Sie das Prinzip „Keep it simple" an, und setzen Sie sich als Ziel, die Vertriebsstrategie als quasi-vertriebliche „Battle Card" zu gestalten und die relevanten Inhalte auf maximal drei bis fünf Folien darstellbar zu machen.

Welche Informationen sollten in Ihrer Vertriebsstrategie – egal ob es eine regionale Vertriebsstrategie oder eine Account-Strategie ist – nicht fehlen?

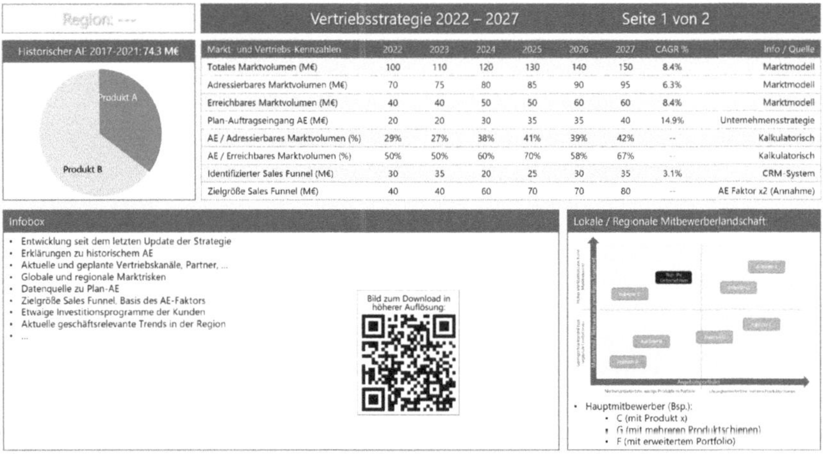

Markt- und Vertriebs-Kennzahlen	2022	2023	2024	2025	2026	2027	CAGR %	Info / Quelle
Totales Marktvolumen (M€)	100	110	120	130	140	150	8.4%	Marktmodell
Adressierbares Marktvolumen (M€)	70	75	80	85	90	95	6.3%	Marktmodell
Erreichbares Marktvolumen (M€)	40	40	50	50	60	60	8.4%	Marktmodell
Plan-Auftragseingang AE (M€)	20	20	30	35	35	40	14.9%	Unternehmensstrategie
AE / Adressierbares Marktvolumen (%)	29%	27%	38%	41%	39%	42%	--	Kalkulatorisch
AE / Erreichbares Marktvolumen (%)	50%	50%	60%	70%	58%	67%	--	Kalkulatorisch
Identifizierter Sales Funnel (M€)	30	35	20	25	30	35	3.1%	CRM-System
Zielgröße Sales Funnel (M€)	40	40	60	70	70	80	--	AE Faktor x2 (Annahme)

Abb. 20: Vertriebsstrategie 1/2, Template (Muster)

<u>Kennzahlen:</u> Speziell in einer Vertriebsstrategie kommen wir nicht darum herum, ein paar Kennzahlen anzuführen, und zwar um die IST-Situation zu zeigen, aber auch um ein kaufmännisches Ziel für die kommenden fünf Jahre zu definieren. Die gute Nachricht an dieser Stelle für Sie ist, dass diese Zahlen alle verfügbar sind, wenn Sie ein Marktmodell in Verwendung haben (siehe Kapitel 1). Von dort erhalten Sie alle Marktkennzahlen Ihrer Strategie, um das jeweilige Marktvolumen zu definieren.

Die Werte über Ihren Auftragseingang (AE) der letzten fünf Jahre und den geplanten Auftragseingang der kommenden fünf Jahre bekommen

Sie im Normalfall aus Ihrem CRM-System bzw. definieren Sie im Unternehmen über Ihre Planzahlen. Sehr wertvoll ist in diesem Zusammenhang, wenn Sie diese AE-Zahlen in Relation zum adressierbaren und erreichbaren Marktvolumen setzen. Denn wenn sich dabei herausstellt, dass Sie mit Ihrem Auftragseingang bereits einen Anteil von > 50 % am erreichbaren Marktvolumen aufweisen, sollte sich die Strategie unter anderem damit beschäftigen, wie Sie den erreichbaren Markt an den adressierbaren Markt annähern. Und wenn Sie mit Ihrem Auftragsvolumen bereits > 50 % des adressierbaren Marktes umsetzen, bedeutet es, dass Sie in dieser Region oder bei diesem Kunden den Fokus auf Bestandsgeschäft und Verteidigung der Position legen müssen und parallel vielleicht ein neues Element in Ihrem Angebotsportfolio dazu dienen könnte, den adressierbaren Markt zu vergrößern und damit Wachstum sicherzustellen.

Die Kennzahlen im Bereich „Sales Funnel" kommen ebenfalls aus Ihrem CRM-System, und zeigen den IST-Stand an bereits identifizierten möglichen Aufträgen und Projekten. Das Zielvolumen des „Sales Funnels" definiert sich über den geplanten Auftragseingang. Vereinfacht formuliert ist es so, dass Sie im kompetitiven Umfeld nicht alle Aufträge gewinnen werden, und selbst bei an sich fix geplanten Projekten auf Kundenseite kommt es immer wieder zu zeitlichen Verschiebungen. Daraus ergibt sich, dass der Sales Funnel im Normalfall und je nach Gewinn-/Projektwahrscheinlichkeiten um den Faktor 2-3 größer sein sollte als Ihr geplanter Auftragseingang. Ich empfehle Ihnen hier, die vergangenen Jahre statistisch auszuwerten und zu evaluieren, wie hoch der Sales Funnel am Beginn eines Jahres war und wie hoch am Ende des Jahres der Auftragseingang wurde. Führen Sie diese Analyse für mehrere Jahre durch und Sie erhalten eine gute Orientierung, welchen Faktor zwischen geplantem Auftragseingang und notwendigem Sales-Funnel-Volumen Sie zur Anwendung bringen sollten.

Erklärungen: Die Strategien sollten nach Erstellung nicht in der berühmten Ablage verschwinden. Strategiedokumente sind eine wertvolle Anleitung für Vertriebsteams, aber auch für Kollegen aus anderen Bereichen des Unternehmens quer über die gesamte Wertschöpfungskette. Aus diesem Grund empfehle ich, dass Sie ein paar erklärende Stichwörter in der Strategie einbauen. Hier empfehle ich zu erklären, welche Annahmen bei den Finanzkennzahlen getroffen wurden, welche regionalen/lokalen Marktrisken (z. B. Sanktionen, Währungsrisken, Inflation) identifiziert wurden, mit welchen aktuellen Vertriebskanälen (direkt vs. Partner Sales oder Reseller-Modell) Sie im Moment arbeiten und woraus sich der geplante Auftragseingang der kommenden fünf Jahre bzw. dessen Wachstumsrate ergibt.

Mitbewerberlandschaft: Um einen Überblick über die vertrieblichen Aspekte einer Region zu erhalten, empfehle ich Ihnen auch, die aktuelle Mitbewerbersituation der Region darzustellen. Diese Übersicht zeigt Ihnen, welche globalen Mitbewerber vielleicht in der Region noch nicht oder nur eingeschränkt aktiv sind. Sollten in der Region Mitbewerber aktiv sein, die global nicht agieren, ist diese Information ebenfalls relevant für Sie. In so einem Fall wird es sich mit hoher Wahrscheinlichkeit um einen Nischenplayer handeln, der auf der anderen Seite im Normalfall sehr flexibel und auf regionale Besonderheiten extrem angepasst am Markt auftritt. Diese Information ist auch für Ihr Produktmanagement von Relevanz, und zwar für den Fall, dass Sie regional unterschiedliche Produkte platzieren möchten oder müssen.

Wie bereits beschrieben, zeichnet sich ein gutes Strategiepapier dadurch aus, dass es kurz und prägnant ist. Sie erkennen an dem in diesem Kapitel verwendeten Muster, dass man vielfach auch mit zwei Seiten auskommen kann. Das Beispiel sieht auf der zweiten Seite konkrete, strategische Handlungsempfehlungen vor (Abb. 21).

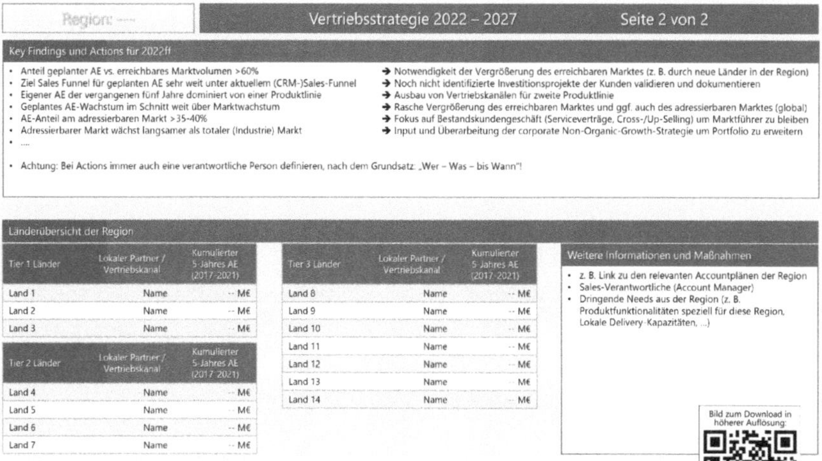

Bild zum Download in höherer Auflösung:

Abb. 21: Vertriebsstrategie 2/2, Template (Muster)

Die hier angeführten Erkenntnisse und Actions sind ein fiktives Beispiel, jedoch verlinkt zur Abb. 20 und den dort dargestellten Kennzahlen. Wenn Sie eine Strategie für eine Region erstellen, empfehle ich Ihnen, die wichtigsten 5-10 Erkenntnisse niederzuschreiben und jeweils auch mit konkreten Handlungsempfehlungen („Actions") zu verlinken. Wenn Sie dabei die Grundregel von Actions beachten – „WER – WAS – (bis) WANN?" –, haben Sie konkrete Vorhaben definiert, die Ihnen im Zeitraum der kommenden 12-18 Monate als Leitfaden vertrieblicher Art dienen.

Auf übergeordneter unternehmensweiter Ebene können Sie in weiterer Folge die Vorhaben aller Regionen zusammenfassen und haben damit auf einen Blick die Jahresvorhaben verfügbar, können diese tracken und managen und im Bedarfsfall auch adjustieren.

<u>Länderübersicht:</u> Die im Kapitel <Länderanalyse> behandelte Kategorisierung von Ländern in Tier-1- bis 4-Typen würde ich als Anhang zur Regionsstrategie zur Verfügung stellen. Eine Übersicht des Ergebnisses

dieser Kategorisierungen sollte damit ein integraler Bestandteil der Strategieübersicht sein.

In manchen Fällen kommen im Zuge von Strategieworkshops und bei der Erstellung einer Strategie Themen auf, die vielleicht im ersten Schritt nicht direkt zuordenbar sind. Auch kann es zu Situationen kommen, wo es zur Umsetzung einer Vertriebsstrategie Support von anderen Bereichen oder Abteilungen benötigt und daher Themen eskaliert werden müssen. Für diese Themen empfehle ich die Box „Weitere Informationen und Maßnahmen" am Ende des dargestellten Beispiels.

Die in Abb. 20 und Abb. 21 dargestellten Muster sind bewusst generisch und allgemein gehalten. Sie können diese selbstverständlich erweitern und zum Beispiel zu Beginn eine detaillierte Übersicht der vergangenen fünf Jahre (oder zwölf Monate) darstellen oder im Anhang detaillierte Analysen zu Marktdaten, Länderdaten oder Angebotsportfolio einbringen. Hier richtet sich das Layout im Endeffekt nach der Zielgruppe und auch nach unternehmensweiten Anforderungen.

Wichtig aus meiner Sicht wäre jedoch, darauf zu achten, dass alle im Unternehmen erstellten (regionalen) Vertriebsstrategien ein identes Layout und damit „Look-and-feel" aufweisen. Verwenden Sie lieber ein paar Stunden oder Tage, um sich mit Kollegen auf ein Layout zu einigen, bevor jeder sein eigenes Layout erstellt und eine Vergleichbarkeit dadurch erschwert wird.

Zum Abschluss in diesem Kapitel noch ein paar Worte zum Thema der „Relationship-Matrix". Die Relationship-Matrix wird wohl eher bei einem typischen Account-Plan (= Strategie, betreffend einen konkreten Kunden) und weniger bei einer übergeordneten regionalen Vertriebsstrategie zum Einsatz kommen. Sie ist jedoch in meinen Augen ein extrem wichtiges Tool, um die gegenseitigen Ansprechpartner zwischen Kunden und Ihrem

Unternehmen zu definieren und auch auf einen Blick zu erkennen, ob jemand aus Ihrem Unternehmen einen intensiven, losen oder gar keinen Kontakt mit bestimmten Vertretern des Kunden hat.

	CRM ID#	Eigener CEO	Bereichs-Leiter	Account Manager	Produkt Manager	Service Manager	Projekt Manager	...
CEO Mr X		X	X	O				
CFE Mrs Y		X	O					
Projektleiter				O		O	O	
Anwender					O		O	
...								

Abb. 22: Relationship-Matrix (Konzept)

Sie finden im Internet unterschiedliche Formate und Vorlagen oder haben bereits selbst ein für Sie praktikables Format im Einsatz. Daher beschränke ich mich an dieser Stelle auf folgende Punkte, die leider immer wieder übersehen oder vernachlässigt werden, wenn es um eine effektive Relationship-Matrix geht:

- ✓ Stellen Sie sicher, dass in der Relationship-Matrix alle Personen auf Kundenseite inkludiert sind und Personen, die beim Kunden nicht (mehr) aktiv sind, auch aus der Relationship-Matrix genommen werden!
- ✓ Sofern technisch möglich, verlinken Sie die Relationship-Matrix mit Ihrem CRM-Tool! Falls das nicht möglich ist, führen Sie in der Relationship-Matrix zumindest die ID#-Nummer an, unter der die entsprechende Person im CRM-Tool gefunden werden kann!
- ✓ Wenn Sie Personen aus der Relationship-Matrix löschen, weil diese zum Beispiel das Unternehmen des Kunden verlassen haben, setzen Sie diese Person auch im CRM-Tool auf „inaktiv" oder verlinken Sie die Person mit deren neuem

Unternehmen, sofern Sie wissen, wohin gewechselt wurde!

- ✓ Achten Sie wiederum auf Ihrer Seite darauf, dass sämtliche Kollegen aus Ihrem Unternehmen, die mit Vertretern des Kunden in Kontakt sind, auch Teil der Relationship-Matrix sind!
- ✓ Und zum Abschluss noch ein bei vielen unbeliebter Hinweis: Wenn die Matrix sehr umfangreich ist, ist es umso wichtiger, dass Kundenkontakte protokolliert, Besprechungsprotokolle erstellt und im CRM-Tool abgelegt werden, damit man sie auch einfach findet, bevor man mit Kundenvertretern Kontakt hat. Nichts ist mühsamer, als wenn man mit einem Kundenvertreter in Kontakt tritt und man selbst gar nicht weiß, dass genau diese Person mit einem eigenen Kollegen vor nicht allzu langer Zeit bereits ein Gespräch führte.

Abschließend zu diesem strategischen und teilweise sehr theoretisch klingenden Kapitel möchte ich gerne nochmals auf das Vorwort verweisen: Kundenfokus! Achten Sie bitte bei sämtlichen Strategien darauf, dass Sie Ihren Kundenfokus nicht aus den Augen verlieren. Wir alle erstellen Strategien nicht, um eine Strategie zu erstellen. Wir stecken viel Energie in gute Strategien, um Klarheit zu haben, wie wir mit unseren Kunden interagieren, die Kundenbedürfnisse adressieren und den Kunden mit unseren Lösungen dabei helfen, Probleme zu lösen. Wenn Sie also in Ihrem Strategiepapier noch die eine oder andere Seite frei haben, bauen Sie doch aktuelle Kundenstatements aus Presseaussendungen oder Jahresberichten der Kunden ein. Denn wenn Sie wissen, in welchen Bereichen und weshalb Ihre Kunden in den kommenden fünf Jahren investieren möchten, ist das definitiv in Ihren Vertriebsstrategien eine Erwähnung wert.

Clustering des Angebotsportfolios

Dieses Kapitel wird für Sie vor allem dann von Interesse sein, wenn Ihr Angebotsportfolio aus unterschiedlichen Produkten und Lösungen besteht oder wenn Sie planen, Ihr Angebotsportfolio zu erweitern. Je umfangreicher und diverser das Portfolio eines Unternehmens ist, desto wichtiger ist eine kundenorientierte Gruppierung der Produkte und Lösungen, um einen effektiven Vertriebserfolg zu gewährleisten.

Produkte, Systeme und Lösungen

Zu Beginn ein kurzer Absatz zu den Begriffen, die hier in diesem Kapitel verwendet werden, und wie sie zu verstehen sind. Ein Produkt ist ein mehr oder weniger standardisiertes Element im Angebotsportfolio, bei dessen Lieferung wenig zusätzlicher Aufwand vom Lieferanten benötigt wird. Vereinfacht könnte man auch sagen, dass im Normalfall typisches Consumer-Electronics-Equipment, wie TV-Geräte oder Mobiltelefone, in diese Kategorie fällt. Sie können in Betrieb genommen werden ohne großen Installations- und Trainingsaufwand, sind also quasi „plug-and-play"-tauglich. Wird von einem System gesprochen, handelt es sich im weitesten Sinne um Produkte mit erhöhtem Liefer-, Inbetriebnahme- sowie Trainingsaufwand seitens des Lieferanten. Da die Abgrenzung dieser beiden Begriffe oft fließend und damit nicht einfach ist, bleiben wir hier beim Begriff des Produkts. Für die inhaltliche Beschreibung der unterschiedlichen Aspekte in diesem Buch macht es nur wenig Sinn, die Unterscheidung zu anzuwenden, nur um schlussendlich in eine „akademische Diskussionen" abzugleiten. Speziell im Projektgeschäft ist jedoch der Begriff der Lösung („Solution") von Wichtigkeit. Basis der Begriffsdefinition einer Lösung, wie ich sie in diesem Buch verwende, ist ein sehr einfacher und pragmatischer Zugang. Wenn Sie in diesem Buch von einer Lösung lesen, ist darunter ein Angebot oder Lieferumfang zu verstehen, der aus mehreren Komponenten besteht. Das kann zum Beispiel eine Lösung sein, die aus mehreren Produkten besteht, unabhängig davon, ob es sich um Hardware, Software oder Dienstleistungen bei den einzelnen Produkten der Lösung handelt. Im privaten Hausbau wäre zum Beispiel eine Lösung, wenn ein Fertigteilhaus geliefert wird, im Unterschied dazu wäre es eine sehr produktorientierte Projektkategorie, wenn ausschließlich Türen oder Fenster bestellt und geliefert werden.

Kundenanwendungen

Die vorhin beschriebenen Begriffe und deren grobe Definitionen sind sehr stark innen orientierte Begriffe, denn Sie haben zumeist auch eine starke Auswirkung auf unternehmensinterne Organisationsformen und Funktionsprofile.

Viel wichtiger im Endeffekt ist jedoch die Frage, wo oder wofür Ihre Produkte und Lösungen eingesetzt werden, also was der konkrete Anwendungsfall bei Ihren Kunden ist. Es macht einen großen Unterschied, ob Sie zum Beispiel Flugzeuge für Passagierverkehr anbieten oder stattdessen Flugzeuge für den Cargobetrieb vertreiben. Beide Produkte – nämlich die Flugzeuge selbst – sind im Grundkonzept ähnlich bis ident. Natürlich gibt es Unterschiede, wie zum Beispiel, ob das jeweilige Flugzeug mit Fenstern für Passagiere oder eben ohne Fenster geliefert wird. Aber das dahinterliegende Grundmodell des Flugzeuges ist grundsätzlich ident. Die Grundfrage des Anwendungsfalles ist jedoch essenziell für Sie als potenziellen Vertriebsmanager eines dieser Flugzeugunternehmen, denn Sie haben es mit komplett anderen Gesprächspartnern auf der Kundenseite zu tun. Teilweise hätten Sie mit anderen Einkäufern zu tun und das wichtigste Element, die Abläufe und Prozesse bei den Kunden, ist unterschiedlich. Verkaufen Sie Passagierflugzeuge, werden Ihre Kunden – die Airlines – mit diesen Flugzeugen Passagiere von A nach B transportieren, während Cargo-Luftfahrtunternehmen Güter mit enormem Logistikaufwand von A nach B liefern. Sie erkennen, dass auch die Kunden Ihrer Kunden unterschiedlich sind: Personen und Firmen im Gegensatz zu Speditionsunternehmen. Diese Unterschiede haben wiederum einen großen Einfluss auf die Art und Weise, wie Sie vertrieblich agieren sollten. Es benötigt ein starkes Verständnis von Prozessen und Abläufen beim Kunden, denn es würde im vorigen Beispiel nicht ausreichen, dass Sie nur Ihr Produkt (das Flugzeug) kennen, sondern Sie sollten auch wissen, wie Sie die jeweiligen Bedürfnisse der Kunden je nach Anwendung damit adressieren. Dazu müssen Sie diese kennen und verstehen.

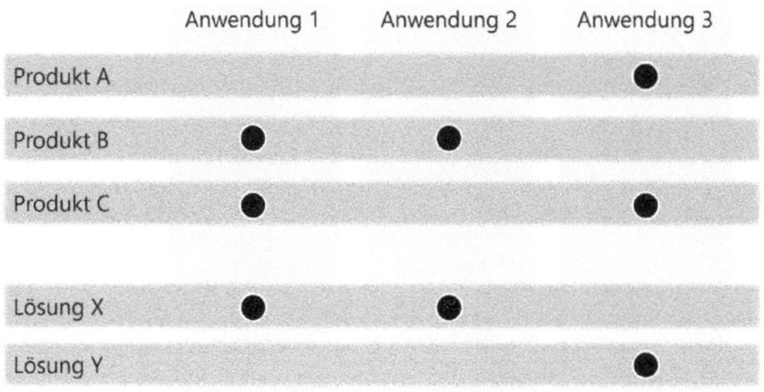

Abb. 23: Produkt-/Lösungs-Anwendungsmatrix

Die Kundenanwendung ist daher ein wichtiges Kriterium im Vertriebsprozess, denn sie definiert sehr stark, welche Kenntnisse und Fähigkeiten auf Ihrer Seite vorhanden sein sollten, um mit potenziellen Kunden „auf Augenhöhe" zu sprechen und entsprechend als kompetenter Berater ernst genommen zu werden. Überspitzt formuliert werden Sie als Experte im Bereich von Cargoflugzeugen wenig erfolgreich sein, zivile Fluglinien im Passagiersegment als Kunden zu gewinnen, wenn Sie keine Kenntnisse über die Spezifika im Passagierverkehr besitzen und damit die Anwendung dahinter nicht adressieren können.

In Abb. 23 sehen Sie eine Variante, wie Sie ein Angebotsportfolio, bestehend aus drei Produkten und zwei Lösungen, den fiktiven drei Kundenanwendungen in einer Industrie zuordnen und damit darstellen können. In vielen Fällen können Sie auf Basis der einzelnen Anwendungsfälle Ihrer angebotenen Produkte und Lösungen auch eine Verbindung zu den in Kapitel 1 beschriebenen Marktvolumen herstellen. Wenn es zum Beispiel gelingt, mit Produkt A aus Abb. 23 auch Anwendung 1 zu adressieren, können Sie auf diese Weise den adressierbaren Markt vergrößern, da Produkt A aktuell nicht bei Anwendung 1 verwendet wird.

Umgekehrt bietet diese Darstellungsform auch die Möglichkeit, auf relativ einfache Art neue Anwendungen Ihrer Industrie und Kunden als neue Spalte dazuzufügen, oder von Ihnen neu entwickelte Produkte und/oder Lösungen als neue Reihen einzubinden.

Weshalb macht es in vielen Fällen des internationalen Projektgeschäfts Sinn, zusätzlich zur tendenziell eher intern orientierten Produkt-/Lösungsuntergliederung, eine Matrix einzuführen – mit der zusätzlichen Dimension von Kundenanwendungen? Ein Grund dafür ist die Art und Natur, wie Projekte speziell im B2G-Geschäft geliefert, aber eben auch verkauft werden können. Sie haben mit ziemlicher Sicherheit auch schon Begriffe wie „Consultative Selling" oder – im deutschsprachigen Raum – „Beratungsverkauf" gehört. Um diesen Aspekt erfolgreich abdecken zu können, benötigt es Mitarbeiter entlang der gesamten Wertschöpfungskette, die ihre Kunden inklusive der kundeninternen Abläufe, Prozesse, aber auch Bedürfnisse, Problembereiche sowie internen Ansprechpartner kennen. Die Erfahrung zeigt, dass Menschen am authentischsten als Berater wahrgenommen werden, wenn sie die Sprache der Kunden sprechen, und diese ist in vielen Fällen je nach Anwendungsfall unterschiedlich.

An dieser Stelle möchte ich bewusst nicht in die unendlichen Weiten der Theorien über „Consultative Selling" eingehen, Ihnen jedoch ein paar aus meiner Sicht entscheidende Aspekte empfehlen:

- ✓ Gestalten Sie Ihre Vertriebsorganisation nach den Anwendungen Ihrer Kunden und achten Sie darauf, dass die Mitarbeiter innerhalb der Anwendungen die Sprache der Kunden sprechen und die Betriebsabläufe der Kunden verstehen!
- ✓ Im Umkehrschluss achten Sie auf eine klare Trennung zwischen den Funktionen und Aufgaben bei Vertrieb und Produktmanagement (mehr dazu im Kapitel <Unterschied zwischen Vertrieb und Produktmanagement>)!
- ✓ Wenn es für Ihre Industrie plausibler ist, dass Sie Ihre Lösungen nach Anwendungen gruppieren, können Sie diese selbstverständlich auch vertikal entlang der Anwendungen organisieren und in diesem Fall einzig Ihre Produkte in der horizontalen Matrix darstellen.
- ✓ Stellen Sie Ihre Kundenkommunikation sowie sämtliche Marketingmaßnahmen auf Anwendungsfälle Ihrer Kunden ab, um die Kunden mit Ihren Anwendungen und Bedürfnissen direkt anzusprechen! (Beispiel: Sie möchten im Prinzip ein Smartphone mit einer Akkulaufzeit von mehreren Tagen und in Wirklichkeit ist es Ihnen egal, ob der Akku auf der technologischen Basis von Lithium-Ionen oder Lithium-Polymer hergestellt wurde. Nicht das Produkt „Akku" ist ausschlaggebend, sondern der Nutzen in der Anwendung „Smartphone".)

Im Idealfall von strategischer Produkt-/Lösungsentwicklung schaffen Sie es, mit diesen neuen Portfolioelementen auch neue oder zusätzliche

Anwendungen bei Ihren Kunden zu generieren. Aus diesem Grund empfehle ich Ihnen abschließend, sich nur bloß auf bestehende und aktuelle Kundenanwendungen zu limitieren. Wenn man das vor der Entwicklung von Smartphones gemacht hätte, dann würde man ein Mobiltelefon weiterhin ausschließlich für die Anwendung „Telefonieren" und „SMS" kaufen können, denn für damalige Verhältnisse waren die heutzutage vollkommen normalen Anwendungen wie beispielsweise „Videotelefonie", „E-Mail" oder „Navigation" keine normalen Anwendungsfälle. Und mit neuen Anwendungsfällen – teilweise auch verbunden mit neuen Trends – kommen in sämtlichen Industrien und Märkten auch neue Produkte und Lösungen auf den Markt.

Unterschied zwischen Vertrieb und Produktmanagement

Eine sehr pointierte und kurze Definition wäre, dass das Produktmanagement dafür sorgt, dass es Produkte und Lösungen gibt, die dann von der Vertriebsorganisation verkauft werden können. Fokus von Produktmanagement sollte daher sein, zu managen, was aktuell und in Zukunft verkauft werden kann, während die Vertriebsorganisation sicherstellt, vorhandene Produkte und Lösungen zu verkaufen. In diesem Kapitel möchte ich mich primär auf die Bereiche fokussieren, die Ihnen helfen können, die Zusammenarbeit zwischen Produktmanagement und Vertrieb zu optimieren. Dieses Kapitel soll keine detaillierte Abhandlung über Produktmanagement darstellen, denn dazu gibt es eine Unmenge an Fachliteratur, Seminaren und Studien, die den Rahmen dieses Buches sprengen würde.

Selbstverständlich ist es wichtig, dass Sie sicherstellen, dass Feedback von Kunden und damit vom Markt auch in die Produkt-Roadmaps einfließen und das Produktmanagement nicht vom Markt „ferngehalten" wird.

Gleich zu Beginn möchte ich Ihnen jedoch einen Tipp zur Organisation geben:

> i Trennen Sie die Funktionen von Produktmanagement und Vertrieb!

Beide Funktionen sollten einen unterschiedlichen Fokus besitzen und beide Funktionen haben in manchen Bereichen auch unterschiedliche Zielsetzungen. Sollten nun Produktmanagement und Vertrieb organisatorisch oder gar in Personalunion aufgesetzt werden, resultiert daraus oft, dass Mitarbeiter den Fokus ihrer Aufgabenfunktion aus den Augen verlieren und zusätzlich die „gesunde Reibungswärme" aufgrund von sachlichen und konstruktiven Diskussionen zwischen diesen beiden Funktionen verloren geht. Es kommt dann zu Situationen, dass Produktmanager primär zu Kundenbesuchen aufbrechen, was eigentlich Aufgabe der Vertriebsorganisation wäre, und damit weniger Zeit für das Managen der Produkte bleibt. Umgekehrt kann es dann zu Situationen kommen, dass Vertriebsmitarbeiter an Go2Market-Tools wie zum Beispiel Vertriebspräsentationstemplates, Spezifikationsdokumenten oder Kalkulationstools arbeiten müssen, was wiederum in ein Go2Market-Konzept des Produktmanagements fällt.

Produktmanagement ist ein Fulltime-Job, den man nicht parallel zu sonstigen Tätigkeiten machen sollte bzw. der es eigentlich in den seltensten Fällen erlaubt, parallel noch klassische Vertriebsaufgaben zu übernehmen.

Eine organisatorische Trennung der Linienorganisation von Produktmanagement und Vertrieb, also die Aufteilung in zwei separate Teams, sollte jedoch unter keinen Umständen dazu führen, dass Agilität verloren geht und Informationsaustausch sowie Informationsfluss zwischen Produktmanagement und Vertrieb blockiert wird.

Eine agile Organisationsform sollte sicherstellen, dass es zu einem laufenden Austausch von Kundeninformationen und Feedback vom Markt in allen Bereichen der Organisation kommt, auch und speziell natürlich in Richtung Produktmanagement, zur Sicherstellung von marktkonformen Produkten und Lösungen.

Produkt-Markt-Matrix (Ansoff-Matrix)

Diese Matrix ist ein klassisches Tool, um strategische Produkt- und Vertriebsstrategien zu begleiten und visuell darzustellen. In Kombination mit der Matrix aus Abb. 10: Mitbewerberlandschaft können Sie strategische Zielsetzungen auf sehr kompakte Weise darstellen. Die klassische Ansoff-Matrix ist eine wachstumsorientierte Darstellungsform von unterschiedlichen Strategiealternativen.

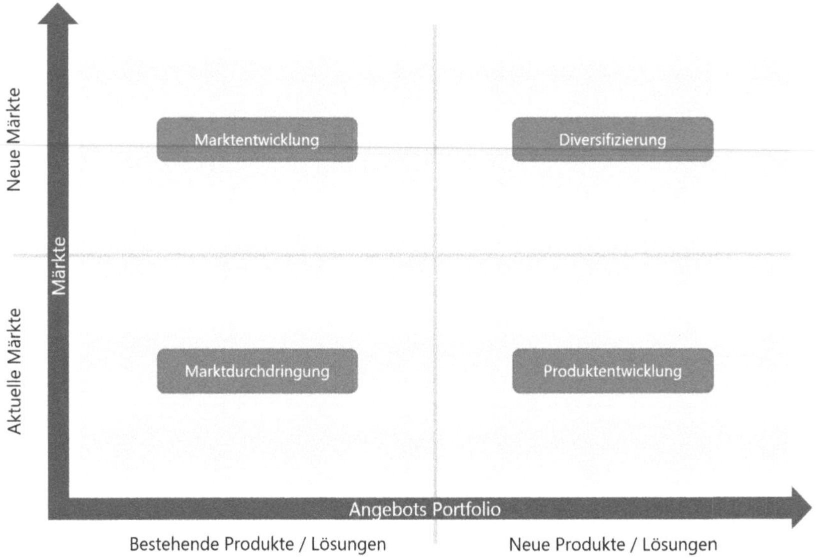

Abb. 24: Produkt-Markt-Matrix

In ihrer klassischen Form stellt diese Matrix eine Reduktion nicht dar, also Strategien, welche darauf basieren, dass Sie sich aus Märkten zurückziehen oder Produkte aus Ihrem Portfolio nehmen, werden in der klassischen Matrix-Darstellungsform nicht dargestellt. Sollte eine derartige Strategie für Sie eine valide Alternative darstellen, könnte sie jedoch trotzdem in die Matrix eingebaut werden. Die Variante eines strategisch notwendigen Rückzugs könnte zum Beispiel auch ökologische Gründe haben, wenn das Thema „Green Economy" in Bereichen Ihrer Industrie existierende Märkte schrumpfen oder verschwinden lässt. Ein weiteres Beispiel für eine Rückzugsstrategie wäre, wenn Sie aus politischen Gründen gezwungen wären, sich aus einem Markt oder Land zurückzuziehen.

Sie werden in der Fachliteratur oder auf verschiedenen Internetseiten auch eine leicht adaptierte Version der oben dargestellten Matrix finden. Diese arbeiten mit drei Zeilen und Spalten anstelle der jeweils zwei dargestellten Kategorien in Abb. 24. Diese dritte Zeilen-/Spaltenkategorie wird „modifiziert" genannt und fügt sich als mittlere Kategorie zwischen den oben erwähnten ein. Der Einfachheit halber verzichte ich hier auf diese zusätzliche Kategorie.

<u>Marktdurchdringung:</u>

In diesem Quadranten der Matrix befinden Sie sich, wenn Sie mit Ihren aktuellen Produkten und Lösungen Ihren Marktanteil beziehungsweise Auftragseingang auf Ihren aktuellen Märkten erhöhen möchten. Das können Sie strategisch erreichen, indem Sie den erreichbaren Markt durch adaptierte oder erweiterte Vertriebsmaßnahmen erhöhen. Ein verstärktes Partnermanagement und eine adaptierte Preis-/Mitbewerberstrategie in diesen Ländern sind nur zwei Beispiele von möglichen Maßnahmen. Solange Sie sich strategisch in diesem Quadranten bewegen, ist das verbundene Risiko gering, da Sie Ihre eigenen Produkte und aktuellen Märkte im Normalfall sehr gut kennen. Auf der anderen Seite zeigt dieser Quadrant typischerweise ein geringes Wachstumspotenzial, sofern Sie aktuell schon einen repräsentativen Marktanteil vorweisen können und somit in diesem Quadranten in einen Verdrängungswettbewerb mit Ihren Mitbewerbern treten müssten.

Marktentwicklung:

Auch in diesem Quadranten handelt es sich um eine Erweiterung des erreichbaren Marktvolumens, basierend auf Ihrem aktuellen Angebotsportfolio. Neue Märkte zu erschließen kann zum Beispiel bedeuten, dass Sie zusätzliche Länder oder Regionen vertrieblich abdecken und bearbeiten. Neue Märkte im weitesten Sinn kann auch eine modifizierte Version Ihrer Produkte bedeuten, nämlich dass Sie mit bestehenden Produkten oder Lösungen neue Kundensegmente adressieren. Diese Strategievariante ist davon geprägt, dass sie auf der einen Seite ein geringes produktbezogenes Risiko aufweist. Auf der anderen Seite benötigt diese Strategie ein starkes Wissen im Unternehmen über ebendiese neuen Märkte. Und wenn Sie komplett neue Kundensegmente adressieren möchten, benötigen Sie ein enormes Wissen über Abläufe und Anforderungen dieser – für Sie – neuen Kunden (siehe Kapitel <Kundenanwendungen>).

Produktentwicklung:

Vereinfacht beschreibt dieser Quadrant in der Matrix eine Strategie, in der Sie mit einem neuen Produkt in aktuelle Märkte bzw. Kundenstrukturen eintreten. Auf diese Weise können Sie die adressierbaren Marktvolumen erweitern, um dadurch neue Aufträge und Umsätze zu generieren und erhöhtes Wachstumspotenzial zu sichern. Eine Unterkategorie in diesem Quadranten behandelt Produktweiterentwicklungen in Form von neuen Releases mit erweiterter oder verbesserter Funktionalität, um Kundenbedürfnisse optimaler zu adressieren. In diesem Fall empfehle ich, von Produktweiterentwicklung oder Produktmodifikation zu sprechen. Ein paar Aspekte zur Verbindung zwischen Produktmanagement (Entwicklung) und Vertrieb (Verkauf) finden Sie im Kapitel <Dual Product Strategy - ein kurzes Exzerpt>.

Diversifizierung:

Die wohl herausforderndste Strategie ist jene, wenn Sie entscheiden, mit neuen Produkten und Lösungen in neue Märkte zu gehen, oder neue Kundengruppen und damit -anwendungen adressieren möchten. Mit dieser Strategie können Sie bisher nicht adressierbares Wachstumspotenzial sicherstellen. Diese Strategie ist verbunden mit allen Chancen und Risken einer klassischen Produktentwicklung in Kombination mit entsprechenden Marktentwicklungskosten. Wenn Sie diesen Weg einschlagen, ihn gut planen, dann ist diese Strategie jedoch jene mit dem größten Wachstumspotenzial, und zwar mittel- und langfristig und nicht bloß kurzfristig.

Dual Product Strategy - ein kurzes Exzerpt

Produktmodifikationen oder -entwicklungen zur Anpassung an regionale Märkte: An dieser Stelle möchte ich als praktisches Beispiel auf die Situation der aktuellen wirtschaftlichen Spannungen zwischen China und den USA eingehen. Viele Unternehmen müssen aktuell zu einer „Entweder-oder-Entscheidung" Stellung beziehen. Entweder das Geschäft in den USA absichern und auf China-Business verzichten, oder das hohe Wachstumspotenzial in China adressieren, mit dem gleichzeitig verbundenen Risiko, den Markt in den USA aufgrund von Handelssanktionen nicht mehr adressieren zu dürfen. Es gibt unterschiedliche Strategien, mit diesem Problemfeld umzugehen, für jedes Unternehmen und jeden Markt ist die Situation unterschiedlich zu bewerten, und damit sind auch die Strategien vielfältig.

Ich empfehle Ihnen, eine detaillierte Business-Impact-Analyse der unterschiedlichen Varianten durchzuführen und auch Businesspläne zu erstellen, wenn Sie sich für eine Produktmodifikation entscheiden. Es kann sich für Ihr Unternehmen als sinnvoll erweisen, wenn Sie zum Beispiel eine separate Produktschiene entwickeln („Dual Product Strategy"), die ausschließlich für einen regionalen Markt entwickelt wird und aus Hard-/Softwarekomponenten besteht, die von Ihrer globalen Produktschiene abweichen. Dies kann bedeuten, dass Ihr Produkt aus anderen IT-Komponenten besteht („Made in A" vs. „Made in B") oder differenzierte Funktionalität bietet oder vielleicht sogar lokal in einem der Länder produziert wird. Wenn für Sie das hier erwähnte Beispiel des Handelskonflikts zwischen China und den USA kein rein theoretisches Beispiel ist, sondern Sie jetzt schon praktisch betrifft, empfehle ich Ihnen zur weiterführenden Analyse abermals die entsprechenden Internetseiten der politischen Behörden, welche sich mit Sanktionen und Handelsbeschränkungen beschäftigen. Alternative Informationsquellen sind oftmals auch die Vertretungen der Außenhandelsbehörden oder Organisationen, die sich speziell auf die Handelsbeziehungen zwischen Regionen und Ländern beschäftigen. In diesem konkreten Beispiel empfehle ich Ihnen die „European Chamber of Commerce", die in Zusammenarbeit mit dem „Mercator Institute for China Studies" ein umfangreiches Strategiepapier[22] speziell zu diesem konfliktbeladenen Thema erstellt hat.

Ein besonderer Fall im internationalen Projektgeschäft, speziell wenn es sich um Infrastrukturprojekte handelt, sind Projekte, die entlang von Chinas neuer Seidenstraße entstehen. Unter der neuen Seidenstraße versteht man Projekte, in die die chinesische Regierung direkt oder indirekt investiert, um neue Handelsrouten von China aus über Zentral-/Südasien, Afrika bis nach Europa abzusichern. Da diese Projekte in vielen Fällen durch direkte oder indirekte chinesische Finanzierung entstehen, kommen bei diesen Projekten in vielen Fällen auch chinesische Unternehmen bei der Umsetzung und Realisierung zum Einsatz. Investitionen in Häfen, Eisenbahnen oder Straßen sind dabei exemplarisch zu sehen und erfolgen in vielen Ländern entlang der neuen Seidenstraße bis nach Europa.

Beispielhaft wurde in Europa von einer chinesischen Reederei die Mehrheit am Hafen von Piräus übernommen[23], große Investitionen in Eisenbahnstrecken von China über Laos, Thailand und Malaysia bis nach Singapur sind Teil der chinesischen Handelsstrategie in Südostasien[24], und moderne Schnellstraßen, gebaut von chinesischen Unternehmen, sorgen in Kenias Hauptstadt Nairobi für eine Entlastung der staugeplagten Bevölkerung dieser Großstadt in Afrika[25].

Möchten Sie als europäischer Unternehmer an einem dieser Projekte mitwirken bzw. Aufträge daraus erhalten, wird es etwas komplizierter. Der Endkunde ist in einem der Länder beheimatet, in dem die Infrastrukturprojekte realisiert werden. Auf der anderen Seite wäre Ihr Kunde in den meisten Fällen ein chinesischer Generalunternehmer, da in den meisten Fällen chinesische Infrastrukturprojekte im Ausland von chinesischen Unternehmen als Generalunternehmer abgewickelt werden. Wenn Sie einen guten Kundenkontakt zum Endkunden haben und dieser dem chinesischen Generalunternehmer auch zu verstehen gibt, dass eine Lösung aus Ihrem Unternehmen bevorzugt ist, stehen die Chancen nicht schlecht, dass das chinesische Unternehmen zumindest bei Ihnen um ein Angebot anfragt. Sie können nun jedoch sehr schnell in eine schwierige Situation kommen, nämlich wenn Ihre Produkte oder Lösungen zuerst nach China geliefert werden müssen, bevor sie dann durch den

Generalunternehmer zur finalen Destination gebracht werden. Denn in diesem Fall können Sie mit Ihren Produkten – speziell im Hightechbereich – sehr schnell unter ein Exportembargo für Ausfuhren nach China fallen, selbst wenn der Endkunde in Europa, Afrika oder Asien beheimatet ist.

An dieser Stelle empfehle ich Ihnen, etwaige Exportbeschränkungen ehestmöglich im Vorfeld abzuklären und ggf. eine Lösung zu entwickeln, die Sie als Subunternehmer nicht dazu verpflichtet, Leistungen oder Produkte nach China zu liefern. Anstelle dessen können Sie vereinbaren, dass Ihre Produkte und Lösungen direkt zur Enddestination geliefert werden, ohne den Umweg über den chinesischen Generalunternehmer zu nehmen.

Kundeneinbindung im Produktentwicklungsprozess

Der Kundenfokus sollte in jeder Produktentwicklung und -weiterentwicklung nie verloren werden. Sie werden nun sagen, dass das doch selbstverständlich ist. Und Sie haben damit recht, es wird jedoch trotzdem oft übersehen. Die Selbstüberschätzung, dass man selbst den Markt perfekt kennt und weiß, was Kunden wünschen, hat schon viele Unternehmen in Schieflage gebracht. Ein prominentes Beispiel an dieser Stelle ist NOKIA, wo binnen weniger Jahre eine Marktführerschaft im Mobiltelefonmarkt verloren ging und schlussendlich der Trend hin zu Smartphones das Unternehmen quasi überholt hat[26]. Das strukturierte Abfragen von Marktanforderungen, aber auch die Involvierung von Kunden im Entwicklungsprozess („Launching Customer") kann eine risikominimierende Strategie aus Sicht der Produktentwicklung darstellen. Hier bedarf es einer starken Vernetzung zwischen Vertrieb, der die Marktanforderungen einbringt und Kundenkontakte pflegt, und dem Produktmanagement sowie den jeweiligen Entwicklungsabteilungen.

Wenn Sie vertrauenswürdige Kunden haben und diese Ihnen schon bisher immer wieder konstruktives Feedback gegeben haben, empfehle ich Ihnen, durch Einrichten von z. B. Userforen oder strukturierten Kundenfeedbackprozessen, dieser Feedbackschleife extreme Priorität zukommen zu lassen. Ein Kunde, der selbst ein Interesse an besseren sowie neuen Produkten und Lösungen hat, wird immer mit Ihnen dafür kämpfen, dass am Ende des Tages ein verwendbares Produkt präsentiert werden kann. Fragen Sie doch mal bei Singapore Airlines nach, die ein Launching Customer von Airbus und dessen A380 waren[27]. Wie bei jeder Produktentwicklung gab es Herausforderungen unterschiedlichster Art und am Ende waren es doch Singapore Airlines, die stolz waren, als sie den ersten A380 ausgeliefert bekamen. Parallel konnte Airbus ein Produkt auf den Markt bringen, das vom direkten Feedback des Launching Customers profitierte. Das direkte Kundenfeedback ist unverzichtbar und sollte über den gesamten Produktentwicklungsprozess und übergeordnet im Prozess für Ihr Produktmanagement verankert sein.

Wenn Sie andenken, neue Produkte zu entwickeln, empfehle ich Ihnen auch Funktionen und Features abzutesten (siehe Kapitel <Die Sicht der Kunden>). Das ist eine der wichtigsten Methoden, um das Risiko zu minimieren, dass Sie mit Produkten auf den Markt kommen, die schlussendlich keiner benötigt oder für deren Funktionalität potenzielle Kunden nicht bereit sind zu investieren. Kunden kennen deren Anforderungen immer besser als Sie selbst, und dieses Wissen Ihrer Kunden sollten Sie nutzen.

Abschließend empfehle ich Ihnen, speziell im Projektgeschäft das Launching-Customer-Prinzip in Ihrer geografischen Nähe anzuwenden. Es ist um ein Vielfaches einfacher, Projekte zu managen, die in der Nähe des Heimatlandes oder im Heimatland ausgeliefert werden, als wenn es sich um Projekte und Kunden handelt, die Sie am sprichwörtlich anderen Ende der Welt betreuen müssen. In beinahe jedem Projekt mit neuen Produkten und Lösungen gibt es Risken und vielleicht auch Probleme zu managen, die Sie besser in Ihrer Zeitzone abhandeln und lösen. Dadurch bleiben Sie effizient und können zudem die Kundenzufriedenheit auf allen Ebenen der Relationship-Matrix aktiv gewährleisten.

Make or Buy (Non-Organic-Growth-Strategie)

Für den Fall, dass Sie Ihren adressierbaren Markt mit neuen Produkten und Lösungen ergänzen, stellt sich immer die Frage, ob man die Entwicklung im eigenen Unternehmen durchführt („Make"), oder durch eine nichtorganische Wachstumsstrategie zukauft („Buy").

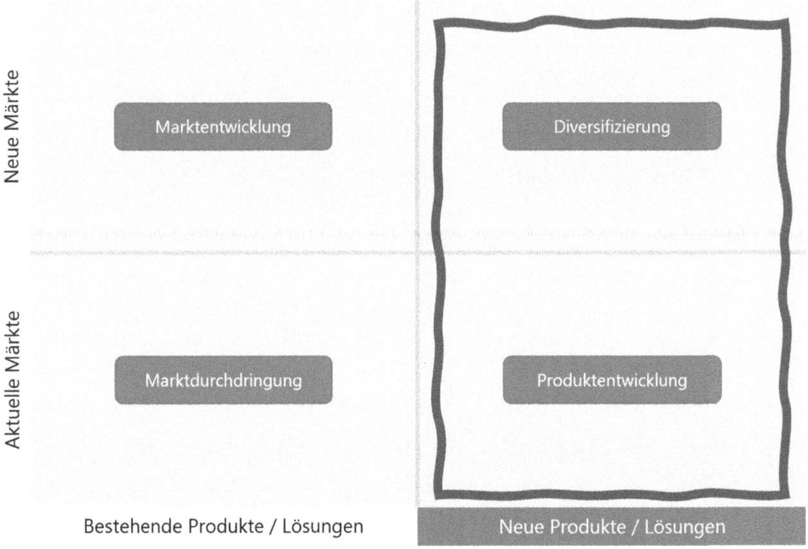

Abb. 25: Make or Buy in der Ansoff-Matrix

Auf alle Fälle befinden wir uns damit in der Ansoff-Matrix in jener Spalte, in der es um neue Produkte und Lösungen geht, unabhängig davon, ob aktuelle oder neue Märkte adressiert werden. Welche Märkte mit neuen Produkten und Lösungen adressiert werden, hat jedoch einen maßgeblichen Einfluss auf die „Non-Organic-Growth"- (NOG-)Strategie, denn es kann sich um neue Produkte für den bestehenden Markt, für einen neuen Markt, oder für beide Markttypen handeln.

Die Ziele einer typischen NOG-Strategie kann man grob wie folgt definieren, wobei Sie natürlich je nach Unternehmen für Sie auch alternative Zielsetzungen festlegen können:

- ✓ Stabiles Wachstum in Abstimmung mit der Geschäftsstrategie
- ✓ Steigerung von Profitabilität
- ✓ Vergrößerung des adressierbaren Marktes
- ✓ Abdeckung aktuell fehlender Portfolioelemente
- ✓ Aufbau von fehlendem Know-how im Unternehmen

Ich empfehle Ihnen, ein eigenes NOG-Strategiepapier zu erstellen, in dem Sie sämtliche Maßnahmen mit den von Ihnen definierten Zielen verbinden, und gegenüber diesen Zielsetzungen zu evaluieren.

Non-Organic Growth Strategy (Executive Summary)

Produkt / Lösung	Adressierbarer Markt	Anwendung	Build	Partner	Buy
Produkt A	80 – 100M€ p.a.	Anwendung 1	Lange Go2Market-Dauer	Möglich	Möglich
Produkt B	50 – 80M€ p.a.	Anwendung 2+3	High Investment	Geringer Deckungsbeitrag	Lange RoI Zeit
Produkt C	bis zu 70M€ p.a.	Anwendung 3	High Investment	Geringer Added Value	Möglich

Unterstützung der NOG-Zielsetzung	Produkt A	Produkt B	Produkt C
Stabiles Wachstum	STRONG	MEDIUM	STRONG
Steigerung Profit	MEDIUM	LOW	MEDIUM
Marktvergrößerung (regional)	MEDIUM	HIGH	LOW
Marktvergrößerung (neue Produkte)	HIGH	HIGH	MEDIUM
Abdeckung von fehlenden Portfolioelementen	MEDIUM	MEDIUM	HIGH
Einbringung von fehlendem Know-how	LOW	LOW	MEDIUM
Added Value (z.B. Image, Marktanteile, Economy of Scale, ...)	LOW	MEDIUM	HIGH
Marktvolumen p.a.	80 – 100M€ p.a.	50 – 80M€ p.a.	bis zu 70M€ p.a.
Marktwachstum p.a.	6 %	7 %	5 %
Erwarteter Marktanteil nach fünf Jahren	15-20 %	10-15 %	20-30 %
Motivation and Rationals	• Trend in Industrie • Großes Marktvolumen • Fehlendes Element im Portfolio	• Hohes Marktwachstum im Forecast • Notwendiges Element in Regionen • Image Steigerung	• Ergänzungsprodukt zu akt. Portfolio • Starke Economy of Scale Vorteile • Schnell hohe Marktanteile möglich
Ziele / Chancen	• Bestandkundengeschäft ausbauen • Langfristig Geschäft absichern • Wachstum höher als Marktwachstum	• Absicherung regionaler Strategien • Optimierter Marktzugang • Absicherung gegen Konkurrenz	• 15-20M€ Auftragseingang • Profitabler zusätzlicher Umsatz • Aktives Cross-Selling
Risken	• Partnerselektion • Neue Mitbewerbersituation und Kooperationswettbewerb	• Hohes Investitionsrisiko • Kulturelle Risken in Regionen A + D	• Potenzielle Partner in Verbindung mit Mitbewerber

Bild zum Download in höherer Auflösung:

Abb. 26: NOG-Strategie-Summary (Beispiel)

Wichtige Parameter eines Businessplanes für Ihre Strategie werden Sie durch Beantwortung folgender Kernfragen näher definieren können:

? In welchen Märkten möchten Sie aktiv sein?
? Welchen Marktanteil haben Sie als Ziel?
? Welche Produkte und Lösungen benötigt Ihre Strategie?
? Wo wollen Sie geografisch aktiv sein?
? Welche Fähigkeiten, Erfahrung und Personen braucht es?
? Welches Finanzziel möchten Sie erreichen?
? Wie viel Risiko möchten Sie eingehen?

Auf Basis von Marktanalysen haben Sie einen guten Überblick, in welchen Bereichen Sie aktuell den adressierbaren Markt erhöhen könnten, wenn Sie das Portfolio durch Komplementärprodukte ergänzen. Typischerweise empfehle ich, zuerst jene Komplementärprodukte zu identifizieren, mit denen Sie in Zukunft wirtschaftliches Wachstum sicherstellen möchten. Also jene Lösungen, die aktuell in Ihrem Portfolio fehlen, die jedoch Teil des totalen Marktvolumens in Ihrer Industrie sind. Wenn Sie dann Produkte identifiziert haben, die infrage kommen, wäre der nächste Schritt, sich zu überlegen, wie sehr diese die Ziele der NOG-Strategie unterstützen. Sie können das als Matrix mit gewichteter Priorität einzelner Ziele und nach Schulnotenprinzip durchführen, jedoch eignet sich wohl ein Dutzend weiterer Methoden mindestens genauso gut.

Welche Methode Sie zur Anwendung bringen, ist eigentlich auch nicht so wichtig, denn am Ende zählt das Ziel. Und das Ziel ist, dass Sie am Ende der Evaluierung zum Beispiel 3-5 Produkte identifizieren, die in der Priorität und im Business Impact von hoher Relevanz für Ihre Strategie sind. Diese Produkte oder Produktgruppen sind es wert, in separaten Arbeitsstreams detaillierter analysiert zu werden, und zwar dahingehend, ob Sie theoretisch das Know-how zur eigenen Entwicklung im Haus hätten, welche Ressourcen und damit Kosten es benötigt und welche Risken und Zeitpläne damit verbunden sind, wenn Sie diese Produkte in Ihr Portfolio bringen möchten. Alle herausgefundenen Informationen betreffend einer internen Produktentwicklung („Make") können Sie nun mit potenziellen Kandidaten (Unternehmen) für etwaige M&A-Aktivitäten gegenüberstellen. Die Kernfrage dabei lautet, ob es Unternehmen am Markt gibt, die Teil Ihrer M&A-Strategie sein könnten, und wenn das der Fall ist, welche strategischen Maßnahmen es für weitere Schritte benötigt. Dazu empfehle ich Ihnen, eine Art „Checkliste" vorzubereiten, und zwar mit „High-Level"-Kriterien für eine erste Vorselektion von möglichen Kandidaten. Diese Kriterien sind im Idealfall ein Mix aus technischen und finanziellen Kriterien, beinhalten aber auch Themen wie Reputation am Markt, Marktanteile oder Unternehmenssitz.

Eine NOG-Strategie kann unterschiedliche Aspekte betrachten und muss nicht automatisch als M&A-Strategie, also mit quasi einer Unternehmensübernahme, gleichbedeutend sein. Eine ausgewogene NOG-Strategie betrachtet auch das Thema von strategischen Partnerschaften, welche nicht automatisch in einer Übernahme enden.

Entscheidungen zu diesen strategischen Themen werden im Normalfall im Vorstand sowie Aufsichtsrat getroffen. Möchten Sie erfolgreich eine NOG-Strategie präsentieren und genehmigt bekommen, empfehle ich Ihnen eine gute Vorbereitung. Die Strategie selbst sollte eine klare Zielsetzung vorweisen, darstellen, welche Produkte und Lösungen betroffen sind, welche Markttrends damit adressiert werden, und auch eine klare Information für Ihr Topmanagement, was es bedeuten würde, wenn die NOG-Strategie nicht genehmigt bzw. umgesetzt wird. Eine klassische Chancen-/Riskenanalyse sollte in keiner Vorstandspräsentation zu diesem Thema fehlen. Auf Basis von klaren Handlungsempfehlungen werden Sie auch Entscheidungen des Topmanagements erhalten. Diese Handlungsempfehlungen sollten faktenbasiert und von Ihnen gut aufbereitet werden, dann können Sie auch einem derartigen Termin bei Ihrem Vorstand gelassen entgegensehen.

Bei einer Genehmigung des NOG-Strategievorschlags können Sie dazu übergehen, die nächsten Phasen zu beginnen, welche dann typischerweise sind: Kandidatenerstauswahl, Formierung eines Kernteams, Kontaktaufnahme, Due Diligence, Ausverhandlung des Konzeptes, Umsetzung, und – leider in den meisten Unternehmen vollkommen unterschätzt – die Integrationsphase, wenn es sich um eine M&A-Aktion handelt. Hier gilt folgende Grundregel: Die Integrationsphase, also jene Zeit nach einem Kauf oder einer Übernahme eines Unternehmens, sollte mit gleicher Priorität und Ressourcenausstattung behandelt werden wie die Due-Diligence-Phase. Salopp formuliert: Die Integrationsphase ist kein Nebenjob und wenn Mitarbeiter oft für die Due-Diligence-Phase von ihren normalen Aufgaben entlastet werden, gilt das gleiche Prinzip bei der Integrationsphase in vielen Unternehmen oft leider nicht und erschwert die Unternehmenszusammenführung enorm.

Abschließend in diesem Kapitel, möchte ich Ihnen gerne ein paar Ideen und Inputs als Schlagwörter mitgeben, die vielleicht für Ihre NOG-Strategie schon demnächst von Relevanz sein können:

Potenzielles Thema für NOG	Kommentar
Neue Kundenstrukturen	Im B2G-Geschäft werden Themen wie PPP oder smart Cities vielleicht auch Ihre Kundenlandschaft verändern.
International ausgerichtete Unternehmensorganisation	Um Wettbewerbsvorteile zu schaffen, können Sie in Ihrem Unternehmen auf Niederlassungen in unterschiedlichen Ländern setzen und vertrieblich z. B. durch Gründung firmeninterner Konsortien optimierter anbieten.
Kooperationswettbewerb	Analysieren Sie, ob strategische Partnerschaften in manchen (neuen) Bereichen mit aktuellen

Potenzielles Thema für NOG	Kommentar
	Mitbewerbern eine sinnvolle Strategie darstellen.
Lokale Wertschöpfung	In einigen Ländern bzw. Regionen könnten lokale Delivery-Partner für die Projektauslieferung und Servicephase notwendig sein.
Blockchain-Technologie als Enabler	Auch abseits von Kryptowährungen bietet diese Technology Chancen, die man ggf. mangels Know-hows im eigenen Unternehmen in Form von Kooperationen mit Start-up-Unternehmen effektiv adressieren kann.
Cybersecurity	Dieses Thema inkludiert Ihre eigene IT- und Produktlandschaft, kann sich jedoch als Business Chance gegenüber Ihren Kunden darstellen, wenn Sie das entsprechende Beratungs-Know-how im Unternehmen besitzen. Auch kann sich eine strategische Partnerschaft mit einem Cybersecurity-Unternehmen als wertvoll erweisen, denn Sie haben das Industriewissen, und Ihr Partner das Cybersecurity-Wissen. Speziell wenn für Unternehmen das Geschäftsmodell auf Daten jeglicher Art basiert, bekommt die Sicherheit der (Kunden-)Daten zusätzliche Wichtigkeit.
Künstliche Intelligenz (KI), Augmented Reality (AR)	KI und AR können zu Effizienzsteigerungen führen, und zwar bei Ihren Kunden, aber auch bei Ihren internen Prozessen. Entsprechendes Know-how kann man aber auch in Form von strategischen Partnerschaften an das eigene Unternehmen binden.
Eingliederung von bisher externen Kompetenzen	Wenn sich Ihr Geschäftsmodell zunehmend in eine Richtung entwickelt, bei der Ihre Lösungen stark von externem Know-how oder Lieferanteilen abhängt, ist zu überlegen, diese Kompetenzen in den Unternehmensverbund zu bringen, um nicht von externen Partnern und Zulieferern abhängig zu sein, sofern es sich um essenzielle Kernkompetenzen handelt. Als Beispiel in diesem Zusammenhang kann die Batteriestrategie [28] im Bereich der E-Mobilität genannt werden, da Batterien in Zukunft im Vergleich zu bisherigen Autos eine Kernkomponente darstellen.

Mit ziemlicher Sicherheit kann man die Liste mit vielen weiteren Trends und Bereichen erweitern und diese Punkte dann in einer strukturierten NOG-Strategie weiter analysieren und evaluieren.

Interkulturelle Zusammenarbeit

Wenn Sie sich wundern, weshalb Sie manchmal ein Kollege aus Deutschland nicht versteht, wenn Sie ihm eine E-Mail schicken und mit dem in Österreich üblichen „LG" (für „Liebe Grüße") abschließen, oder warum ein Kollege aus Osteuropa nur dann aktiv wird, wenn Sie ein Thema eskalieren, dann könnte es daran liegen, dass Sie die interkulturelle Komponente in der Zusammenarbeit und Kommunikation übersehen haben.

Als ich zu Beginn meines Berufslebens mit einem Kollegen auf Dienstreise nach Taipeh aufgebrochen bin, dachte ich nicht daran, dass der kulturelle Unterschied uns fast zum Verhängnis werden könnte. Wir hatten einen tollen Workshop mit potenziellen Kunden, mit allen Registern, die wir damals hatten, also von der Nutzung eines Demosystems bis hin zur typischen Präsentation mit darauffolgender Frage-Antwort-Session. Als Ziel hatten wir uns vorgenommen, dass unsere lokalen Partner – in diesem Fall unsere potenziellen Kunden – die Funktionalität und Vorteile unserer Systeme kennen sowie typische Projektlaufzeiten verstehen, damit sie diese dann beim Endkunden entsprechend promoten und erklären können. Jede Funktionalität und die damit zusammenhängenden Vorteile wurden von uns erklärt, und zwar so lange, bis wir von allen Teilnehmern auf Fragen, ob wir den Inhalt erklären könnten und sie damit unsere Systeme auch den lokalen Endkunden erklären könnten, eine Zustimmung erhielten. Das dachten wir zumindest. Erst als wir am zweiten Tag Fragen zu hören bekamen, die wir eigentlich am Vortag schon behandelt hatten, wurde uns bewusst, dass ein sehr höfliches „Okay" mit gleichzeitigem

Kopfnicken von unseren Gesprächspartnern am Tag eins nicht automatisch bedeutet hatte, dass wir auch verstanden worden waren. Wir hatten in Wirklichkeit keine Zustimmung und kein klares „JA" erhalten, und in das höfliche „Okay" mit Kopfnicken ein „JA" hineininterpretiert. Unsere Annahme war, dass Kopfnicken mit gleichzeitigem „Okay" eine klare Zustimmung wäre. In Wirklichkeit bedeutet in Nicken des Kopfes in der chinesischen Kultur bloß, dass die Zuhörer auch zuhören, aber noch lange nicht, dass die Antwort ein klares „JA" ist. Hätten wir das damals nur beachtet, hätten wir uns viel Energie und Frustration erspart.

Wir alle sind geprägt von vielen Umgebungsvariablen, die uns sowie unser Verhalten von der frühen Kindheit an quasi „erziehen", und hier übersehen wir oft, dass Menschen in anderen Ländern und Kulturen auch anders geprägt wurden als wir selbst.

Oder weshalb denken Sie, dass in Österreich eine Vereinbarung zwischen Geschäftspartnern gerne mal beim Heurigen getroffen werden kann, während dies mit einem Geschäftspartner aus einem nordeuropäischen Land wohl nur mit schriftlichen Gesprächsprotokollen im Nachhinein machbar sein wird? Oder sind Sie in Österreich schon mal auf der Autobahn mit den vielfach erlaubten 130 km/h gefahren und haben sich gewundert, weshalb Sie trotzdem überholt werden? Das könnte unter anderem daran liegen, dass der österreichische Mindset Regeln, die nicht direkt Leib und Leben betreffen, dann doch eher als Empfehlungen betrachtet, während selbstverständlich in vielen anderen Kulturen eine Vorschrift auch tatsächlich als verbindliche Regel betrachtet wird.

Wenn Sie mit Partnern oder Kunden in Osteuropa zusammenarbeiten, werden Sie vielleicht auch schon die Erfahrung gemacht haben, dass Sie zu 100 % eine Antwort oder Reaktion bekommen, wenn Sie ein Thema über Ihren Chef beim Vorgesetzten der Gegenseite platzieren. Umgekehrt kann es doch länger dauern oder vielleicht sogar keine Reaktion zu erwarten sein, wenn Sie mit Ihrem Partner direkt auf dem „kurzen Dienstweg" Punkte abklären möchten. Das kann unter anderem daran liegen, dass viele osteuropäische Kulturen sehr stark hierarchisch geprägt sind, während in vielen westeuropäischen Kulturen speziell berufliche Hierarchien weniger stark ausgeprägt sind. Achten Sie doch mal auf Formulare oder Anträge, die in Osteuropa dann in den meisten Fällen mit einem überdimensional großen – meist runden – Stempel versehen sein müssen, die dann oftmals von „höheren Mitarbeitern" auf die Formulare gebracht werden. Dies sollten Sie auch im täglichen Business beachten, wenn Sie tatsächlich für sich oder Ihre Projekte offizielle Formulare benötigen: Je größer und mächtiger der runde Stempel auf dem Formular ist, desto erfolgversprechender werden diese Formulare dann bearbeitet. Daher ein kleiner Tipp für diesen Fall:

> i Wenn Sie einen eigenen Firmenstempel besitzen, gestalten Sie das Design für Ihr Geschäft in Osteuropa immer rund sowie möglichst groß und imposant!

Weitere Beispiele der interkulturellen Zusammenarbeit und damit zusammenhängender möglicher Missverständnisse gibt es unzählige, wie das Beispiel, dass ein kopfnickendes „Okay" in vielen asiatischen Kulturen nicht bedeutet, dass Ihr Gegenüber Ihnen soeben Zustimmung signalisiert hat. Auch die Art und Weise, wie man Verkaufsgespräche und die eigenen Produkte und Lösungen präsentiert, sollten je nach Kultur und Land angepasst werden. Sie kennen sicher die typisch nordamerikanischen und sehr „marktschreierischen" TV-Werbespots, von denen sich Werbespots im deutschsprachigen Raum doch sehr stark unterscheiden. Oder Sie waren schon mal in einem arabischen Basar oder Souk und haben sich am Ende gewundert, weshalb der Verkäufer nach dem Geschäft mit Ihnen so extrem glücklich war, obwohl Sie doch gerade extrem mühsam den Preis für einen

Kaschmirschal um 30 % runtergehandelt haben. Versuchen Sie das bei einem deutschen oder österreichischen Wochenmarkt, werden die Erfolgsaussichten weniger positiv aussehen. Arabische Kulturen sind polychrome Kulturen [29] in Kombination mit einer sehr „verkaufsorientierten" kulturellen Prägung. Das bedeutet für Sie, dass Sie durchaus damit rechnen sollten, dass Sie bei einem Termin vor Ort vielleicht nicht pünktlich empfangen werden. Oder anders formuliert: Sie müssen warten, bis Ihr Gesprächspartner Sie empfängt. Und wenn Sie dann versuchen, sofort „in medias res" zu gehen, ohne ein wenig Small Talk bei einem Ihnen angebotenen Tee zu führen, haben Sie mit der eigenen Mentalität, basierend auf einer monochromen Kultur („time is money"), wohl nicht gerade den besten Eindruck bei Ihrem Gesprächspartner hinterlassen.

Ich möchte hier nicht pauschal Vorurteile verbreiten, daher betrachten Sie bitte die Beispiele oben als persönliche Wahrnehmung von mir, aber vielleicht kommen sie Ihnen doch auch ein wenig bekannt vor. Ein paar hilfreiche Informationen und Tipps zu vielen Ländern können Sie im Internet finden. Eine sehr gute Basis stellt aus meiner Sicht das 6D-Model[30] von Geert Hofstede dar, mit dem Sie auch online und kostenlos entsprechende Ländervergleiche[31] erstellen können und zu dem auch entsprechend weiterführende Literatur vorhanden ist.

Als sehr hilfreiche und gute Quelle für Verhaltensempfehlungen eignen sich selbstverständlich handelsübliche Reiseführer, wo sich die umfangreicheren Ausgaben durchaus auch auf mehreren Seiten dieses Themas annehmen. Die politischen Handelsvertretungen bieten für viele Länder auch sogenannte „Fact Sheets", welche im Idealfall nicht bloß auf Zahlen, Daten und Fakten verweisen, sondern auch dieses Themenfeld aktiv bearbeiten. In Österreich wäre die Wirtschaftskammer (WKO) als Ansprechpartner immer einen Versuch wert, um derartige Länderinformationen zu erhalten, oder Sie greifen auf entsprechende

Handbücher mit den „Dos & Don'ts" zurück[32]. Diese Handbücher beinhalten aus meiner Sicht für viele Länder ein paar hilfreiche Tipps, sind damit zur Reisevorbereitung von etwaigen Dienstreisen durchaus dienlich und helfen, das eine oder andere sprichwörtliche Fettnäpfchen zu vermeiden.

Das Thema der interkulturellen Zusammenarbeit und des gegenseitigen Verständnisses können Sie in unterschiedliche Bereiche Ihres täglichen Berufslebens einfließen lassen. Im beruflichen Umfeld empfehle ich Ihnen die genauere Betrachtung über die gesamte Wertschöpfungskette hinweg, also vom Vertrieb über die Lieferung bis hin zum Servicemanagement. Mitarbeiter, die ihre Handlungsstrategien entsprechend dem kulturellen Background von Partnern und Kunden ausrichten, werden in vielen Bereichen effektiver zum Erfolg kommen. Auch bei der Evaluierung von neuen Märkten oder neuen Vertriebspartnern und Kunden kann der interkulturelle Faktor ein Evaluierungsparameter sein, der Sie vielleicht dazu bringt, Ihre Go2Market Strategie entsprechend zu priorisieren und um den Faktor der interkulturellen Zusammenarbeit bzw. „Harmonie" zu erweitern.

Bei einem möglichen Firmenkauf oder Zusammenschluss von Unternehmen im Zuge Ihrer NOG-Strategie empfehle ich Ihnen, den Faktor der interkulturellen Zusammenarbeit in der Integrationsphase zu berücksichtigen. Teams von bis dahin unterschiedlichen Firmen, aus unterschiedlichen Ländern und Kulturen arbeiten definitiv besser zusammen, wenn sie die gegenseitigen Unterschiede kennen und damit verstehen. Dann wird ein „LG" am Ende einer E-Mail aus Österreich auch bei den Kollegen in Deutschland nicht automatisch als „merkwürdig" empfunden, wenn die Kollegen in Deutschland zumindest wissen, dass dies in Österreich eigentlich ein normales Abschließen einer E-Mail ist.

Am Ende lohnt sich auch ein Blick in die interne Organisation Ihres Unternehmens. Wenn Sie Kollegen aus unterschiedlichen Kulturen haben, die vielleicht auch noch in Niederlassungen arbeiten, welche in anderen Ländern sind, können Sie bei Berücksichtigung der interkulturellen Aspekte auch interne Abläufe und Prozesse effizienter gestalten, als wenn Sie diese Themen unterschätzen.

Im Endeffekt geht es bei Kommunikation nicht darum, was man selbst gesagt hat, sondern um das, was der Gesprächspartner verstanden hat. Versuchen Sie durch aktives Zuhören und Nachfragen herauszufinden, ob die Information, die Sie quasi gesendet haben, bei Ihrem Gesprächspartner tatsächlich korrekt empfangen und verstanden wurde. Die Auswahl der dem Anlass entsprechenden Kommunikationsmethodik (persönliches Gespräch, Telefon, Videocall, E-Mail, SMS oder Messengerdienst) in Kombination mit einer kulturellen Sensitivität und einem gegenseitigen Verständnis ist eine gute Basis, um größere Fallen, Fettnäpfchen und Missverständnisse zu vermeiden.

5 Key Takeaways

1. Die 80:20-Regel können Sie auf viele Bereiche anwenden und in der Vertriebssteuerung bedeutet sie, dass Sie oftmals 80 % des Umsatzes mit 20 % der Kunden generieren können. Mit einem effektiven Key-Account-Management und einer validen Kategorisierung Ihrer Kunden sichern Sie damit Ihren Umsatz effektiv ab und können zusätzlich Ihr Bestandskundengeschäft gewährleisten, ohne sich in vertriebliche "Klein-Klein"-Arbeit verzetteln zu müssen.
2. Versuchen Sie bei Ihren Marktanalysen möglichst viele Parameter zu berücksichtigen, bei denen es auch Korrelationen zu Ihrem Geschäftsumfeld gibt! Eine Erweiterung der Parameter um

politische und makroökonomische Faktoren, die Sie relativ einfach von öffentlichen Quellen beziehen können, schafft eine Marktanalyse für Ihre Produkte und Lösungen mit einer sehr akkuraten Vorhersagbarkeit.

3. Eine kompakte Vertriebsstrategie pro Region oder Land mit klaren kurzfristigen Maßnahmen, ergänzt um mittel-/längerfristige Zielsetzungen, gibt Ihnen und Ihren Kollegen klare Rahmen und hilft, die Performance zu messen. Unterschätzen Sie in diesem Zusammenhang interkulturelle Themen und Unterschiede nicht, und zwar weder in der Zusammenarbeit mit Ihren Kunden noch intern innerhalb Ihres Unternehmens.
4. Gruppieren Sie Ihr Produktportfolio nach Anwendungen Ihrer Kunden, und nicht nach internen Organisationen, und trennen Sie Produktmanagement vom Vertrieb! Der Vertrieb soll immer verkaufen, was Sie aktuell im Portfolio haben, während das Produktmanagement sicherstellt, auch in Zukunft ein kunden-orientiertes Angebotsportfolio zu besitzen.
5. Binden Sie Ihre Schlüsselkunden in Produktneu- und -weiterentwicklungen ein und optimieren Sie Ihr Portfolio nach klaren Zielsetzungen einer Non-Organic-Growth-Strategie!

Tools und Templates

Die gezeigten Beispiele können Sie auf der Website www.MA-4Consult.at als Templates downloaden. Das inkludiert Checklisten, NOG-Strategie-Templates, Ansoff-Matrizen und regionale Vertriebsstrategien. Für Ländervergleiche, basierend auf makroökonomischen und politischen Faktoren, sowie Vergleichstabellen mit Ihrem Heimatmarkt nutzen Sie bitte die vorhandenen Kontaktmöglichkeiten auf der Website. Sämtliche Templates können ergänzt und auf Ihre Industrie angepasst werden.

4. Sales

- ⊗ Irrtum #1: Vertriebsaktivitäten sind erfolgreich beendet, wenn der Auftrag unterschrieben ist.
- ⊗ Irrtum #2: Es gewinnt immer der billigste Anbieter und daher müssen wir mit geringem Profit anbieten.
- ⊗ Irrtum #3: Jedes Produkt und jede Lösung hat einen USP, unabhängig vom Kunden und Mitbewerber.

Ein Buch über Vertrieb darf natürlich nicht ohne Kapitel zu verschiedenen Themen des Vertriebs auskommen. In diesem Kapitel bekommen Sie einen Überblick über die verschiedenen Phasen des Vertriebs, wie Sie Möglichkeiten schaffen, um erfolgreich anbieten und verhandeln zu können, und wie Sie in weiterer Folge zufriedene Kunden erhalten, die auch gerne wieder Produkte und Lösungen bei Ihnen beschaffen.

Vertriebszyklus – wir alle sind Vertrieb

In vielen Unternehmen hört man immer wieder Aussagen wie: „*DER* Vertrieb hat das verkauft" oder „Das soll *DER* Vertrieb machen" oder „Warum hat *DER* Vertrieb das nicht berücksichtigt?". Ich bin mir ziemlich sicher, dass Sie derartige Aussagen kennen. Auf der anderen Seite hat mich eine Aussage eines Kollegen sehr stark geprägt, der nämlich immer wieder sagte: „Wir alle sind Vertrieb, es gibt nicht *DEN* Vertrieb alleine." Wie kam er dazu?

Basis dieser Aussage ist der in vielen Schulungen und Vertriebsseminaren oft präsentierte und besprochene Vertriebszyklus, der in seiner gesamtheitlichen Betrachtung die gesamte Wertschöpfungskette im Projektgeschäft berücksichtigt.

Sie finden im Internet und in entsprechender Fachliteratur verschiedenste Formen der Darstellung eines Vertriebszyklus. Ich habe die in Abb. 27 gewählte Form immer sehr anschaulich empfunden, weil sie speziell für das Projektgeschäft aus meiner Sicht sehr passend ist.

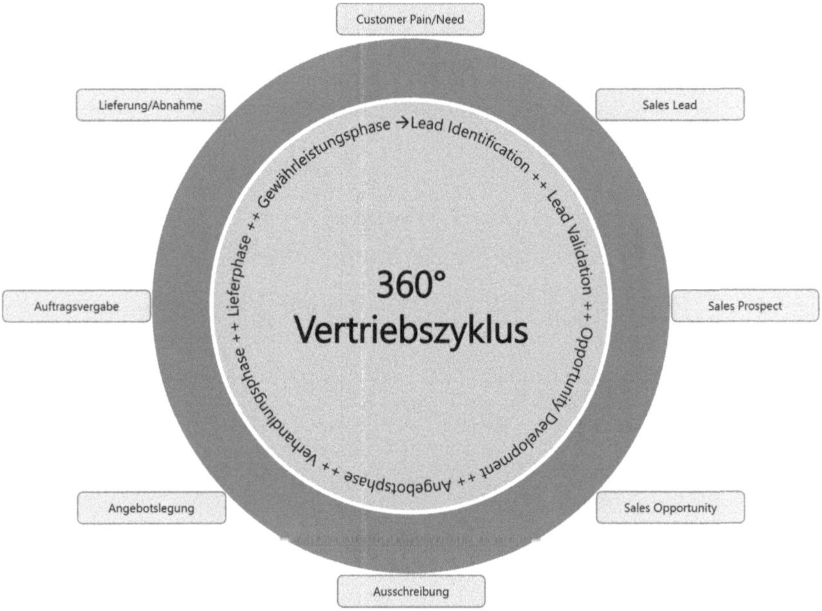

Abb. 27: 360°-Vertriebszyklus

Die Kernaussage dieser Darstellungsform lautet: Vertrieb hört niemals auf und läuft selbst nach der Auslieferung und Gewährleistung weiter. Wenn man sich nun die unterschiedlichen Phasen des Vertriebszyklus näher ansieht, werden diese Phasen in einem arbeitsteiligen und prozess-orientierten Unternehmen oftmals von unterschiedlichen Personen, Funktionen und Rollen wahrgenommen. Da zu jeder Zeit der Kunde im Mittelpunkt steht – zumindest stehen sollte –, ist es nun im Umkehrschluss legitim zu behaupten, dass alle involvierten Personen in diesem Sinn vertriebliche Aufgaben übernehmen. Wenn wir Kundenfokus ernst nehmen, sind alle involvierten Personen damit De-facto-Vertrieb, unabhängig davon, zu welcher Phase im Vertriebs-/Projektzyklus sie involviert sind.

Kunden-„Pain-Points" und Kundenbedarf

Um überhaupt über mögliche Geschäftsfälle mit potenziellen Kunden sprechen zu können, muss sichergestellt sein, dass Sie den Kundenbedarf kennen bzw. wissen, wo beim Kunden „der berühmte Schuh drückt". Der Schlüssel zum Erfolg ist die vielfach zitierte „Customer Intimacy", also die Nähe zum Kunden, in Kombination mit einem effektiven Beziehungsmanagement.

Die in Abb. 22 dargestellte Relationship-Matrix ist dabei ein Tool, um die vorhandenen Kundenkontakte darstellen zu können und um Klarheit zu erhalten, ob Sie alle relevanten Interessengruppen beim Kunden adäquat adressieren. Die Matrix wird für sich alleine noch nicht sicherstellen, dass das Beziehungsmanagement auch optimal läuft, denn schlussendlich geht es um Beziehungen zwischen Menschen, und hier hilft die alleinige Darstellung in einer Matrix wenig bis gar nicht, um einen entsprechenden Outcome sicherzustellen.

Wie erfahren Sie nun von einem Bedarf beim Kunden? Im B2G-Geschäft können Sie als Anhaltspunkt dem Prinzip „Follow the Money" folgen. Das heißt konkret, dass Sie die Budgets und Investitionsvorhaben im öffentlichen Sektor im Auge behalten sollten.

Wenn Sie bzw. Ihr Unternehmen eine gute Kundenbeziehung etabliert haben, werden Sie diese Themen in Ihren Gesprächen mit Vertretern des Kunden definitiv mitbekommen. Das bedeutet nicht unbedingt, dass Sie einen Termin beim Vorstand benötigen, sondern kann oftmals auch auf „Arbeitsebene" mitbekommen werden.

Auf der anderen Seite können Sie auch sehr gut mit den in Ihrem Geschäftsumfeld üblichen Lebenszyklen von Produkten und Lösungen arbeiten. Im Normalfall wissen Sie, wann Ihr Kunde bei Ihnen oder einem Ihrer Mitbewerber ein bestimmtes Produkt oder eine konkrete Lösung zum letzten Mal beschafft hat. Da Sie wissen, wie lange derartige Installationen im Einsatz sind, können Sie schon sehr früh abschätzen, wann diese Anwendungen zum nächsten Mal beschafft oder ausgetauscht werden müssen.

Wenn Sie nun von einem konkreten Bedarf bei Ihrem Kunden wissen, empfehle ich Ihnen, nicht sofort in den „Lösungsmodus" zu wechseln. Speziell im technischen Bereich tendieren wir intuitiv sehr schnell dazu, sofort mit Lösungen auf uns genannt Probleme zu antworten. Das Problem in diesem Zusammenhang ist, dass wir vielleicht überhaupt nicht wissen, ob die ad hoc gegebene Lösung tatsächlich auch den Nutzen beim Kunden generiert, den der Kunde maximal erhalten kann. Hier empfehle, ich als Berater und nicht als Verkäufer zu agieren und mit Kommunikationstechniken aus dem Bereich „Consultative Selling" verstärkt zu hinterfragen, welche Situation schlussendlich zum maximalen Nutzen beim Kunden führt. Nur wenn Sie den maximalen Nutzen beim Kunden adressieren, haben Sie in einem kompetitiven Umfeld auch tatsächlich einen gewissen Startvorteil gegenüber anderen Marktteilnehmern.

Kundenbudget

Die vorherige Aussage von mir („Follow the Money") hat einen Nachteil, der dann eintritt, wenn der Kunde kein eigenes Budget hat, um zu investieren. Denn wenn Sie ausschließlich nach dem Prinzip „Follow the Money" agieren, werden Sie früher oder später manche Geschäftsmöglichkeiten übersehen.

Es gibt nämlich durchaus Situationen, bei denen Kunden einen Bedarf haben, jedoch auf Unterstützung bei der Beschaffung von Investitionskapital angewiesen sind.

Im B2G-Bereich können manche Unternehmen des öffentlichen Bereichs oder Behörden oft darauf vertrauen, dass ihnen aus dem öffentlichen Sektor – und damit dem steuerfinanzierten Regierungsbudget - Investitionskapital zur Verfügung gestellt wird. Es gibt jedoch aufgrund von marktrechtlichen oder subventionsrechtlichen Vorschriften und oft auch mangels Verfügbarkeit öffentlicher Budgetmittel Situationen, wo das nicht möglich ist. In solchen Fällen gibt es unterschiedliche Möglichkeiten, wie ausschreibende Stellen Investitionsbudget organisieren können.

Auf der einen Seite gibt es das traditionelle Bankengeschäft, bei dem Unternehmen sich am Kapitalmarkt Investitionskapital organisieren können. In Zeiten von niedrigen Zinsen ist das auch eine durchaus lukrative Methode, speziell für Unternehmen des öffentlichen Bereichs, die nach gewinnorientierten Organisationsformen aufgestellt sind. In einigen Ländern ist diese Variante jedoch nicht möglich, da es die wirtschaftliche Stärke des Landes nicht erlaubt. In diesen Fällen gibt es diverse regionale und überregionale Investitionsbanken, wie zum Beispiel in Europa die EBRD und die EIB oder in Asien die AIIB. Alternativ gibt es Sonderförderungen von unterschiedlichen Institutionen. Als Beispiel dafür möchte ich den Europäischen Aufbauplan („NextGenerationEU") erwähnen, der vonseiten der EU mit den Regierungen der Mitgliedsländer dazu diente bzw. dient, die wirtschaftlichen Folgen der COVID-19-Pandemie abzuschwächen[33]. Damit Unternehmen an Finanzmittel aus diesen Finanztöpfen kommen konnten, mussten unterschiedliche Kriterien erfüllt und damit verbunden auch viele Anträge korrekt ausgefüllt werden. Es gab und gibt Unternehmen im öffentlichen Umfeld, die schlichtweg das

Wissen nicht im Haus hatten, um diese Anträge korrekt auszufüllen, und damit auch keinen Zugang zu dieser Art von Finanzmittel hatten. Wenn Sie in Ihrem Unternehmen daher Kollegen haben, die sich mit dem Thema Finanzierung und Förderung beschäftigen, und damit Wissen vorhanden ist, können Sie ggf. dieses Wissen als Unterstützung für potenzielle Kunden anbieten. Es wäre am Ende doch sehr bedauernswert, wenn es finanzielle Förderungen gibt, Ihre Kunden dafür auch qualifiziert wären und schlussendlich mangels Wissens beim Kunden diese Finanzmittel trotz Bedarfs nicht lukriert werden könnten.

Schlussendlich wird ein Kundenbedarf nur dann für Sie zur Geschäftsmöglichkeit, wenn der Kunde auch ein Budget besitzt, um investieren zu können. Aus diesem Grund sollten Sie sicherstellen, dass Sie wissen, ob und wie viel Budget beim Kunden vorhanden ist.

Lead-Validation und Opportunity-Development

Handelt es sich um einen konkreten Kundenbedarf, beginnt die Phase des Opportunity-Developments, also des Entwickelns der Geschäftsmöglichkeit. In dieser Phase gibt es in vielen Unternehmen auch erste Quality Gates, in denen die Opportunity dann „approved" wird, was wiederum bedeutet, dass alle Beteiligten der Meinung sind, dass diese Opportunity weiterentwickelt werden soll. Zu diesem Zeitpunkt empfehle ich, dass die Opportunity nun zusätzlich zum Salesmanager (Vertriebsverantwortlichen) ggf. aus der Organisation heraus einen Capture-Manager zugewiesen bekommt. Diese Rolle dient dazu, sicherzustellen, dass auch etwaige Cross-/Up-Selling-Themen nicht übersehen werden und die angedachte Lösung auch im Einklang mit den vorhandenen Roadmaps Ihrer Produkte und Lösungen steht.

Die wichtigste Phase im B2G-Business ist diese Phase der Entwicklung der Opportunity, da sie neben technischen Fragestellungen auch Themen wie das vorhin erwähnte Kundenbudget oder das öffentliche Ausschreibungsrecht umfassen sollte, auf die ich später noch eingehen werde. Diese Phase ist eine vertrieblich sehr intensive Phase, wenn man sie richtig und damit effektiv gestalten möchte. Im Zuge der Opportunity-Development-Phase für ein großes Projekt in Asien waren wir mehrmals pro Jahr vor Ort, um die unterschiedlichen Aspekte mit dem potenziellen Kunden zu besprechen. Dies führte zum Beispiel dazu, dass wir im Winter wieder mal für ein paar Workshops in diesem Land waren und am Abend bei 14 Grad im Hotelzimmer Dokumente überarbeiteten und Präsentationen für den Folgetag vorbereiten mussten. Das Hotel war einfach nicht vorbereitet auf derartige Temperaturen, die in dieser Gegend nicht üblich waren bzw. sind. Wir heizten das Zimmer mit dem Fön aus dem Badezimmer und wärmten uns mit gekauften Wärme-Packs, um am Ende dann wieder einen weiteren Schritt in dieser wichtigen Phase gegangen zu sein. Und ich kann darüber berichten, dass dieser Aufwand am Ende des Tages effektiv war, denn im Zuge der öffentlichen Ausschreibung haben wir dieses Projekt gewonnen und der Kunde wurde ein jahrzehntelanger Bestandskunde. Das Frieren im Hotelzimmer bei 14 Grad war mühsam, aber es hat zu einem erfolgreichen Geschäftsabschluss beigetragen.

Unique Selling Point (USP)

Beim Erarbeiten und Entwickeln der idealen Lösung für potenzielle Kunden geht es darum, den maximalen Nutzen für den Kunden sicherzustellen und Unique Selling Points (USP) zu identifizieren. Das Thema USP sorgt aus meiner Sicht immer wieder für eine unglückliche Vermischung von Begriffen, denn ein USP ist per Definition „einzigartig“ und der Kunde ist bereit, dafür auch etwas zu bezahlen („Selling“). Die Einzigartigkeit kann immer nur im Vergleich zum Mitbewerber betrachtet werden, denn sonst fehlt die Vergleichbarkeit bzw. die Basis, auf die sich das Wort „Unique" bezieht. Und das Wort „Selling" kann sich immer nur auf konkrete Kunden beziehen, die auch in bestimmte Themen und Funktionalitäten Budget investieren.

Somit kann es keine USP geben, die keinen Bezug zu Mitbewerbern und Kunden haben, und daher sollte der Begriff USP nicht allgemein und generell verwendet werden und schon gar nicht in allgemeinen Marketingbroschüren als USP erwähnt werden. In den meisten Fällen handelt es sich nämlich um simple Features oder Funktionen, die nicht automatisch ein USP sind.

Sollte Sie daher ein Kollege fragen, wie der USP von Produkt A) lautet, dann empfehle ich folgende Gegenfragen: Bei welchem Kunden und gegenüber welchem Mitbewerber? Vereinfacht formuliert kann man die einzelnen Begriffe auf Englisch wie folgt in eine logische Kette bringen: Pain <-> Feature <-> Benefit.

Der Kunden-Pain-Point bzw. -bedarf wird mit einer speziellen Lösung oder einem Produkt adressiert, und diese bzw. dieses besteht aus mehreren Features und Funktionen, wobei manche Features und Funktionen einen speziellen Nutzen bei speziell diesem Kunden bewirken. Das sind die wirklich wichtigen funktionellen Aspekte der angedachten Lösung, denn ohne Nutzen beim Kunden ist die jeweilige Funktion nur ein „Nice-to-have"-Feature. Wenn es Features und Funktionen sind, die der Mitbewerber mit seinem Angebotsportfolio nicht anbieten kann, sind diese einzigartig („unique"). Es handelt sich in diesem Fall um „Unique Features" mit direktem Kundennutzen, aber noch nicht um einen USP. Erst wenn der Kunde auch bereit ist, für diesen Nutzen und damit für diese Funktionalität mehr zu bezahlen im Vergleich zur Lösung des

Mitbewerbers, der diese Funktionalität nicht anbieten kann, dann haben Sie es geschafft, einen (oder mehrere) USP zu kreieren. Die Opportunity-Development-Phase haben Sie effektiv genutzt, um Ihre Lösung bestmöglich zu positionieren.

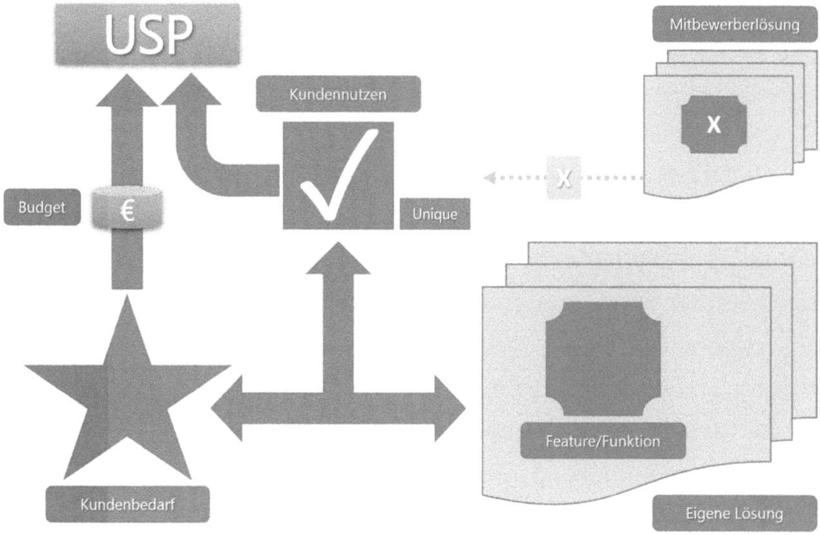

Abb. 28: Unique Selling Point

Wenn Sie mit Ihrem Produkt im direkten Mitbewerb mit anderen Anbietern stehen und vielleicht die Schwierigkeit haben, dass Ihr Produkt wenige einzigartige Features vorweisen kann oder der Kunde vielleicht keinen großen Wert auf bestimmte Funktionalitäten legt, empfehle ich Ihnen zu analysieren, ob durch aktives Cross-Selling – also die Ergänzung der angebotenen Lösung um weitere Portfolioelemente – die Lösung erweitert werden kann. Anstelle eines einzelnen Produktes, das im direkten Mitbewerb steht, könnten ggf. noch weitere Pain-Points beim Kunden identifiziert werden, miteinander quasi kombiniert werden. Damit können Sie auf Ihrer Seite wiederum die angedachte Lösung um das eine oder andere Produkt erweitern, das der Mitbewerber in seinem Portfolio nicht besitzt.

Ich möchte dazu ein fiktives Beispiel aus der Automobilbranche bringen: Wenn Tesla Ihrem Unternehmen mehrere Autos für Ihre Firmenflotte verkaufen möchte, ist Tesla für Sie vielleicht ein Anbieter von mehreren Autoanbietern im Bereich der E-Mobilität. Wenn Tesla Ihnen aber die hauseigenen Supercharger[34] vorstellt und diese für Sie bzw. Ihr Flottenmanagement einen Vorteil darstellen, kann Tesla Ihnen mehr als „nur" Autos anbieten. Da Sie vielleicht sowieso schon die Anschaffung von Ladestationen auf Ihrem Firmengelände planten, aber nicht daran dachten, diese vom gleichen Anbieter wie Ihre neuen Autos zu beschaffen, hat Tesla bei Ihnen Zusatznutzen generiert. Plötzlich hat Tesla etwas Einzigartiges anzubieten, das andere Anbieter, die Ihnen „nur" E-Autos anbieten können, nicht vorzuweisen haben. Tesla würde in diesem fiktiven Beispiel damit einer Wettbewerbssituation mit vielleicht günstigeren E-Autoanbietern entgehen können.

Dieses Beispiel zeigt die Wichtigkeit, möglichst lange in einem beratenden Dialog mit potenziellen Kunden zu gehen. Denn die erste Lösung für Ihr fiktives Problem wäre, dass Ihnen die Autoanbieter ihre Modelle vorstellen und dann entsprechende Angebote gelegt werden. Man hätte vielleicht gar nicht mitbekommen, dass Sie noch einen weiteren Bedarf (Ladestationen) haben. Ein kombiniertes Angebot, bestehend aus neuen Autos für Ihre Unternehmensflotte und Ladestationen für Ihr Unternehmensgelände aus einer Hand, wäre in diesem fiktiven Beispiel jedoch für Tesla eine Möglichkeit, dem reinen Preiskampf mit anderen Autoanbietern zu entgehen. Aber eben nur, wenn man diesen Bedarf auch kennen würde.

Bestbieter- oder Billigstbieterprinzip

Nun zum zweiten wichtigen Bereich des Opportunity-Developments im B2G-Business: jene Themen, die nicht technischer und/oder funktioneller Natur sind. Es geht dabei in erster Linie um die Frage, ob eine öffentliche Ausschreibung, welche typisch für B2G-Geschäftsfälle ist, nach dem „Bestbieter"-Prinzip oder dem „Billigstbieter"-Prinzip erfolgt.

Vereinfacht formuliert werden beim Billigstbieterprinzip die Anbieter primär nach dem Angebotspreis evaluiert und der günstigste (billigste) Anbieter erhält den Zuschlag. Ein extremes Beispiel dieser Variante zeigt sich zum Beispiel bei vielen öffentlichen Ausschreibungen in Indien, bei denen man als Anbieter alle Anforderungen der Ausschreibung erfüllen muss („100 % compliant") und dann in einer sogenannte „Reverse Auction" gegen seine Mitbewerber antreten muss. Bei diesem Prozess gewinnt am Ende immer der billigste Anbieter, da sich die Bieter gegenseitig unterbieten (müssen), um den Auftrag zu erhalten. Der Nachteil für die ausschreibende Stelle bei diesem Format ist, dass bei mangelnder Spezifikation der Anforderungen auch Anbieter teilnehmen werden, die den Anforderungen im komplexen B2G-Projektgeschäft nicht gewachsen sein können. Vielleicht haben Sie selbst im privaten Umfeld auch schon Erfahrungen beim Hausbau oder sonstigen Handwerksleistungen gemacht: Wenn man ungenau spezifiziert und schlussendlich ausschließlich der Preis zur Evaluierung verwendet wird, können sich sehr schnell Probleme ergeben, die man sich nicht gewünscht hätte und die dann oftmals auch noch zu Mehrkosten führen. Das Sprichwort „Wer billig kauft, kauft teurer" hat sich leider sehr oft schon bewahrheitet, im privaten Umfeld, aber eben auch im Bereich öffentlicher Beschaffungsvorhaben.

Bei Ausschreibungen nach dem Bestbieterprinzip bringen ausschreibende Stellen weitere Evaluierungskriterien zur Anwendung, abseits vom Angebotspreis. Selbstverständlich gibt es noch eine Reihe weiterer Vergabeverfahren. Alleine in Österreich werden im Bundesvergabegesetz elf verschiedene Vergabeverfahren gelistet[35] und weltweit ist das jeweilige Vergaberecht quasi das Einmaleins für einen erfolgreichen Vertrieb im B2G-Geschäft. Mein Tipp an dieser Stelle ist, dass ich Ihnen empfehle, mit Ihren Juristen oder selbst die gesetzliche Lage im Zielland zu analysieren. Hier helfen Ihnen im Normalfall auch lokale Vertretungen aus Ihrem Heimatland oder Ihre lokalen Partner. Es gibt nämlich durchaus Situationen, bei denen „nicht offene" Vergabeverfahren oder „Direktvergaben" gewählt werden können, und diese Varianten sind speziell im Fall von Bestandskundengeschäften nicht zum Nachteil für die Anbieter. Aber auch für die Vergabestelle sind diese „vereinfachten" Vergaben von Vorteil, denn jede (öffentliche) Ausschreibung verursacht einen nicht zu unterschätzenden Aufwand und damit Kosten beim Ausschreiber. Wenn Sie also mit Ihren Kunden oder Interessenten das Thema „Budget" besprechen, sollten Sie durchaus auch das Thema der „internen Kosten" von Ausschreibungsverfahren bei Ihren Kunden ansprechen, damit diese am Ende des Tages nicht übersehen werden, wenn potenzielle Kunden deren Budget planen.

Beim Bestbieterprinzip fließt der Angebotspreis nicht zu 100 % in die Evaluierung ein, sondern nur zu einem (gewichteten) Anteil. Typischerweise wird beim Bestbieterprinzip der Preis mit 30 % bis 70 % gewichtet und ist damit ein Zuschlagskriterium, das um weitere Kriterien erweitert wird.

Wie kann man nun Ausschreibungen bzw. die Kriterien der Angebotsevaluierung gestalten? Hier kann ich Ihnen leider keine allgemeingültige Version anbieten, da die Kriterien bzw. deren Ausgestaltung sehr stark vom zugrunde liegenden Geschäft abhängig sind. Abhängig von den Anforderungen an die ausgeschriebene Lösung können manche Kriterien sinnvollerweise nicht zur Anwendung gebracht werden, oder es sollte eine unterschiedliche Gewichtung verwendet werden. Möchten Sie mit einem Interessenten in einen Dialog zu möglichen Evaluierungskriterien treten, habe ich Ihnen in der folgenden Tabelle ein paar mögliche Kriterien exemplarisch zusammengefasst, inklusive einer möglichen Gewichtung.

Kriterium	Erklärung	Gew.
Angebotspreis	Preis muss immer evaluiert werden. Im Normalfall betrifft dies CAPEX (also die Beschaffungskosten). Vermehrt kommen jedoch auch die OPEX-Kosten in die Evaluierung, also Anbieter müssen auch Folgekosten (z. B. Wartungskosten) initial offenlegen und mit anbieten.	30 – 70 %
Finanzielle Fähigkeiten des Bieters	Um der ausschreibenden Stelle die Sicherheit zu geben, dass Lieferanten auch stabil und erfahren genug sind, den Anforderungen gerecht zu werden, sollten auch unternehmensbezogene Fakten abgefragt und evaluiert werden. Ein kleines Unternehmen hat z. B. Probleme in Liquidität und Cashflow, wenn das Projekt den eigenen Jahresumsatz übersteigt. Mögliche Kriterien dabei sind: Jahresberichte der letzten fünf Jahre, G&V-Rechnung, Bilanzauszug oder Profitausblick für die kommenden 2-3 Jahre. All diese Punkte, bestätigt durch Wirtschaftsprüfer, um Eigenerklärungen zu verhindern. Ein sehr starkes Kriterium, um finanzschwache Anbieter zu identifizieren, ist die Vorgabe einer bestimmten minimalen Eigenkapitalquote (EK-Quote). Dieses Kriterium könnte z. B. eine minimale EK-Quote von 30-35 % im Schnitt der letzten fünf Jahre fordern, nachweisbar über einen auditierten Jahresbericht.	10 – 15 %
Projekterfahrung des Bieters	Im Idealfall hat der Anbieter bereits Erfahrung mit ähnlichen Projekten. Ein Kriterium kann sein, dass der Anbieter zum Beispiel mindestens drei Projekte von ähnlichem Lieferumfang in den letzten fünf Jahren erfolgreich abgeschlossen hat, bestätigt durch Abnahmezertifikat (Fabrikabnahme oder – besser –	5 – 10 %

Kriterium	Erklärung	Gew.
	Endabnahme) seitens der jeweiligen Referenzkunden. Eine Erweiterung dieses Kriteriums wäre, wenn in der Ausschreibung auch verlangt wird, dass die Bieter Lebensläufe von qualifiziertem Personal (z. B. Projektmanagern) ihren Angeboten beilegen müssen. Ebenfalls kann man von Bietern verlangen, dass offengelegt werden muss, wenn Verträge/Aufträge in den letzten z. B. fünf Jahren rückabgewickelt oder geschlichtet werden mussten.	
Notwendige Zertifizierungen	Um bestimmte Standards sicherzustellen, kann man von Anbietern verlangen, dass die Unternehmen entsprechend zertifiziert sind. Diese Zertifikate können zum Beispiel Themen wie Qualitätsmanagement (ISO-9001), Sicherheit (ISO-27001) oder Cybersecurity (UK: Cyber Essentials) inkludieren, die dann dem Angebot beigelegt werden müssten. Achten Sie jedoch darauf, dass im Falle von Sublieferanten diese ggf. dann die Anforderungen und Zertifizierungen ebenfalls erfüllen müssen und dass die geforderten Zertifikate auch innerhalb der Industrie von Relevanz sind!	5 – 10 %
Technische Kriterien	Eine Ausschreibung inkludiert normalerweise sogenannte „Muss"-Kriterien und „Soll"-Kriterien. Anforderungen der ersten Kategorie können zu einer Disqualifikation des Bieters führen, wenn sie nicht erfüllt werden. Anforderungen der zweiten Kategorie sind der ausschreibenden Stelle weniger wichtig und fallen damit eher unter die Kategorie „nice to have". Wenn es nun Anbieter gibt, die diese „Soll"-Kriterien erfüllen, kann man dies mit entsprechenden Bonuspunkten in der Evaluierung versehen.	10 – 15 %
Sonstige Kriterien	Weitere Kriterien, die man immer wieder in Ausschreibungen findet, behandeln Themen wie Lieferzeitpunkt, Lieferzeitraum, Layout/Design bzw. Usability, Kundendienst, Service nach Ablauf der Gewährleistung, zusätzliche Gewährleistung oder auch Umwelteigenschaften bis hin zu Energieverbrauch oder Angebotsqualität inkl. Dokumentation. Hier sind der Kreativität oft keine Grenzen gesetzt.	5 – 10 %

Sie können erkennen, dass eine Vielzahl an Kriterien zur Anwendung kommen können und in vielen Fällen eigentlich auch zur Anwendung kommen sollten. Der wichtigste Aspekt bei Ausschreibungen nach dem Bestbieterprinzip ist jedoch aus meiner Sicht: Offenheit und Transparenz. Die schönsten und besten Kriterien helfen nämlich nichts, wenn sie nicht bekannt und öffentlich gemacht werden. Nur wenn Kriterien Teil der Ausschreibung sind (meistens im erklärenden Einleitungsteil einer öffentlichen Ausschreibung) und schlussendlich nach Abschluss der Evaluierung auch die Ergebnisse den Anbietern rückgemeldet werden, kann von einem transparenten Ausschreibungsprozess gesprochen werden. Und das sollte bei jeder Art von Ausschreibung das oberste Ziel sein, um einen fairen Wettbewerb sicherstellen zu können. Umso stärker ist Transparenz gefordert, wenn es sich um eine Ausschreibung im öffentlichen Bereich handelt, denn in diesem Bereich agieren ausschreibende Stellen in vielen Fällen mit öffentlichen Geldern, vielfach finanziert durch Steuereinnahmen.

Gestatten Sie mir eine persönliche Meinung an dieser Stelle: Steuerzahler haben selbstverständlich das Recht, zu erfahren, nach welchen Kriterien mit den von ihnen gezahlten Steuergeldern öffentliche Beschaffungen durchgeführt werden. Die Ergebnisse des Parlamentarischen Untersuchungsausschusses[36] zur Vergabe des Projekts der deutschen Pkw-Autobahnmaut zeigen, dass Transparenz absolut notwendig ist, wenn es um die Vergabe von öffentlichen Aufträgen und die Verwendung von öffentlichen Geldern geht.

Da der Preis in vielen Ausschreibungen weiterhin eine sehr hohe Gewichtung erfährt, möchte ich Ihnen dazu noch einen Tipp geben:

i	Evaluierungen des Preises nicht linear gestalten oder mit unteren Preisgrenzen versehen!

In manchen Ländern werden Dumpinganbieter von ausschreibenden Stellen dadurch verhindert, dass jene Formel, die bei der Preisevaluierung zur Anwendung kommt, entweder nicht linear ist (siehe Beispiel in Abb. 29) oder dass es ein unteres Limit gibt, das bekannt gemacht wird. Dieses untere Limit orientiert sich zum Beispiel an im Vorfeld durchgeführten Marktstudien der ausschreibenden Stelle, und bei Unterschreitung dieses Limits bekommt der jeweilige Anbieter keine Punkte beim Preiskriterium. Auf diese Weise verhindern ausschreibende Stellen, dass Dumpinganbieter in eine seriöse Bewertung kommen. Unter dem Begriff der „ungewöhnlich niedrigen Angebote" (englisch: „Abnormally Low Tenders") haben einige Länder innerhalb der EU bereits Maßnahmen gesetzt, um Billigstanbieter bei öffentlichen Vergabeverfahren zu verhindern. In Portugal wird ein Angebotspreis zum Beispiel als „ungewöhnlich niedriges Angebot" klassifiziert, wenn der angebotene Preis unterhalb von 40-50 % des von der ausschreibenden Stelle definierten Budgetpreises liegt, während in anderen Ländern der EU teilweise die Preise der abgegebenen Angebote aller Anbieter die Basis dieser Klassifizierung bilden[37].

Bei einer linearen Preisformel der Preisevaluierung bekommt der billigste Anbieter 100 % der gewichteten Punkte, jedoch der teuerste Anbieter nicht automatisch 0 %, sondern den Prozentwert, um den er teurer angeboten hat. Sofern der teuerste Anbieter um 100 % oder mehr teurer angeboten hat, würde dieser Anbieter jedoch mit null Punkten bewertet werden.

Alternativ kann man jedoch eine Formel anwenden, bei der die Evaluierungspunkte nicht linear berechnet werden, sodass knapp beieinanderliegende Anbieter preislich ähnlich bewertet werden. Damit bekommen weitere Evaluierungskriterien eine zusätzliche Wichtigkeit.

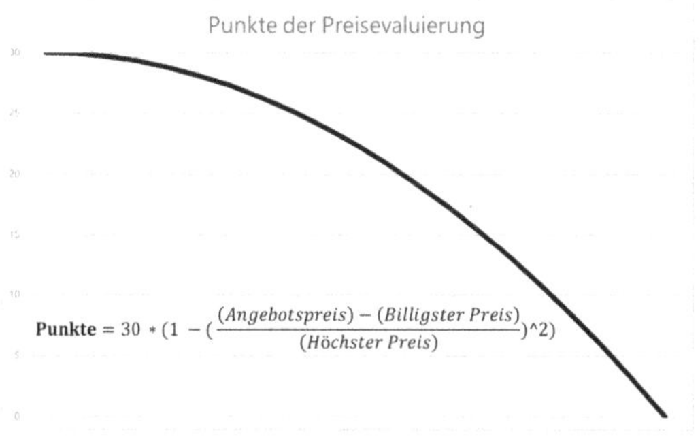

Abb. 29: Formel Angebotspreisevaluierung (30% Gewichtung)

Das Beispiel in Abb. 29 zeigt die Punktekurve bei einer angenommenen Gewichtung des Angebotspreises mit 30 % (Punkte). Daher ist die maximal erreichbare Punktezahl mit 30 limitiert, der teuerste Anbieter bekommt jedoch nicht automatisch null Punkte, selbst wenn er mehr als 100 % teurer wäre.

Die folgende Tabelle zeigt die Anwendung der dargestellten Formel mit vier fiktiven Anbietern und einer angenommenen Gewichtung des Preises mit 30 % innerhalb der gesamten Menge an Evaluierungskriterien.

Anbieter/Preis	Prozentpunkte (max. 30)
Anbieter 1: 25 EURO	22,5 Prozentpunkte
Anbieter 2: 10 EURO	30,0 Prozentpunkte
Anbieter 3: 30 EURO	16,7 Prozentpunkte
Anbieter 4: 13 EURO	29,7 Prozentpunkte

Sie können hier sehr gut erkennen, dass der billigste Anbieter selbstverständlich die maximale Punkteanzahl erhält. Auf der anderen Seite erhält der teuerste Anbieter (in diesem Beispiel #3 mit EUR 30,-) noch immer 16,7 Punkte.

Die Formel aus Abb. 29 bringt immer den zu evaluierenden Preis („Angebotspreis"), den Preis des billigsten Anbieters („billigster Preis") und den teuersten Anbieter („höchster Preis") zur Anwendung und in Relation zueinander.

Weshalb empfehle ich eine derartige Formel? Die Antwort ist relativ einfach zu geben: Die ausschreibende Stelle kann damit verhindern, dass Dumpinganbieter bei der Preisevaluierung uneinholbar viele Punkte lukrieren. Selbst wenn der Preis mit nur 30 % gewichtet wird, könnte eine lineare Formel dazu führen, dass Bestbieter um mit null Punkten nach der Preisevaluierung gegenüber Billigstanbietern mit 30 Punkten diesen Punkteabstand mit den weiteren Evaluierungskriterien nicht mal annähernd aufholen können. Damit wäre das Bestbieterverfahren quasi indirekt wieder zum Billigstbieterverfahren geworden. Andere Anbieter könnten wohl selbst bei einer für sie optimalen Evaluierung der restlichen Kriterien nicht mehr den Auftrag erhalten, und somit würden die qualitativen Kriterien „über die Hintertüre" ausgehebelt werden und die ausschreibende Stelle ist quasi gezwungen, einen Dumpinganbieter als Lieferanten zu wählen.

Ein praktisches Beispiel in diesem Zusammenhang: Als ausschreibende Stelle im öffentlichen Vergabeverfahren sind Firmen und Behörden verpflichtet, den Vergabekriterien zu folgen. Sollte das nicht erfolgen, wird dies mit höchster Wahrscheinlichkeit in Einsprüchen bis hin zu Gerichtsverfahren enden. Das möchte keine der beteiligten Parteien, weder die ausschreibenden Unternehmen noch die beteiligten Anbieter. Da nun die Vergaberegeln und Evaluierungskriterien eingehalten werden müssen, können „unfaire" Marktteilnehmer bzw. Anbieter diese natürlich innerhalb gewisser Rahmen ausreizen. Wenn Sie nun zum Beispiel eine Behörde im öffentlichen Sektor sind und ein neues Verwaltungsgebäude bauen lassen möchten, schreiben Sie dieses aus. Sie möchten aber auf alle Fälle verhindern, dass ein einziger – ggf. unseriöser – Anbieter bei den Preiskriterien so viele Punkte bekommt (weil er zum Beispiel um 50 %

günstiger anbietet als alle anderen Anbieter), dass er am Ende aufgrund dieser Tatsache den Auftrag von Ihnen erhalten muss. Mit dieser Formel können Sie erreichen, dass sich Preisdumping durch unseriöse Anbieter nicht „auszahlt". Sie sollten jedoch die Formel transparent machen und in Ihre Ausschreibungsdokumente aufnehmen, damit sie für alle Interessierten nachvollziehbar zur Anwendung kommt.

In der Phase des Opportunity-Developments empfehle ich Ihnen, diese Themen offen mit potenziellen Kunden zu besprechen. Es hilft Ihnen, das anwendbare Ausschreibungsrecht noch besser zu verstehen, und auf der anderen Seite können Sie Ihre Interessenten ggf. auch beraten und ihnen bei der Vorbereitung einer geplanten Ausschreibung auch beratend zur Seite stehen. Achten Sie in diesem Zusammenhang jedoch auf alle Fälle darauf, dass Sie sich innerhalb der Compliance-Regeln und gesetzlichen Rahmen bewegen und dass Sie nicht „zu beratend" werden, denn in manchen Ländern ist es Consulting-Unternehmen verboten, an der eigentlichen Projektausschreibung teilzunehmen. Abschließend noch ein Tipp:

> i Führen auch Sie das Bestbieterprinzip ein, wenn Sie als Einkäufer auftreten!

Im Projektgeschäft kommt es immer wieder vor, dass man selbst als Generalunternehmer mit Sublieferanten zu tun hat. Analysieren Sie für sich, ob Sie in Zukunft die Auswahl der Sublieferanten nicht auch nach dem Bestbieterprinzip handhaben können, sofern Sie das nicht jetzt schon machen.

Ausschreibung und Angebotsphase

Typischerweise folgt der Phase von Opportunity-Development die Phase, in der Kunden eine Ausschreibung starten. Die Art des

Ausschreibungsverfahrens kann durchaus unterschiedlich sein, aber in allen typischen B2G-Fällen wird es dazu kommen, dass Anbieter Angebote abgeben. Es stellt sich jedoch die Frage, wie man von veröffentlichten Ausschreibungen erfährt.

Für den Fall, dass Sie eine effektive Phase des Opportunity-Developments durchgeführt haben, werden Sie im Normalfall auch rechtzeitig wissen, wann und wie ein potenzieller Kunde ein Vergabeprojekt ausschreibt. Sie sollten damit keine Überraschungen erleben und von Ausschreibungen nicht am „falschen Fuß" erwischt werden.

Es ist aber auf der anderen Seite offensichtlich, dass für ein effektives Opportunity-Development auch viele vertriebliche Ressourcen notwendig sind. Das bedeutet Zeit, Manpower und Budget. Nun kann es auch eine Strategie sein, dass man als Unternehmen diese Phase nicht oder nur bei ausgewählten Opportunities proaktiv führt und stattdessen direkt in die Ausschreibungsphase einsteigt. In den meisten Fällen wird diese Variante gewählt, wenn man zum Beispiel vertrieblich nicht genügend Ressourcen besitzt. Diese Strategie empfehle ich Ihnen jedoch nur dann, wenn Ihre Produkte und Lösungen einen sehr hohen Standardisierungsgrad haben und somit davon auszugehen ist, dass die wichtigsten Pain-Points von potenziellen Kunden adressiert werden können.

Nun stellt sich die Frage, wie Sie von veröffentlichten – oder geplanten – Ausschreibungsverfahren erfahren. Wie bereits mehrfach erwähnt, handelt es sich im B2G-Geschäft typischerweise um Vergabeverfahren, welche öffentlich ausgeschrieben werden. Das wiederum erleichtert es Ihnen, von Ausschreibungen zu erfahren und daran teilzunehmen. Auch hier ist, wie in vielen bereits beschriebenen Beispielen in diesem Buch, das Internet eine ausgezeichnete Informationsquelle. In vielen Fällen des B2G-Geschäfts veröffentlichen Behörden,

Unternehmen des öffentlichen Sektors oder Unternehmen im Umfeld des öffentlichen Sektors Ihre Ausschreibungen entweder direkt auf der eigenen Homepage oder auf der Homepage des dazugehörigen Ministeriums. In einigen Ländern gibt es mittlerweile auch von der Verwaltung betriebene Ausschreibungsportale, auf denen alle Ausschreibungen des öffentlichen Sektors veröffentlicht werden. In Europa gibt es überregionale Ausschreibungsportale, wobei ich hier jene beispielhaft erwähnen möchte, die von der EU oder auch der Europäischen Bank für Wiederaufbau und Entwicklung (EBRD) zur Verfügung gestellt werden. Das Portal der EU[38] ermöglicht es Ihnen, Suchprofile zu erstellen und damit nach Ausschreibungen von bestimmten Gütern und Dienstleistungen, gefiltert nach Ländern und Kunden, zu suchen. Nach einem ähnlichen Prinzip funktioniert auch das Portal der EBRD[39] wobei es hier primär um EBRD-unterstützte Beschaffungsvorhaben geht.

Ein Vorteil beider Portale – jenem der EU und jenem der EBRD – ist, dass in vielen Fällen auch die finale Vergabe von Aufträgen veröffentlicht wird und Sie auf diesem Weg auch Preise von Mitbewerbern in Erfahrung bringen können, sofern diese einen Auftrag erhalten haben.

Es gibt auch private Anbieter, die von sich behaupten, sämtliche Ausschreibungen weltweit zu listen. Es gibt hier durchaus seriöse Anbieter, jedoch empfehle ich Ihnen, sehr sensitiv und vorsichtig zu sein, wenn es darum geht, dass Sie Ihre Daten bei einer Registrierung auf diesen Portalen zur Verfügung stellen müssen. Hier empfehle ich Ihnen, doch eher auf Portale von Verwaltungen, Regierungen oder – wie vorhin erwähnt – der EU zurückzugreifen. Eine Übersicht über lokale Ausschreibungsportale diverser Länder weltweit erhalten Sie über die Homepage der Weltbank (Global Public Procurement Database[40]), ergänzt um einige wertvolle länderspezifische Daten.

Es ist klar, dass das Screening von Ausschreibungsdatenbanken selbst mit Filtersetzung einen gewissen Aufwand darstellt. Sofern nicht Sie selbst oder jemand aus Ihrer Vertriebsorganisation diese Datenbanken screent, empfehle ich Ihnen, eine Person innerhalb des Unternehmens speziell mit diesen Screening-Tasks zu betrauen. Es handelt sich dabei nicht um einen Vollzeitjob, aber es lohnt sich auf alle Fälle, von Ausschreibungen zumindest mal Bescheid zu wissen und die Zeit zu investieren, sie zu identifizieren.

Ob Sie schlussendlich an der Ausschreibung teilnehmen, können Sie immer noch entscheiden, aber Sie müssen zumindest wissen, ob es Ausschreibungen gibt, die für Ihr Unternehmen von Interesse sind, und wenn es diese gibt, worum es sich konkret dabei handelt.

BID oder NOBID, das ist oft die Frage

Unabhängig davon, ob Sie durch eine effektive Opportunity-Development-Phase oder über eine Ausschreibungsdatenbank von einer Ausschreibung erfahren haben, ist es so, dass Sie analysieren sollten, ob Sie ein Projekt anbieten oder nicht.

In Zeiten knapper Ressourcen, speziell den typischen Aufwand für Angebotserstellung betrachtend, kann man oft vor der Frage stehen, ob man mit einem Schrotgewehr auf alles schießt (= alles anbietet), in der Hoffnung, ein paar Treffer zu landen (= zu gewinnen). Alternativ kann man natürlich auch zielgerichtet und ausgewählt anbieten und eben nur jene Ausschreibungen beantworten, die man mit hoher Wahrscheinlichkeit auch gewinnen kann. Beide Varianten können funktionieren, jedoch wird die „Schrot"-Variante nur dann funktionieren, wenn der Angebotsprozess bzw. die Tools zum Erstellen der eigenen Angebote möglichst standardisiert und automatisiert erfolgen, da sonst Aufwand (pro Angebot) und „Trefferwahrscheinlichkeit" sehr schnell in einer nicht effizienten Relation stehen. Im Lösungsgeschäft, also in Geschäftsmodellen, die nicht so sehr auf standardisierten Produkten basieren, empfehle ich eher die zielgerichtete Strategie anzuwenden, denn in diesem Bereich muss innerhalb der Angebote stärker auf Kundenspezifika eingegangen werden, als dies im standardisierten Produktgeschäft der Fall wäre.

Wenn Sie sich nicht sicher sind, ob Sie bei einem Projekt anbieten sollen oder nicht, empfehle ich Ihnen, eine für Sie passende Checkliste zu erstellen, die im Vorfeld zu dieser Entscheidung ausgefüllt wird, um zu einer Entscheidungshilfestellung zu kommen.

Der Vorteil bei der Verwendung von derartigen Checklisten liegt darin, dass Sie anhand von objektiven Kriterien evaluieren können, ob ein Projekt gemäß Ihrer Go2Market-Strategie auch entsprechend priorisiert werden soll und ob die wichtigsten Parameter zur Angebotserstellung bekannt sind. Für den Fall, dass Sie nun zwei Ausschreibungen bearbeiten sollen, jedoch Ressourcen nur für die Erstellung von einem Angebot zur Verfügung haben, empfehle ich Ihnen, diese Analyse für beide Ausschreibungen durchzuführen und danach die beiden Ergebnisse gegenüberzustellen. Sie können auf diese Weise sehr schnell erkennen, welches Angebot rein objektiv (mit höherem BID-/NOBID-%-Wert am Ende der Evaluierung) angeboten werden sollte und wo sich die beiden Projekte innerhalb der Ansoff-Matrix befinden.

Angebots-Checkliste / Priorisierungssupport

		Gewichtung
Erwarteter Wert des Angebots (EURO); im Verhältnis zu Großprojekten mit >1M€:	€ 1.500.000	10%
Erwarteter Deckungsbeitrag des Angebots (%) im Verhältnis zu Minumum DB von 15%	10%	8%
Abgestimmte Capture Strategie vorhanden?	no	7%
Sind mind. 5 USP identifiziert, niedergeschrieben und verfügbar?	USP a USP b USP c USP d USP e	5%
Ist eine abgestimmte Angebotsstrategie vorhanden?	no	8%
Wie hoch sind die Gewinnchancen?	30%	5%
Ist der Kunde ein Key-Account?	no	12%
Müssen andere Angebote auf no-bid gesetzt werden, um dieses Offer zu erstellen (zB mangels Ressoucen in Support-Abteilungen)? Falls ja: Wert der Angebote die nicht supported werden können?	€ -	5%
Hat der Kunde bereits eine Lösung von Ihnen im Einsatz (Bestandskunde)?	no	8%
Wer sind die 3 wichtigsten Mitbewerber, gegen die Sie bei diesem Projekt anbieten muss?	Mitbewerb 1 Mitbewerb 2 Mitbewerb 3	5%
Sind im Land des Kunden bereits Systeme von Ihnen im Einsatz (bei anderen Kunden)?	no	3%
Haben Sie mit dem lokalen Partner für dieses Projekt bereits andere Projekte positiv abgewickelt?	no	5%
Sind die Entscheidungsträger/-kremien namentlich identifiziert, die für die Vergabe des Projekts verantwortlich sind?	no	6%
Ist das Budget des Kunden bereits verfügbar (dh nicht im Planungsstadium)? Falls ja: welches Budget hat der Kunde für dieses Projekt reseviert?	€ -	2%
Wie hoch ist der Fremdleistungs-/Zukauf-Anteil des Projekts?	0%	2%
Sind Partnerfirmen für das Projekt notwendig und diese bereits kontaktiert/eingebunden?	no	2%
Falls Produktentwicklungnotwendig: Umfang in EURO (Kosten)?	€ -	2%
Entsprechen die Produkte, die in diesem Projekt angeboten werden, Standard-Lösungen bzw bei Entwicklungsnotwendigkeiten liegen diese auf der Roadmap?	no	2%
Standard Zahlungsbedingungen gemäß Ihren internen Vorgaben?	no	1%
Cashflow des Projekts positiv?	no	1%
Identifizierte Risken (in EURO nach Bewertung)?	€ -	1%
BID/NOBID VALUE LAUT BEWERTUNG	**26%**	100%

Abb. 30: Beispiel einer BID-/NOBID-Checkliste

Die Fragen im Beispiel von Abb. 30 sind so gewählt, dass einige einen direkten Einfluss auf die Position innerhalb der Ansoff-Matrix haben. So gibt die Antwort auf die Frage „Hat der Kunde bereits eine Lösung von Ihnen im Einsatz (Bestandskunde)?" Aufschluss darüber, ob man sich in aktuellen oder neuen Märkten bewegt. Die Adaptierung oder Ergänzung der Checkliste gemäß den Anforderungen Ihrer Industrie ist jederzeit möglich.

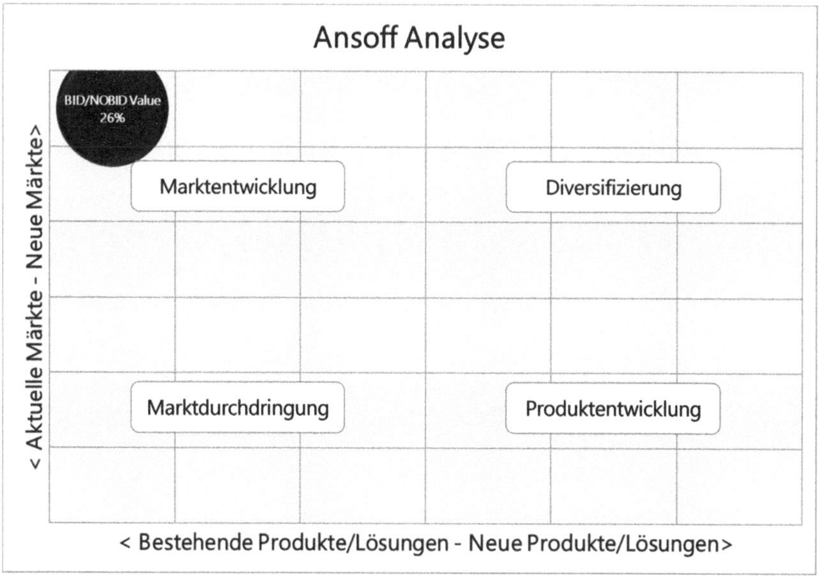

Abb. 31: Angebotscheckliste mit Ansoff-Einordnung

Strategische Vorhaben sollten im Idealfall deckungsgleich mit dem Ergebnis der hier nun durchgeführten Analyse sein. Wenn Ihre Strategie lautet, dass Sie mit bestehenden Produkten in aktuellen Märkten aktiv sein möchten, wäre ein Projekt, das neue Produkte (Produktentwicklungen) für ein neues Land benötigt, Ihrer Strategie diametral entgegenstehend.

Parallel zu dem hier beschriebenen Analysetool empfehle ich Ihnen, vor jeder Angebotserstellung eine SCOTSMAN®-Analyse durchzuführen. Es handelt sich dabei nicht um eine Analyse über schottische Männer, sondern um die Beantwortung von acht Kernfragen zu folgenden Themen, wobei Sie schnell erkennen werden, dass es sich um die Anfangsbuchstaben handelt, wenn über SCOTSMAN® gesprochen wird[41]:

- ? <u>S</u>olution → Welchen Vorteil hat Ihre Lösung?
- ? <u>C</u>ompetition → Wer bietet noch an und was?

- ? Originality → Welche USP hat Ihre Lösung?
- ? Timescale → Erfüllen Sie die Lieferzeiträume?
- ? Size → Welchen Umfang hat die Lösung?
- ? Money → Gibt es Budget beim Kunden?
- ? Authority → Wer sind die Entscheidungsträger?
- ? Need → Was benötigt der Kunde?

Wenn Sie nur eine der Fragen nicht konkret für sich selbst beantworten können, sollten Sie überlegen, ob Sie tatsächlich ein Angebot legen wollen. Diese Kernfragen sollten für jede Ausschreibung zu beantworten sein, und zwar mit konkreten Antworten. Konkret in diesem Zusammenhang bedeutet zum Beispiel bei der Frage „Need" nicht, dass der Kunde zum Beispiel ein neues Bürohaus benötigt. Das wirkliche „Need" ist eine Lösung für zum Beispiel auslaufende (alte) Mietverträge, Arbeitsplätze für neue Mitarbeiter oder neue bzw. zusätzliche Aufgaben mit Bedarf nach zusätzlicher Fläche. Der Bedarf („Need") ist nicht das Haus, denn das wäre die Lösung oder eine der möglichen Lösungen. Je genauer und detaillierter Sie die SCOTSMAN®-Analyse durchführen, desto besser und akkurater wird schlussendlich die Angebotsstrategie im Falle einer „BID"-Entscheidung.

Eine abschließende Empfehlung zum Thema der Entscheidungsfindung, ob Sie ein Angebot erstellen sollen oder nicht, lautet:

i	Die „Sunk Cost" bei diesem Entscheidungsprozess nicht berücksichtigen!

Unter „Sunk Cost" versteht man vereinfacht formuliert jene Kosten, die bereits angefallen sind, jedoch durch zukünftige Umsätze nicht mehr hereingebracht werden können. Diese Kosten sollten nie als Entscheidungsgrundlage herangezogen werden, ob Sie ein Angebot legen oder eben nicht. Wenn Sie zum Beispiel zu einem großen Elektrounternehmen fahren, mit dem klaren Ziel, dass Sie einen neuen Staubsauger kaufen, dann werden Sie im Umkehrschluss nicht eine neue Waschmaschine kaufen, nur weil es aktuell leider keine Staubsauger lagernd gibt, Sie aber nun bereits die Anfahrtskosten und entsprechend Zeit investiert haben, um zum Elektrogeschäft zu kommen. Ähnliche Verhaltensrichtlinien empfehle ich Ihnen auch im Prozess von „BID/NOBID" anzuwenden, selbst wenn Sie vertrieblich bereits viel investiert haben im Vorfeld einer Ausschreibung. Eine Analyse, ob ein Angebot Ihrer Strategie entspricht bzw. Ihre Gewinnchancen und Risikobewertungen den Erwartungen entsprechen, sollte daher unabhängig von den bis dahin angefallenen Kosten erfolgen, selbst wenn objektiv herauskommt, dass Sie besser nicht anbieten sollten.

Das perfekte Angebot

Zu Beginn dieses Kapitels muss ich Sie leider enttäuschen: Es gibt kein immer gültiges Rezept, um ein perfektes Angebot zu erstellen, mit dem man immer gewinnen wird.

Zuerst empfehle ich, dass Sie eine klare Angebotsstrategie definieren bzw. im Idealfall schon definiert haben. Diese Angebotsstrategie orientiert sich an:

- den Kunden-Pain-Points,
- der anzubietenden Lösung,
- den Vorteilen Ihrer Lösung,
- dem vorhandenen Kundenbudget,
- den teilnehmenden Mitbewerbern,
- den identifizierten USP,
- der SCOTSMAN®-Analyse sowie
- den Evaluierungskriterien in der Ausschreibung.

Die Angebotsstrategie definiert einen klaren Zielpreis, sodass alle Kollegen im Team wissen, zu welchem Preis angeboten werden soll. Das ist notwendig, da in vielen Projektkalkulationen die „Bottom-up"-Kalkulationsmethodik angewendet wird. Dies bedeutet nichts anderes, als dass sämtliche involvierten Experten ihre Aufwände abschätzen, diese Kosten danach summiert werden, um schlussendlich mit einem entsprechenden Deckungsbeitrag (DB) versehen den Verkaufspreis zu definieren. Wichtig in diesem Zusammenhang ist jedoch, dass immer ein „Design-to-Cost"-Zugang gewählt wird, also von Ihren technischen Experten und Projektmanagern jene Lösung angeboten – und damit kalkuliert – wird, die gerade noch notwendig ist, um den optimalen Kundennutzen zu erzielen und im gleichen Zug die eigenen Aufwände – und damit Kosten – so gering wie möglich zu halten.

Speziell technisch orientierte Unternehmen tendieren dazu, die „Goldrand"-Lösung zu designen, obwohl der Kunde sie vielleicht überhaupt nicht benötigt und erwartet. Wenn man dann in einer Wettbewerbssituation steht und Ihre Mitbewerber eben nicht die „Goldrand"-Lösung anbieten, dann hat Ihr Mitbewerber einen entscheidenden Kostenvorteil und kann damit wohl auch unter Ihrem Preis anbieten.

Der Zielpreis, den Sie anvisieren, orientiert sich im Normalfall am vorhandenen Kundenbudget. In kompetitiven Ausschreibungsverfahren, bei denen der Preis auch eine mehr oder weniger starke Gewichtung in der Evaluierung einnimmt, ist der wahre Zielpreis jedoch jener, der sich am Marktpreis bzw. Preis der Mitbewerber orientiert. Wenn Sie abschätzen können, zu welchem Preis Ihr Mitbewerber anbieten könnte, haben Sie einen entscheidenden Vorteil. Details dazu wurden bereits im Kapitel <Target Pricing> beschrieben. Basierend auf dieser Information und in Kombination mit den zur Anwendung kommenden Evaluierungskriterien können Sie nun simulieren, welchen maximalen Preis Sie „gerade noch" anbieten können, um in Summe über alle Evaluierungskriterien voraussichtlich einen Zuschlag im Vergabeverfahren zu bekommen. Bitte beachten Sie, dass speziell im Bestbieterprinzip nicht automatisch der billigste Anbieter gewinnen muss.

Die Kombination aus kundenspezifischen Pain-Points und Ihrer angebotenen Lösung sowie deren Features und Funktionen ergibt im Idealfall einen oder mehrere Kundennutzen. Diese Kundennutzen und die im Vergleich zum Mitbewerber identifizierten USP sollten Ihrem Angebotsteam klar und bekannt sein. Jedes Angebotsdokument einer Ausschreibungsbeantwortung, von der Executive Summary beginnend über die Lösungsbeschreibung bis hin zum Cover Letter, sollte die wichtigsten USP und Kundennutzen immer adressieren. Ihr Angebot erzeugt beim Kunden keine positiven Emotionen bzw. erreichen Sie den Kunden nicht, wenn Sie ausschließlich Features und Funktionen aufzählen und beschreiben.

Versuchen Sie weiters, den Kunden in den Mittelpunkt der Angebotsdokumente zu setzen, indem Sie den Kunden direkt adressieren mit Ihrer Wortwahl, und nicht Ihre eigene Lösung ins Zentrum setzen.

Lösungszentriertes Wording	Kundenfokussierte Wortwahl
Das Produkt schafft ...	Sie erhalten ...
Wir können ...	Der Bedarf nach ... wird durch ...
Unser Unternehmen ist ...	Die Vision des Kunden wird...
Die Funktion wird ...	Ihr Vorteil bei Verwendung von ...
U. v. a. m.	U. v. a. m.

Sie werden vielleicht nun denken, dass es doch egal ist, wie man die Sätze im Angebot formuliert. Das mag ggf. in sehr standardisierten Produktgeschäften tatsächlich der Fall sein. Im B2G-Projektgeschäft mit starker Kundenfokussierung ist diese „Kleinigkeit" der Wortwahl jedoch eine Chance für Sie, dass Sie sich und Ihre angebotene Lösung vom Mitbewerber positiv hervorheben.

Wenn Sie Kunden-Pain-Points identifiziert haben, können diese technischer Natur, aber auch durchaus vielschichtiger sein. Nehmen sie zum Beispiel ein staatsnahes Unternehmen, das vom zuständigen Ministerium den Auftrag bekam, eine „Green Strategy" zu entwickeln und entsprechende Maßnahmen zu identifizieren. Wenn Sie es nun mit Ihrer Lösung schaffen, angebotene Funktionen und Lösungen nicht bloß auf technische Needs des Kunden zu mappen, sondern auch darstellen können, wie Ihre Lösung in der Lage ist, die „Green Strategy" des Kunden zu unterstützen, haben Sie durchaus Chancen, positiv wahrgenommen zu werden. Selbst wenn dieses Beispielthema nicht in den Evaluierungskriterien der Ausschreibung aufscheint, werden Sie das Leben des Vorstands des Unternehmens buchstäblich erleichtern, wenn er beim nächsten Termin im zuständigen Ministerium vorweisen kann, welche Maßnahmen bereits geplant oder in Umsetzung sind und wie die neu beschafften Lösungen dazu beitragen, das übergeordnete Ziel der „Green Strategy" zu unterstützen.

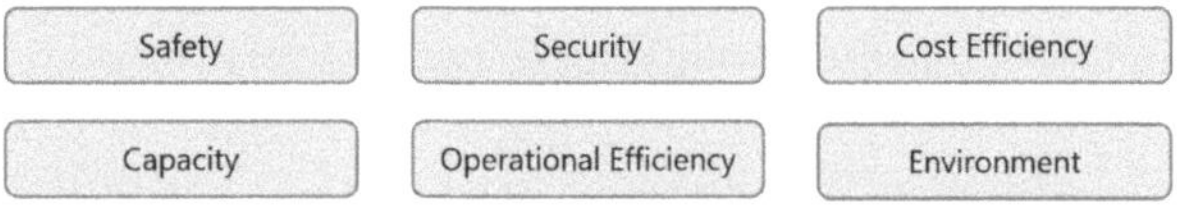

Abb. 32: Kundenbenefits

Ich empfehle Ihnen, die Vorteile für den Kunden zu gruppieren. Hier hat sich eine Gruppierung wie zum Beispiel in Abb. 32 als sehr gut umsetzbar erwiesen. Basierend auf den Kunden-Pain-Points können Sie zu jedem dieser Themen die Vorteile Ihrer Lösung für den Kunden sammeln und auch beschreiben, wie Ihre Lösung diese Vorteile sicherstellt. Schlussendlich können Sie dann all diese Vorteile in Ihren Angebotsdokumenten durchgängig und wiederholt beschreiben sowie in einer Executive Summary oder – sofern möglich – einer Angebotspräsentation auch gesammelt und kompakt präsentieren.

Speziell für das Projektgeschäft möchte ich Ihnen noch einen Tipp geben:

> i Adressieren Sie die Faktoren „Angst" und „Risken" proaktiv in Ihren Angeboten und Kundengesprächen!

Selbstverständlich ist jedes Projektgeschäft mit gewissen Risken in der Abwicklung verbunden. Wer anderes behauptet, sagt wider besseres Wissen die Unwahrheit oder hat keine Erfahrung im Projektgeschäft. Wenn Sie mit Ihrer Lösung in der Lage sind, zu beweisen, dass Sie Projekte der angebotenen Art schon erfolgreich und ohne Zeitverzug oder Kostensteigerung für Ihre Kunden abgewickelt haben, adressieren Sie diesen Punkt proaktiv. Speziell im öffentlichen Sektor möchte kein Unternehmen ggf. sogar in den Medien aufscheinen, weil ein Beschaffungsvorhaben nicht laut Plan läuft. So etwas kann dann auch sehr rasch ein politisches Thema werden. Der Bau des Flughafens BER in Berlin schaffte es zu einem eigenen Eintrag in Wikipedia[42] und der Bau des Skylink („Terminal 3") am Flughafen Wien beschäftigte später sogar Staatsanwaltschaft und Rechnungshof in Österreich[43].

In Anbetracht derartiger politischer Auswirkungen können Sie als seriöses Unternehmen mit ausreichend Erfahrung gleich mehrere nichttechnische Pain-Points bei potenziellen Kunden adressieren: Kostenrisken, Inbetriebnahmerisken sowie Auswirkungen auf operationelle Abläufe. Diese Themen sind in jedem Projektgeschäft vorhanden, selbst wenn sie nicht Teil einer schriftlichen Ausschreibungsdokumentation sind. Da B2G-Geschäfte im Normalfall einen mehr oder weniger starken politischen Bezug besitzen und politische Postenbesetzungen sehr rasch auch medial erfolgen, unterstützen Sie im positiven Sinn die handelnden Personen auf Kundenseite, wenn Sie deren – teilweise sogar ins Persönliche gehende – Risken mit politischen Auswirkungen reduzieren können. Vereinfacht formuliert: Sorgen Sie mit Ihren Produkten und Ihrem Unternehmen dafür, dass Projekte für Kunden im öffentlichen Bereich nicht in die negativen Schlagzeilen geraten, dann sind Entscheidungsträger dieser Kunden auch nicht in Gefahr, in negative Medienschlagzeilen zu geraten.

Abschließend zu diesem Kapitel kann man all diese Punkte vereinfacht wie folgt formulieren: Wenn Sie es schaffen, eine ausgefeilte Angebotsstrategie im Angebot bis hin zum verwendeten Wording wie einen roten Faden durch alle Angebotsdokumente umzusetzen, werden Sie in den meisten Fällen ein perfektes – weil kundenfokussiertes – Angebot erstellen.

Review und Angebotsabgabe

In jedem Unternehmen gibt es im Normalfall Richtlinien, wie ein Angebotsfreigabeprozess erfolgen muss. Diese Richtlinien sind sehr vielfältig, jedoch haben sie alle ein Ziel: das Risiko für das eigene Unternehmen zu minimieren und gleichzeitig auch die Qualität des Angebotes nochmals zu überprüfen.

Im Zuge des Review-Prozesses empfehle ich Ihnen, speziell für strategische und/oder sehr große Angebote ein sogenanntes „Red-Review"-Team zu nominieren. Ziel eines Red-Reviews ist, dass die kaufmännischen Regeln eingehalten werden, um das Unternehmensrisiko zu minimieren. Auf der anderen Seite – und das ist der Vertriebsteil des Reviews – soll durch das Red-Review sichergestellt werden, dass die angedachte Angebotsstrategie umgesetzt wurde und sämtliche Parameter der SCOTSMAN®-Analyse auch adressiert sind. Ein weiterer Bereich im Zuge eines derartigen Reviews ist, dass das Wording innerhalb der Angebotsdokumente einheitlich ist, ein abgestimmtes „Look-and-feel" der Dokumente gewährleistet ist, dass der Kunde im Mittelpunkt der Angebotstexte steht und dass die Pain-Points des Kunden auch tatsächlich adressiert werden. Um hier quasi eine Sicht von „außen" einzubringen und weil sich ein Angebotsteam im Idealfall nicht selbst reviewen sollte, ist ein bewährter Zugang, dass Sie Experten aus anderen Abteilungen oder auch Seniorexperten aus den gleichen Bereichen nominieren, die nichts anderes im Angebotsprozess zu tun haben, als die Dokumente auf die oben angeführten Punkte zu überprüfen. Geben Sie den Kollegen des Red-Review-Teams jedoch rechtzeitig darüber Bescheid, denn ein ordentlich durchgeführtes Review benötigt Zeit und Verfügbarkeit und die identifizierten Inputs müssen in weiterer Folge vom Angebotsteam auch in die Dokumente eingebaut werden. Ein ordentlich durchgeführtes Review mit Fokus auf die Kundensichtweise ist kein Teilzeitjob, da werden für das Review und Update der Dokumente schon einige Stunden oder Tage benötigt.

Ich empfehle in diesem Zusammenhang auch, Inputs aus früheren Angeboten mit demselben Kunden oder mit der gleichen angebotenen Lösung zu berücksichtigen. Um diese Inputs auch verfügbar zu haben, haben sich „Lessons Learned" bewährt. Wenn Sie also ein Angebot abgegeben haben, reicht im Normalfall eine Stunde mit dem Kernteam, um zu evaluieren, was gut lief, wo man in Zukunft besser werden möchte und welche Informationen ggf. vermisst wurden. Das Ergebnis der „Lessons Learned" Meetings legen Sie im Idealfall in Ihrem CRM-System ab, und zwar beim jeweiligen Kunden, sodass Sie die Informationen beim nächsten Angebot an diesen Kunden relativ einfach finden können. Auf Basis von derartigen Feedbackschleifen können Sie auch vermeiden, dass Sie bei jedem Angebot „das Rad neu erfinden" müssen. Ich empfehle Ihnen, diese Feedback-Meetings auf alle Fälle durchzuführen, unabhängig davon, ob Sie das Projekt erfolgreich gewonnen oder gegen einen Ihrer Mitbewerber verloren haben.

Nun noch ein paar Gedanken zum Thema der Angebotsabgabe: Selbstverständlich ist im Normalfall klar, wie Bieter ihre Angebote übermitteln bzw. abgeben sollen. Typischerweise steht dies in den „Tender Instructions" einer Ausschreibung. In den meisten Fällen werden Angebote entweder elektronisch (als Softcopy) oder postalisch (als Hardcopy) gesendet oder bei einem vom Kunden zur Verfügung gestellten Ausschreibungsportal hochgeladen. Gerade die 2020 weltweit ausgebrochene Pandemie zeigte jedoch, dass in manchen Fällen der Teufel dann doch im Detail liegt. In dem Moment, wo persönliche Meetings mit gleichzeitiger Vollmacht („power of attorney") für die handelnden Personen nicht mehr möglich sind, können ein öffentlicher Ausschreibungsprozess oder gar etwaige Vertragsunterschriften sehr rasch ins Stocken kommen. Sorgen Sie rechtzeitig entsprechend vor, und das bedeutet, dass Sie Themen wie „Blockchain" („Documentchain") und digitale Signaturen/Unterschriften im Idealfall schon sehr frühzeitig mit potenziellen Kunden, aber auch intern abklären. Oft sind es Kleinigkeiten wie zum Beispiel, dass Banken bei verpflichtenden Bankgarantien elektronische Signaturen gegenseitig nicht anerkennen. Kleinigkeiten dieser Art können dazu führen, dass im Worst Case keine gültigen Angebots- oder Vertragsdokumente von Ihnen erstellt werden können. Glauben Sie mir: Man kann vertrieblich immer Mal Projekte verlieren, aber wegen einer nicht vorbereiteten elektronischen Signatur gar kein Angebot abgeben zu können, da ärgern Sie sich doppelt und müssen sich berechtigterweise ein paar Fragen von Kollegen gefallen lassen.

Die Zukunft wird verstärkt zu Ausschreibungen führen, bei denen keine Hardcopy übermittelt wird und bei denen auch nicht mit klassischen Vollmachten gearbeitet wird. Auf diese (neue) Zukunft sollten Sie und Ihr

Unternehmen vorbereitet sein. Ein positiver Nebeneffekt dieser neuen Realität ist, dass durch den Wegfall des Druckens von Hunderten Seiten für Ihre Angebote mit damit zusammenhängenden Transportkosten und Flügen sehr viel Papier und CO_2 eingespart werden kann und damit auch unsere Umwelt geschont wird. Und parallel kann Ihr Unternehmen einiges an Kosten einsparen.

Evaluierungsphase

Im Normalfall beginnt nach der Abgabe aller Angebote die Evaluierung der Angebote durch die ausschreibende Stelle nach mehr oder weniger transparenten Evaluierungskriterien.

Sie wissen in dieser Phase vielleicht auch schon, welche Mitbewerber ebenfalls Angebote abgegeben haben, und bei manchen Ausschreibungen weiß man als Bieter bereits am ersten Tag, wie man preislich im Vergleich zum Mitbewerber liegt.

In dieser Phase wird bei seriösen Ausschreibungsverfahren der Kontakt zwischen ausschreibender Stelle und anbietenden Unternehmen auf ein Minimum reduziert, um keine „Ungereimtheiten" zu kreieren. Seien Sie also nicht verwundert, wenn Sie plötzlich keine „normalen" Vertriebskontakte mehr erreichen oder keine Besprechungen vereinbaren können. Auf der anderen Seite erlaubt das jeweilige Ausschreibungsverfahren vielleicht die Möglichkeit von Angebotspräsentationen, also Präsentationen der angebotenen Lösung. Wenn es diese Chance gibt, gibt es nur eine Strategie für Sie: Nutzen Sie die Chance! Wenn Sie in einem Verfahren mit Mitbewerbern die Wahl haben, empfehle ich Ihnen, einen Termin zu wählen, der nach jenen der Mitbewerber angesetzt wird. Denn Sie haben auf diese Art und Weise den psychologischen Vorteil, dass Sie beim Kunden eher in Erinnerung bleiben, und haben zudem den Vorteil, dass Sie Ihre eigenen USP auf eine Art und Weise präsentieren können, die den vor Ihnen an der Reihe gewesenen Mitbewerbern im Nachhinein den Wind aus dem Segeln nimmt.

In der Phase der Evaluierung kommt es oft auch zu Rückfragen der ausschreibenden Stelle bei den Anbietern, sogenannten „Q&A"-Sessions. Typischerweise inkludieren diese Fragen Themen zur angebotenen Lösung oder Unklarheiten bei den übermittelten Angebotsdokumenten. Als Tipp in dieser Phase möchte ich Ihnen mitgeben, dass hier das Wording der Antwort durchaus essenziell wird.

i	Bei Dokumenten für Kunden immer den Kunden im Fokus behalten!

Speziell bei (für Sie) kritischen Fragen sollten Sie bei der Wortwahl immer den Kunden im Fokus behalten. Antworten Sie immer nur auf das, was Sie auch gefragt wurden, und geben Sie immer eine positiv formulierte Antwort. Nehmen sie zum Beispiel das Original-Requirement aus der Ausschreibung, auf das sich die Frage bezieht, kopieren Sie Ihre im Angebot gelieferte Beantwortung dazu, ergänzen Sie dies nun um die übermittelte Frage der Q&A-Session und fügen Sie nun Ihre Antwort auf diese Frage hinzu. Auf diese Art haben Sie jederzeit einen Überblick der gegebenen Statements, selbst wenn es zu mehreren Q&A-Fragen kommen sollte. Ein qualitativ hochwertiges Dokumentenmanagement ist hier dringend zu empfehlen, denn sonst wissen Sie am Ende vielleicht nicht mehr, was Sie wann und wie geantwortet oder wozu Sie sogar zugestimmt haben.

Die meisten Antworten können so formuliert werden, dass Sie klar darstellen, was Sie für den Kunden angeboten haben. Sie sollten nicht Antworten und Statements geben auf Fragen, die nicht gestellt werden, bzw. zu Punkten, die der Kunde nicht verlangt, und Sie müssen nicht unbedingt antworten, was nicht inkludiert ist. Wenn Sie privat ein neues

Auto kaufen, werden Sie in der Ausstattungsliste bzw. im Vertrag jene Merkmale aufgelistet finden, die Sie bekommen werden. Aber der Vertrag wird nicht inkludieren, dass Sie mit dem Auto eben keine Tankkarte, keinen Wohnwagen oder auch keine vier zusätzlichen Reifen bekommen. Als Anbieter sollten Sie immer die positive Formulierung im Auge behalten, denn die oftmals hart formulierten abgrenzenden Statements kommen noch früh genug, nämlich bei der Ausformulierung des Vertrages. Und hier sind dann die Juristen bei Ihnen und beim Kunden am Ball. Es gilt also, zu präsentieren, was man kann, und nicht darzustellen, was man nicht kann. Sollten Sie sich nicht sicher sein, ob Sie damit ein vertragliches Risiko eingehen, empfehle ich Ihnen, die geplanten Antworten einer Q&A-Session von Ihren Juristen nochmals überprüfen zu lassen, bevor das Dokument an den potenziellen Kunden übermittelt wird.

Die Evaluierung endet typischerweise mit dem Zuschlag für einen der Anbieter. Dieser Zuschlag („Award") wird den Anbietern mitgeteilt und Sie wissen damit, ob Sie den Zuschlag erhalten haben oder einer Ihrer Mitbewerber. In den meisten Ländern startet nun die laut Ausschreibungsrecht vorgegebene Stillhaltefrist, innerhalb der man als unterlegener Anbieter Einspruch erheben kann. Sollten Sie Einspruch erheben müssen, empfehle ich, dies sehr gewissenhaft abzuwägen. Sie machen sich damit als potenzieller Lieferant nicht unbedingt beliebt bei der ausschreibenden Stelle und Sie sollten einen etwaigen Einspruch zum Beispiel von lokalen Rechtsanwälten analysieren lassen, bevor Sie aktiv werden. In manchen Fällen ist es auch möglich, dass Sie als unterlegener Anbieter ein „Debriefing" von der ausschreibenden Stelle bekommen. Diese Chance empfehle ich Ihnen auf alle Fälle zu nutzen, denn auf diese Art erhalten Sie oft sehr gute und brauchbare Informationen, die Sie in Ihren eigenen „Lessons Learned"-Prozess für zukünftige Angebote einfließen lassen können.

Wenn Sie am Ende der Evaluierungsphase den Zuschlag erhalten haben, beginnt nach der Stillhaltefrist die Phase der Vertragsverhandlungen, sofern der Prozess nicht mit einer sofortigen „Purchase Order" (also Bestellung) endet. Nutzen Sie die Phase der Stillhaltefrist, um bereits jetzt Ihr Verhandlungsteam aufzustellen, beziehungsweise falls es bis dahin noch nicht erfolgt, um Ihr Projektteam zu nominieren, damit eine effiziente nächste Phase eingeleitet werden kann.

Verhandlungsphase und Vertragsgestaltung

Die Verhandlungsphase mit dem Kunden, um einen finalen Liefervertrag zu gestalten, kann für Sie schlussendlich nochmals zum wirklichen Gamechanger werden.

Es gibt genügend Schulungen und Seminare mit dem Thema „Verhandlungstechnik", daher werde ich hier nicht zu sehr ins Detail gehen. Im Folgenden möchte ich Ihnen ein paar aus meiner Sicht wichtige Themen darstellen, die vielleicht einen entscheidenden Unterschied machen, ob Sie am Ende einen profitablen und risikominimierten Vertrag abschließen oder ob das Projekt Ihrem Unternehmen noch einige Kopfschmerzen bereiten könnte.

MOU vs. LOI

Bevor ich auf das eigentliche Thema der Verhandlungen eingehe, möchte ich noch kurz auf die Themen „Memorandum of Understanding" (MOU) und „Letter of Intent" (LOI) eingehen. Im Unterschied zu einem „Award Letter", also der Information über den Zuschlag im Zuge eines Vergabeverfahrens, werden Sie diese beiden Begriffe oftmals im Vorfeld von Vergabeverfahren finden. Ein MOU, also die Absichtserklärung zum Beispiel über eine gewisse Form der Zusammenarbeit ist im Normalfall rechtlich nicht bindend. Ein MOU beschreibt in groben Zügen, auf welchen

Gebieten man in Zukunft zusammenarbeiten möchte, und ist damit die Vorstufe zu einem Vorvertrag bzw. Vertrag. In vielen Fällen rechtlich bindend hingegen ist ein LOI. Ein LOI entspricht im Prinzip einem Vorvertrag, und hier wird konkreter niedergeschrieben, welche Bereiche der zukünftig geplante Vertrag involvieren soll und bis wann die Parteien den Vertrag rechtswirksam werden lassen wollen. Manche LOI sind rechtlich derart bindend und ohne Ausstiegsklauseln, dass sie buchhalterisch schon als Vertrag angesehen werden können, während das bei einem MOU in der Regel nicht der Fall ist. MOU finden Sie typischerweise im B2G-Geschäft bei Vereinbarungen, wenn es um strategische Partnerschaften geht. Sie finden MOU sehr oft im politischen Umfeld, wenn es um die Zusammenarbeit auf Regierungs-/Länderebene geht.

Zu Beginn der Gasknappheit in Europa 2022 gab es einen regelrechten Reiseboom von europäischen Politikern in den arabischen Raum. Beispiele von unterzeichneten MOU waren die Reisen von Vertretern der österreichischen[44] und deutschen[45] Regierung nach Katar im März 2022, wo es um alternative Gaslieferungen in diese beiden Länder ging. In beiden Ländern berichteten die Medien über diese Reisen in einer Art und Weise, dass man bei schnellem Durchlesen der Medienberichte davon ausgehen hätte können, dass demnächst schon das Gas aus Katar in Europa ankommt und tatsächliche Lieferverträge unterzeichnet wurden. Tatsächlich wurden auf diesen Reisen jedoch relativ unverbindliche MOU unterzeichnet, die noch nichts über tatsächliche Liefermengen, Zeitpunkte oder Preise definiert hatten. Und selbst bei weiteren Verhandlungen in Deutschland konnten Monate nach diesen Reisen noch immer keine fixen und verbindlichen Vorverträge oder gar Verträge vereinbart werden[46].

Also wenn Sie ein MOU für Ihr Unternehmen andenken, nutzen Sie dieses Instrument strategisch, um Partnerschaften einen quasiformellen Charakter zu geben und eine existierende Marketingkampagne durch ein derartiges MOU zu unterstützen. Seien Sie sich jedoch bewusst, dass ein MOU in den meisten Fällen rechtlich keine Verbindlichkeit darstellt. Für eine rechtlich stärkere Verbindlichkeit sorgen ein LOI zum Abschluss eines Vertrages und natürlich ein tatsächlich abgeschlossener Vertrag.

Bis es dazu kommt, benötigt es in vielen Fällen noch Vertragsverhandlungen, und hier kann es zu einigen Stolpersteinen kommen, über die Sie nicht stolpern sollten.

Festlegung des eigenen Verhandlungsteams

Im Idealfall besetzen Sie Ihr eigenes Verhandlungsteam mit jenen Personen, die in der bisherigen Vertriebs- und Angebotsphase bereits an diesem Projekt mitgewirkt haben. Achten Sie darauf, dass die wichtigsten Themengebiete thematisch abgedeckt sind und dass die Teammitglieder auch über ausreichend Erfahrung und Entscheidungsstärke verfügen. Am Ende des Tages werden alle bis dahin nicht gelösten, oder unklaren Punkte zu besprechen sein, und das kann durchaus auch buchstäblich am anderen Ende der Welt erfolgen, wenn Ihr Kunde in Südamerika oder Australien seinen Sitz hat.

Abb. 33: Kernrollen im Verhandlungsteam

Mit einem Verhandlungsteam, das diese Rollen besetzt hat, werden Sie im Normalfall die wesentlichen Kernthemen abdecken können. Definieren Sie auf alle Fälle im Vorfeld, für welche Dokumente und

Themen welche Rolle – also wer im Team – verantwortlich ist. Wichtig bei der Zusammensetzung des Verhandlungsteams ist, dass Sie durchaus auch definieren, wer im Falle von strittigen Punkten während der Verhandlung primär für positive und deeskalierende Aktivitäten zuständig ist und wer im Team quasi die „Bad-Cop"-Rolle einnehmen wird. Strittige Themen wird es erfahrungsgemäß immer wieder bei juristischen, kaufmännischen und technischen Themen geben. Und die Kollegen im Team, die diese Rollen einnehmen, müssen teilweise eine „harte" Haut haben und standhaft bleiben. Auf der anderen Seite bedenken Sie bitte, dass der Kollege im Team, der später für die Abwicklung des Projekts verantwortlich ist, also zum Beispiel der nominierte Projektmanager, in den kommenden Monaten während der Abwicklung eine positive Gesprächsbasis behalten sollte. Gleiches gilt im Normalfall für den Vertriebsverantwortlichen im Team, denn Sie möchten ja auch in Zukunft (neue) Geschäfte mit Ihrem Kunden machen. Diese beiden Rollen würden damit eher in die „Good-Cop"-Rolle fallen, sofern Sie dieses Konzept in Ihrer Verhandlungsstrategie anwenden.

Unterstützung bekommen die jeweiligen Teammitglieder von weiteren Supportbereichen oder Abteilungen, jedoch empfehle ich, das Kernteam selbst nicht durch weitere Experten dauerhaft zu vergrößern, sondern diese Experten bei Bedarf beizuziehen. Speziell durch unterstützende Kommunikationstechnik und Web-Konferenzen ist das sogar bei physischen Besprechungen möglich, ohne dass alle Experten physisch präsent sind („hybride Meetings").

Definition der Verhandlungsziele und der Strategie

Am Beginn der Definition der Verhandlungsziele empfehle ich Ihnen ein Brainstorming innerhalb des Verhandlungsteams, um die Ziele zu sammeln. Es gibt oft Themen technischer Art, die vielleicht noch genauer definiert oder abgegrenzt werden müssen, oder es gibt kaufmännische/juristische Themen, wie zum Beispiel Zahlungsbedingungen oder Kundenbeistellungen, die in der Angebotsphase noch nicht klar definiert wurden oder vielleicht sogar vom Kunden noch nicht akzeptiert wurden. Oft zum Thema bei Verhandlungen wird gerade im Projektgeschäft der vertragliche Zeitplan zur Abwicklung des Projektes, den Sie vielleicht sogar mit den Roadmaps Ihrer angebotenen Produkte in Einklang bringen müssen, speziell in Fällen, bei denen Sie auf Entwicklungsleistungen angewiesen sind, um das Projekt auch gemäß den Kundenanforderungen ausliefern zu können.

Sobald Sie alle Ziele – also was soll aus Ihrer Sicht am Ende im Vertrag in welcher Form niedergeschrieben sein – gesammelt haben, sollten diese priorisiert werden. Es gibt vielleicht Themen oder Bereiche, wo Sie wenig bis keinen Verhandlungsspielraum haben („Showstopper"), und auf der anderen Seite kann es durchaus Punkte geben, die für Sie zwar unangenehm sind, aber mit einem guten Projektmanagement und einer ausgefeilten Risikominimierungsstrategie gerade noch akzeptabel für Sie sind. Wenn Sie die Ziele definiert und nach Priorität gruppiert haben, sollte jedes Ziel einer Person im Verhandlungsteam als „Owner" zugeordnet werden. Diese Person überlegt sich in weiterer Folge eine mögliche Strategie zur Erreichung dieses Subziels, und auch etwaige Verhandlungsargumente für Gespräche mit den Kunden. All diese Ziele sollten danach in eine gesamte Verhandlungsstrategie eingebunden werden, in der auch definiert wird, welche Ziele im Gegenzug für Themen, bei denen Ihnen der Kunde entgegenkommt, ggf. abgetauscht werden können. Also wo können und würden Sie nachgeben und wo nicht?

Da es bei Verhandlungen manchmal zu Situationen kommt, bei denen das Team keine weiteren Zugeständnisse mehr machen kann, empfehle ich, dass Sie im Vorfeld der Gespräche definieren, wie ein interner Eskalationspfad aussehen kann. Das kann zum Beispiel so definiert werden, dass dem Verhandlungsführer in Ihrem Team ein Ansprechpartner im Topmanagement - zum Beispiel Bereichsleitung, Geschäftsführung, Vorstand – zur Verfügung gestellt wird, um etwaige Eskalationsthemen und damit zusammenhängende Entscheidungsprozesse effektiv und zeitnah abklären zu können. Speziell die von Ihnen definierten „Showstopper" sind derartige Themen, die im Falle einer Nichteinigung mit dem Verhandlungspartner dazu führen können, dass sie mit Ihrem Topmanagement abgestimmt werden müssen. Achten Sie in diesem Zusammenhang jedoch darauf, dass Ihre Topmanager nicht Teil der gesamten Verhandlungen sind, sofern nicht auch auf Kundenseite Teilnehmer mit einem vergleichbaren hierarchischen Level teilnehmen. Sonst vergeben Sie sich die Chance, final zu eskalieren, um zum Beispiel die letzten offenen Entscheidungen auf „C-Level" zu treffen.

Die Verhandlung

Wie bei jedem Geschäftstermin ist ein Meeting ohne Agenda in den meisten Fällen bereits von Beginn an zum Scheitern verurteilt. Bei Vertragsverhandlungen sollte die geplante Agenda, also jene Punkte, die besprochen werden sollen, im Vorfeld der Verhandlungen mit dem Gesprächspartner abgestimmt werden. Auf diese Weise ist sichergestellt, dass sich beide Verhandlungspartner sowie deren Teams entsprechend vorbereiten können, und damit kann das Meeting selbst auch effektiver gestaltet werden. An dieser Stelle ein kleiner Tipp allgemeiner Art, abseits von Verhandlungen:

> i Ein Treffen ohne Agenda ist kein Meeting, sondern ein Jour fixe!

Solche oder ähnliche Statements haben aus meiner Sicht eine durchaus wahre Substanz. Speziell in der neuen innerbetrieblichen

Realität, wo Besprechungsräume nicht mehr der limitierende Faktor für Meetings sind, sondern nur die Anzahl der gleichzeitigen Teilnehmer innerhalb einer Web-Konferenz, sollten Besprechungen bzw. deren Einladungen dazu zumindest eine Agenda („Was soll besprochen werden?") und ein Ziel („Was soll erreicht werden mit diesem Meeting?") beinhalten. Wenn Sie sich selbst vornehmen, ausschließlich an Meetings teilzunehmen, bei denen Sie auch etwas zum Zweck des Meetings beitragen können, dann müssen Sie auch wissen, worum es geht. Und Kollegen, die „Appointments" für Web-Calls ausschicken, möchten von Ihnen und anderen Kollegen wertvolle Arbeitszeit, daher sollten auch die wenigen Sekunden oder Minuten investiert werden, für die Teilnehmer eine Agenda und ein Ziel in die Einladung zu schreiben. Firmeninterne Web-Konferenzen mit einer großen Anzahl an Teilnehmern, bei denen nur wenige Teilnehmer etwas beizutragen haben, zeichnen sich dadurch aus, dass die Teilnehmer oft nicht wissen, weshalb sie überhaupt eingeladen oder in das berühmte „CC" (Kopie) der Einladung gesetzt wurden. Und ich wage die These, dass viele Menschen mit Web-Konferenzen im beruflichen Kontext schon öfters an derartigen virtuellen Meetings teilgenommen haben und sich am Ende dachten, dass die Zeit mit anderen Tätigkeiten effektiver hätte verwendet werden können.

Nun wieder zurück zum Thema der Vertragsverhandlungen: Hier geht es vielleicht nicht primär um effektives Zeitmanagement, sondern eher um effektive Vertragsverhandlungen, und diese sind eben ohne eine vorher abgestimmte Agenda und Klarheit der zu besprechenden Themenbereiche nicht machbar. Sollte Ihr Kunde keine Agenda vorbereitet haben, fragen Sie doch im Vorfeld proaktiv nach den aus seiner Sicht offenen Punkten. Und spätestens am Beginn der Verhandlungsgespräche – unabhängig, ob diese in physischer Präsenzform oder virtuellem Web-Konferenzformat stattfinden – sollte bei professionellen Verhandlungen nach der Vorstellungsrunde ein finales Agreement über die Agenda der kommenden Stunden (oder Tage) der Verhandlungen stattfinden.

Und nun ein weiteres allgemeines Statement: „Ein Meeting ohne Protokoll – Minutes of Meeting – hat nie stattgefunden." Auch diese Aussage haben viele von uns schon mehrmals gehört oder gelesen, trotzdem legen Menschen speziell im beruflichen Alltag mit vielen aufeinanderfolgenden Meetings leider zu wenig Augenmerk auf zumindest eine stichwortartige Protokollierung der besprochenen Themen. Speziell bei Vertragsverhandlungen ist es jedoch umso wichtiger, dass protokolliert wird, was besprochen und vereinbart wird. Denn es gibt Fälle, bei denen die Besprechungsprotokolle dann als Anhang ein integraler Teil des Liefervertrages werden, oder zumindest werden Vertragsdokumente, basierend auf den Verhandlungsergebnissen, einem Update unterzogen. Wenn Sie daher für sich im Team im Vorfeld überlegen, wer das Protokoll von Ihrer Seite her konsolidiert bzw. mitschreibt, haben Sie schon einen Startvorteil. Mit dem Verhandlungspartner sollten Sie aber auf alle Fälle am Ende jedes Meetings oder jedes Verhandlungstages die „Minutes" nochmals gemeinsam durchgehen, um so eine abgestimmte Version zu erhalten. Auch etwaige offene Punkte, die Sie vielleicht nicht lösen oder vereinbaren konnten, sollen Teil dieser Protokolle sein. Im Idealfall sind sie Teil der „Next Steps" oder „Action Items", in denen genau definiert wird, wer was bis wann macht. Wenn Sie diese grundlegenden Basics berücksichtigen, können Sie sich voll und ganz auf die Umsetzung Ihrer definierten Verhandlungsstrategie fokussieren.

An dieser Stelle noch ein Thema, das mir selbst leider auch immer wieder aufgefallen ist: Ein Kollege stellt dem Kunden eine Frage und ein anderer Kollege aus dem eigenen Team beantwortet die Frage, noch bevor der Kunde antworten kann. Hier möchte ich Ihnen raten, dass Sie dieses aus meiner Sicht „No-Go" im Vorfeld im Team auch als „No-Go" definieren. Denn wenn jemand aus Ihrem Team eine Frage an den Kunden stellt, muss das nicht unbedingt darauf beruhen, dass der Kollege das ggf. nicht weiß. Es kann auch Teil einer Strategie mit dazugehöriger Fragetechnik sein, dass man zum Beispiel herausfinden möchte, wer im Team des Kunden was weiß. Da ist es dann schon sehr kontraproduktiv, wenn die strategische Frage an den Kunden von jemandem aus dem eigenen Team vorschnell beantwortet wird. Die Grundregel sollte lauten: „Fragen sollten immer von jener Verhandlungspartei beantwortet werden, an die sie auch gerichtet sind." Und wenn jemand aus Ihrem eigenen Team tatsächlich eine offene Frage stellt, dann sollte der Fragende das auch klar formulieren, sodass Teammitglieder aus dem eigenen Team auch wissen, dass diese Frage offen und eben auch an die eigenen Teammitglieder gerichtet ist. Verwenden Sie Fragetechniken als Teil Ihrer Verhandlungsstrategie und zerstören Sie sich diese Strategie nicht aus Ihrem eigenen Team heraus.

Bei schwierigen Verhandlungen bzw. bei Verhandlungen mit für Sie kritischen Themen gebe ich Ihnen den Tipp:

i	Halten Sie möglichst viele Bälle gleichzeitig im Spiel der Verhandlung!

Falls Sie sich nun fragen, weshalb ich das Jonglieren von Bällen im Verhandlungskapitel bringe, dann lautet die kurze Antwort, dass Ihre Verhandlungspartner bzw. Kunden schneller den Überblick verlieren, je mehr Bälle Sie im Spiel lassen. Umgelegt auf eine Verhandlungssituation sind die symbolischen Bälle dann jene Themen, die verhandelt werden. Bälle, die aus dem Spiel genommen werden, also entweder auf den Boden fallen oder bewusst aus dem Spiel gefischt werden, können später nur schwer wieder in das Spiel involviert werden.

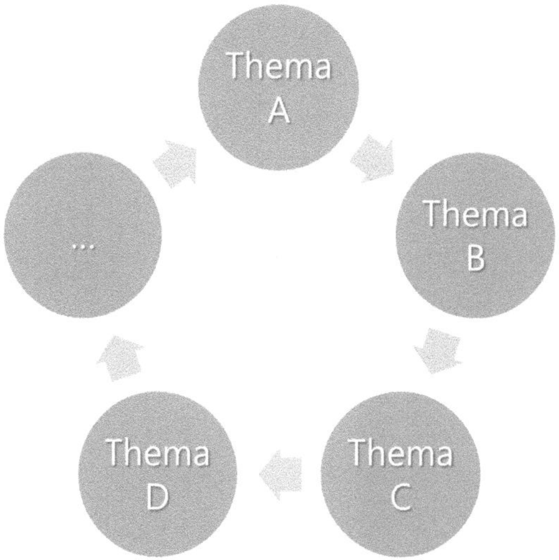

Abb. 34: Verhandlungsthemen jonglieren

Das bedeutet bei Verhandlungen, dass man zwar im Normalfall Thema für Thema durchsprechen und verhandeln wird, jedoch sollten Sie immer darauf drängen, dass Themen erst abgeschlossen und damit als vereinbart gelten, wenn das finale Protokoll erstellt wird. Es könnte sonst sehr schnell die Situation entstehen, dass Sie zu Beginn von Verhandlungen Themen vereinbaren und der Kunde Ihnen vielleicht sogar entgegenkommt, aber die Themen für Sie vielleicht sogar weniger kritisch waren. Am Ende der Verhandlungen, bei für Sie kritischen Themen, bei denen Sie auf Bewegung beim Kunden angewiesen sind, wird Ihnen der Kunde dann vorhalten, dass er Ihnen ja schon bei den ersten Themen entgegenkam. Sind diese Themen schon fixiert und vereinbart, wird es für Sie schwierig, diese nochmals aufzumachen, um bei diesen weniger kritischen Themen ein Entgegenkommen anzubieten, damit der Kunde Ihnen bei kritischen Themen dann entgegenkommt. Also halten Sie alle Themen „am Köcheln" und schnüren Sie erst am Ende der Verhandlungen ein

Gesamtpaket mit allen verhandelten Punkten und Themen. Sollten Sie bei der Erstellung Ihrer Strategie erkennen, dass Sie vielleicht keine Themen haben, wo Sie entgegenkommen können, dann können Sie auch „virtuelle" Bälle ins Spiel bringen. Also beim Erstellen der Agenda generieren Sie Themen, die bis dato gar keine Themen waren, weder bei Ihnen noch beim Kunden. Diese Themen sollten nach innen für Sie keine Probleme bedeuten, und Sie bringen sie ins Spiel, um diese später im Abtausch gegen wirklich kritische und wichtige Themenblöcke auf den Verhandlungstisch legen zu können.

Das klassische Beispiel von derartigen Abtauschthemen, sind Softwarelizenzen bei Preisverhandlungen. Je mehr unterschiedliche Softwarelizenzen Sie in Ihrem Preisblatt vorweisen, wobei wohl einige davon ohne hinterlegte Kosten sind, desto mehr Preisblöcke können Sie bei Preisverhandlungen abtauschen und müssen dann vielleicht nicht bei Preisen reduzieren, bei denen Sie vielleicht sowieso schon nur einen sehr geringen Deckungsbeitrag kalkuliert haben. Achten Sie bei diesem Thema jedoch immer darauf, dass die Preisgestaltung im Einklang mit den jeweils gültigen Standards betreffend Buchhaltung und Bilanzierung sind (zum Beispiel: International Financial Reporting Standards – IFRS) und dass Sie im Falle von sogenannten Preisprüfungen durch den Kunden bei Ihnen auch diese Preispolitik nachvollziehbar darstellen können.

Abschließend noch ein Tipp zur Verhandlungsstrategie, wenn die Situation vielleicht mal wieder sehr kompliziert wirkt:

i	Auch der Kunde verspürt den Druck, zu einem Geschäftsabschluss zu kommen.

Wenn Sie als Bieter schon am Verhandlungstisch sitzen, haben Sie wohl im Hinterkopf und als Ziel immer vor Augen, dass Sie den Auftrag bzw. Vertrag auf alle Fälle erhalten möchten. Dadurch fühlen Sie sich vielleicht psychologisch in einer Drucksituation und tendieren dazu, bei Verhandlungsthemen eher mal nachzugeben. Sie möchten ja den Vertrag. Auf der anderen Seite hat der Kunde de facto Ihren Mitbewerbern schon zu verstehen gegeben, dass diese nicht zum Zug kommen. Da gibt es auch einen gewissen Druck beim Kunden, ohne Gesichtsverlust etwaige Verhandlungen mit Ihnen abzubrechen und stattdessen zu einem Lieferanten zu wechseln, den er ja schon mal quasi abgesagt hat. Sie müssen also nicht unbedingt bei allen Punkten im Zuge der Verhandlungen nachgeben und Ihre Positionen aufgeben. Selbst wenn Sie eine Angebotsgarantie („Bid Bond") mit Ihrem Angebot abgegeben haben und der Kunde damit droht, diese Garantie zu ziehen, besteht das Risiko aus Ihrer Sicht maximal aus den mit der Garantie verbundenen Kosten. Aber für den Kunden ist das immer mit sehr viel Erklärungsbedarf beim eigenen Management verbunden. Zusätzlich sind auch oft Banken involviert, die vielleicht das Budget des Kunden finanzieren, und schlussendlich gibt es einen gewissen Gesichtsverlust, wenn der Kunde zum alternativen Anbieter wechseln muss oder im schlimmsten Fall die Ausschreibung vielleicht sogar neu durchführen muss. Speziell im B2G-Geschäft mit einem hohen politischen Anteil in den Prozessen habe ich es bisher selten bis gar nicht erlebt, dass Verhandlungen abgebrochen wurden, wenn es bereits die Festlegung bzw. den Award für einen Anbieter gegeben hatte. Achten Sie darauf, dass Sie immer ein Minimalziel und ein Maximalziel für die Verhandlungen definieren und dass Sie sich im Zuge der Verhandlungen immer innerhalb dieser Bandbreite bewegen.

Das bringt mich am Ende dieses Kapitels nochmals zurück auf das Thema des Verhandlungsteams und der involvierten Kollegen. Wenn Sie von Beginn an darauf achten, dass die Mitglieder Ihres Verhandlungsteams auch einen gewissen Entscheidungsspielraum mit auf dem Weg bekommen, können Sie es dem Team ermöglichen, flexibel auf unterschiedliche Situationen zu reagieren und eben die vorher erwähnten Bälle geschickt zu jonglieren. Derartige Verhandlungen zu Lieferverträgen im B2G-Geschäft können oft sehr langwierig und auch zeitintensiv werden. Daher vermeiden Sie bitte, dass für jedes kleinste Zugeständnis vom Team eine Vorstandsfreigabe benötigt wird, sondern geben Sie einen Rahmen vor und lassen Sie diesen vorab vom etwaigen Freigabegremium absegnen. Dadurch erleichtern Sie dem Verhandlungsteam die ohnehin schon intensive Verhandlungsphase und können zudem auch Chancen generieren. Als Beispiel möchte ich Ihnen eine Situation beschreiben, die ich auf einer meiner ersten Dienstreisen zu Vertragsverhandlungen erlebte.

Ich war damals als Presales-Engineer (Vertriebsingenieur) gemeinsam mit der vertriebsverantwortlichen Kollegin und einem Kollegen aus der Rechtsabteilung zu Vertragsverhandlungen in einem Land des Westbalkans. Wir hatten einen ganzen Tag reserviert und waren schon am Vorabend angereist. In der Hotellobby hatten wir uns am Vorabend noch auf den folgenden Tag vorbereitet, mit dem Ziel, zwei neue Systeme in diesem Land zu verkaufen und den entsprechenden Vertrag zu fixieren. Am Tag der Verhandlungen gab es intensive Gespräche zur Technik, aber auch zu den vertraglichen Lieferbedingungen sowie über den Preis. Auf eine Mittagspause wurde verzichtet, wir arbeiteten mit den Vertretern des Kunden durch, mit Sandwiches am Tisch, um nicht total unterzuckert zu werden. Als wir am Ende des Tages gerade noch zwei Themen offen hatten – es war in der Zwischenzeit weit nach 20 Uhr und den Abendflug zurück nach Wien hatten wir schon verpasst –, bekamen wir einen Termin beim Vorstand des Kunden. Dort sollten diese beiden Punkte noch geklärt werden, bei denen wir eigentlich in den Verhandlungen nicht nachgeben wollten, obwohl sie für uns nicht kritisch oder gar „überlebensnotwendig" gewesen wären. Der Vorstand hörte sich die Themen an und meinte dann in einer betont lässigen Aussage: „If you accept those points, I will give you the order about an additional system. But we need an agreement now, because at 8:30 pm I do have an appointment for dinner."

Auf Deutsch (von mir frei übersetzt): „Wenn ihr diese zwei Punkte von uns akzeptiert, dann bekommt ihr heute noch die Bestellung über ein zusätzliches System von mir [sic!]. Aber ihr müsst das jetzt zusagen, denn um 20:30 Uhr habe ich einen Termin zum Abendessen."

Da waren wir nun in einer Situation, dass wir zwei Verhandlungsthemen abtauschen könnten und im Gegenzug einen Vertrag über drei anstatt zwei Systemen erhalten würden. Da wir das dritte System damals nur optional angeboten hatten und nicht damit gerechnet hatten, diesen Auftrag zeitnah zu erhalten, entschieden wir relativ schnell im Team ohne Rücksprache mit der Zentrale in Wien, dass wir diesen Abtausch machten, und bereiteten ein weiteres Update der Vertragsdokumente vor. Mittlerweile war es weit nach 22 Uhr und wir hatten alles bereit zum finalen Verhandlungsprotokoll bzw. Vertrag. Ich rief also, am Boden sitzend, denn der Besprechungsraum war schon zugesperrt, bei meinem damaligen Chef in Wien an und erklärte ihm den Status quo. Die Antwort, die mir mein damaliger Chef gab: „Wenn ihr noch ein System verkaufen könnt, kannst du mich auch um Mitternacht noch anrufen."

Dazu kam es dann zwar nicht, aber dieses Beispiel zeigt aus meiner Sicht sehr gut, wie man mithilfe eines Verhandlungsteams, dem man auch gewisse Entscheidungsfreiheiten mit auf die „Verhandlungsreise" gibt, Chancen lukrieren kann. Denn hätten wir die Entscheidung nicht treffen dürfen, dass wir zwei Themen abtauschen und dafür ein drittes, ursprünglich optionales System fix bestellt bekommen, wäre die Chance um 20:30 Uhr schon wieder vom Tisch gewesen. Denn auf Kundenseite konnte derartige Entscheidungen ausschließlich der Vorstand treffen, und der hatte ja noch seinen Termin zum Abendessen, womit ein längeres Abstimmen unsererseits mit der Zentrale in Wien ausgeschlossen war. Wir bewegten uns im Rahmen, der uns vorgegeben war, mussten aber nicht jedes einzelne Thema nochmals von unserer Zentrale freigeben lassen.

Am Ende flogen wir zwar um einen Tag später zurück nach Wien, hatten aber einen Auftrag im Gepäck, der umfangreicher war, als ursprünglich gedacht, die essenziellen Risken konnten positiv verhandelt werden und die folgende Projektabwicklung lief friktionsfrei und positiv.

Lieferung, Gewährleistung und After-Warranty-Phase

Die Frage, die Sie sich nun vielleicht stellen, lautet: „Weshalb wird nun die Projektabwicklung in einem Buch beschrieben, dessen Fokus der Vertrieb ist?" Die Antwort darauf ist so kurz wie einfach, denn sie lautet: „Wir alle sind Vertrieb!" Wie bereits in Abb. 27 dargestellt, ist die vertriebliche Tätigkeit im Projektgeschäft nicht damit beendet, dass man einen Liefervertrag unterschrieben hat. Es handelt sich um einen Zyklus oder Kreislauf, der immer wieder von vorne beginnt oder eben nie endet.

Wenn Sie ein Neukundengeschäft erfolgreich gewonnen haben und einen entsprechenden Liefervertrag Ihr Eigen nennen dürfen, können Sie auf Basis des typischen Investitionszyklus schon jetzt abschätzen, wann der Kunde das gerade erst neu beschaffte System wieder beschaffen wird. Es liegt nun an Ihnen, diesen Moment möglichst lange hinauszuzögern, oder durch effektives Bestandskundengeschäft mit zielgerichtetem Cross- und Up-Selling einen kompletten Austausch Ihres Systems in x Jahren zu vermeiden.

Daher ist die Rolle Ihrer Projektmanager, Trainer und auch Servicemanager immer auch mit einer sehr starken vertrieblichen Komponente verbunden. Es geht nicht nur darum, das bei Ihnen bestellte Produkt oder die verkaufte Lösung gemäß Liefervertrag dem Kunden zu liefern, sondern es geht bereits darum, den Boden für zukünftiges Bestandskundengeschäft aufzubereiten.

Liefer- bzw. Projektabwicklungsphase

Ein ehemaliger Kollege von mir war jahrelang – um nicht zu sagen jahrzehntelang – ein herausragender Projektmanager, der die ihm übertragenen Aufgaben und Projekte perfekt managen konnte. Er war aber auch ein Mitarbeiter, der bei diesen Kunden ein überdurchschnittlich hohes Auftragsvolumen mit Änderungsaufträgen („Change Requests"), Serviceverträgen und sogenannten „Midlife-Upgrades" der installierten Systeme erzielte. Er wollte jedoch nie als „Salesmanager" bezeichnet werden, sondern verstand sich selbst immer als Projektmanager mit starker Kundenbindung. Dieses Beispiel zeigt hervorragend, dass im Projektgeschäft im Normalfall in der Abwicklungsphase Ihre Projektleiter jene Kollegen in der Relationship-Matrix sind, die intensiven Kundenkontakt haben. Das Projektgeschäft muss mit den Kunden zeitlich und wohl auch technisch laufend abgestimmt werden und man baut auf diese Art einen sehr intensiven Kundenkontakt auf. Auf diese Art und Weise werden von Projektmanagern auch oft neue Pain-Points und Bedarfe erkannt, die ein klassischer Account-Manager vielleicht gar nicht identifiziert hätte, weil er nicht nahe genug am operativen Ablauf des Kunden ist.

Nutzen Sie daher die Chance von Kollegen, die nahe am Kunden sind. In Verbindung mit einem starken Wissen über das eigene Angebotsportfolio werden Ihre Projektmanager zu ausgezeichneten Verkäufern, selbst wenn sie sich selbst gar nicht in dieser Rolle sehen. Ich empfehle Ihnen jedoch dringend darauf zu achten, dass der zuständige Salesmanager oder Account-Manager auch immer nahe am Projekt ist, das er verkauft hat. Die Feedbackschleife aus den Projekten zurück zum Salesmanager ist essenziell, und auf diese Art kann sichergestellt werden, dass bei zukünftigem Neukundengeschäft etwaige Risken von Beginn an vermieden werden können. Zusätzlich wird damit gewährleistet, dass etwaige Kunden-Pain-Points, die von Ihrem Projektteam identifiziert werden, auch zeitnah wieder in den Vertriebszyklus einfließen. Das klassische Cross- und Up-Selling funktioniert nur dann, wenn alle Kollegen über die gesamte Wertschöpfungskette eng verzahnt miteinander arbeiten und sich Vertriebsmitarbeiter nicht aus dem Prozess „verabschieden", wenn die Lieferverträge unterschrieben sind und der Auftrag im Haus ist.

Die Projektabwicklungsphase hätte einen sehr holprigen Start, wenn der Vertriebsmanager den unterschriebenen Auftrag quasi über den Zaun zu Ihrem Projektteam wirft. Mir ist bewusst, dass diese Darstellung wohl etwas überzeichnet ist und das wohl in den wenigsten Unternehmen auf diese Weise gemacht wird. Ich empfehle jedoch auf alle Fälle, dass Projektmanager schon bei den Vertragsverhandlungen involviert sind, sei es aktiv oder zumindest in der Info-Loop, um bei der späteren Projektabwicklung bereits etwaige Risken und kritische Themen zu kennen. Zusätzlich empfehle ich Ihnen, ein strukturiertes Übergabemeeting durchzuführen, in der sich alle Kollegen des Verhandlungsteams (siehe Abb. 33) treffen und, basierend auf einer Checkliste, der Vertrag, die Eckdaten mit Risken und Chancen, aber auch etwaige Annahmen an das Projektteam übergeben werden. Damit erleichtern Sie Ihrem Projektteam die Startphase des Projekts, denn das Einlesen in die Verträge und die ersten Abstimmungen mit dem Team des Kunden sind schon einiges an Aufwand zu Beginn eines Projektes. Wenn Sie es nun schaffen, dass Ihr Vertriebsmanager auch regelmäßig an internen – oder auch externen – Jour-fixe-Meetings teilnimmt und damit am Letztstand betreffend den Projektstatus ist, haben Sie schon sehr viel erreicht, um einen effektiven 360°-Vertriebszyklus mit Leben zu erfüllen. Sollte es innerhalb des Projektes zu Problemen kommen, ist es von enormem Vorteil für den Vertriebsmanager, wenn auch er darüber Bescheid weiß. Denn wenn er das nächste Treffen bei diesem Kunden hat und derartige Themen nicht kennt, kann es passieren, dass ein vertriebliches Kundengespräch rasch in eine für den Vertriebsmanager unangenehme Situation abgleitet. Nämlich in jenem Fall, wenn Kundenvertreter ihn auf Projektprobleme ansprechen und er dann mangels Vorbereitung und Wissens nicht darauf reagieren kann. Sie können erkennen, dass eine eng verzahnte Abstimmung von verschiedenen Rollen am Papier durchaus essenziell ist.

Die Incentivierung von Projektmanagern orientiert sich in vielen Unternehmen an den typischen Kennzahlen eines Projekts, also zum Beispiel Zeitplan, Kosten, Deckungsbeitrag und Ressourcen. Vertriebliche Performance wird bei wenigen Unternehmen für Projektmanager zur Anwendung gebracht. Das macht im Prinzip auch durchaus Sinn, denn die Kernaufgabe ist und bleibt ja das Managen eines Projekts. Trotzdem empfehle ich Ihnen, etwaige variable Gehälter Ihrer Projektmanager sowie Projektteams zu einem gewissen Anteil auch davon abhängig zu machen, wie und ob der jeweilige Mitarbeiter in der Lage ist, Bestandskundengeschäft – also Cross- und Up-Selling – zu generieren. Wenn diese Incentivierung nicht direkt im variablen Anteil des Gehalts zur Anwendung kommt, hat es sich bewährt, bestimmte Bonusleistungen (monetär oder auch Gutscheine) zu gewähren, wenn Projektmanager vertriebliche Erfolge vorweisen können. Es kostet Ihrem Unternehmen nämlich weitaus mehr vertriebliche Ressourcen bzw. Budget, wenn Sie zusätzliche Produkte beim Kunden (neu) verkaufen möchten, als wenn Sie einem vertriebsorientierten Projektmanager einen Bonus gewähren, wenn er „Cross-Selling"-Erfolge vorweisen kann. Die gesamte Phase des Opportunity-

Developments können Sie auf diese Weise oftmals sehr stark ab- oder verkürzen und äußerst effizient gestalten. Es verwundert in diesem Zusammenhang dann doch sehr, wenn einige Unternehmen diese vertrieblichen Erfolge ihrer Projektmanager im Kontext einer validen Kosten-Nutzen-Rechnung nicht richtig einordnen und nicht incentivieren.

Gewährleistung und After-Warranty-Phase

Wenn Sie nun meinen, dass wir am Ende des Vertriebszyklus aus Abb. 27 angekommen sind, muss ich Sie leider enttäuschen, denn diese Phase ist auch zugleich der Beginn eines neuen Zyklus. Das Bestandskundengeschäft ist ein integraler Bestandteil des Vertriebszyklus, womit wir wieder am Beginn der Entwicklung von neuen Geschäftsmöglichkeiten stehen, mit dem einzigen Unterschied, dass es sich nun um Bestandskunden handelt und nicht um Neukunden.

Nutzen Sie diese Phase nicht bloß, um einen Wartungsvertrag zu verkaufen, sondern auch und speziell um eine enge Kundenbindung aufrechtzuhalten. Wartungsverträge haben bei manchen Kunden immer noch den Ruf, dass sie a) nicht benötigt werden („Wir machen das selbst!") und b) reiner Profit für den Anbieter sind. Der Punkt a) stimmt vielleicht in manchen Unternehmen. Jedoch geht immer mehr Unternehmen und Behörden im öffentlichen Sektor das bisher vorhandene Wissen verloren, da aufgrund von Kostendruck eigenes Wartungspersonal nicht mehr nachbesetzt wird und stattdessen diverse Wartungsarbeiten ausgelagert werden. Diese Tendenz ist speziell in Segmenten mit hohem Hardware-Anteil zu beobachten. Im Softwarebusiness ist der Anteil an Kunden mit Serviceverträgen definitiv höher, jedoch wird auch hier die Notwendigkeit eines Wartungsvertrages vielfach unterschätzt. Da jedoch ein Up-to-date-Halten von Software speziell in Zeiten zunehmender Gefahren im Bereich von Cybersecurity absolut notwendig sind, erkennen diese Unternehmen die Wichtigkeit leider oftmals erst, wenn es zu spät ist. Jetzt können Sie natürlich einwenden, dass es eine perfekte Geschäftsmöglichkeit darstellt, einem Kunden aus der Situation zu helfen, wenn er zum Beispiel gerade Ziel einer Cyberattacke wurde. Dem muss ich jedoch entgegenhalten, dass diese Kunden in vielen Fällen trotzdem in einer ersten Reaktion Ihr System kritisch hinterfragen werden, selbst wenn sie eigentlich laut Vertrag schon außerhalb der Gewährleistung sind. Und wenn es ganz blöd läuft, dann erscheint Ihr Unternehmen auch noch in der öffentlichen Berichterstattung, was durchaus im Bereich des Möglichen liegt, wenn wir über B2G-Geschäfte sprechen. Schon alleine aus diesem Grund empfehle ich Ihnen, möglichst frühzeitig das Thema Wartungsverträge mit Ihren Kunden zu besprechen. Unabhängig von den hier geschilderten Gefahren für Ihren Kunden und eben auch Ihr Unternehmen ist ein laufender Servicevertrag die beste Möglichkeit für Sie, mit dem Kunden in Kontakt und im laufenden Austausch zu bleiben. Dass Sie dabei zusätzlich einen jährlichen Umsatz in Form des Preises des Servicevertrages lukrieren, ist der positive Nebeneffekt für Sie. Wenn Ihre Servicemanager zum Beispiel ein halbjährliches Service-Review-Meeting mit den Kunden durchführen, haben Sie schon fix zwei Kundenmeetings, die Sie vielleicht nicht hätten, wenn ausschließlich Ihr Vertriebsmanager den Kontakt mit diesen Kunden halten soll.

Nutzen Sie daher diese Chance und stellen Sie sicher, dass Ihre Servicemanager immer mit offenen Ohren und Augen diese Meetings abhalten. Selbstverständlich steht im Zentrum derartiger Meetings immer das zu servicierende System bzw. Produkt, jedoch ist nicht ausgeschlossen, dass neue Pain-Points beim Kunden erkannt werden. Wenn Ihre Servicemanager wissen, welche weiteren Produkte und Systeme diese Pain-Points adressieren könnten, dann haben Sie eine gute Chance, aktives Cross-Selling zu betreiben. Behandeln Sie derartige Geschäftsmöglichkeiten im

Prinzip wie neue Opportunities, mit dem kleinen, aber feinen Unterschied, dass Sie bereits in einer sehr frühen Phase direkte Kundenkontakte sicherstellen können. Cross-Selling ist ein Geschäft, das nicht direkt mit jenem Produkt zusammenhängt, das ursprünglich verkauft wurde. Es geht hier darum, weitere Produkte Ihres Angebotsportfolios entsprechend zu platzieren. Ein einfaches Beispiel aus dem Consumer-Bereich ist das Verlagsgeschäft. Wenn Sie ein Abonnement einer Tageszeitung besitzen, werden Sie immer wieder Werbung erhalten, ob Sie nicht auch ein Abo über ein Wochenmagazin abschließen möchten, das auch vom gleichen Verlag angeboten wird. Der Verlag nutzt ein aufrechtes Vertragsverhältnis mit Ihnen, um seine weiteren Produkte aktiv zu bewerben. Es handelt sich dabei um klassisches Cross-Selling.

Ein aktives Up-Selling ist der zweite Fokusbereich im Servicebereich, um neue Geschäftsmöglichkeiten für Sie zu generieren. Systeme benötigen immer wieder Erweiterungen, Updates oder Upgrades. All diese Themenkomplexe, welche also direkt mit dem ursprünglich verkauften und gelieferten System zusammenhängen, werden als Up-Selling bezeichnet.

Für Sie als Lieferant des bestehenden Systems beim Kunden sollte eines der Ziele sein, dass Sie die Lebensdauer dieses Systems über den typischen Investitionszeitraum hinaus verlängern. Das hat für den Kunden den Vorteil, dass er sich die Kosten einer aufwändigen Ausschreibung zur Beschaffung eines neuen Systems erspart. Für Sie hat es den Vorteil, dass Sie einen bestehenden Kunden mit einem länger im Einsatz befindlichen System betreuen dürfen und Mitbewerber von diesem Kunden fernhalten können. Zusätzlich bedeutet es für Sie, dass Sie laufende Einnahmen aus Serviceleistungen, Auffrischungstrainings, Ersatzteillieferungen oder die oben erwähnten Up-Selling-Chancen generieren.

Wie können Sie nun die Lebensdauer verlängern? Leider gibt es auch hier keine Antwort, die auf alle möglichen Geschäftsfälle anwendbar ist. Für eine kurz- und mittelfristige „Lifetime Extension" eignen sich meistens Instrumente wie Updates, Upgrades oder im Hardware-Segment auch sogenannte „Last-Buy"-Aktionen für Ersatzteile, die ggf. bei Ihnen nicht mehr produziert werden können. Ein spezieller Fall der Lebenszeitverlängerung, der jedoch immer sehr genau analysiert werden muss in Bezug auf das lokale Ausschreibungsrecht, sind „stepwise Upgrades" bei denen sehr stark in den Kern des bestehenden Systems eingegriffen wird. Wenn Ihre Systeme zum Beispiel aus Hardwarekomponenten bestehen, die von Ihnen nicht mehr produziert oder beschafft werden können, lohnt sich ein Blick auf Ihre Produkt-Roadmaps. Beispielhaft möchte ich hier Komponenten aus der IT-Branche wie Server oder Monitore nennen. Diese sind typischerweise nach wenigen Jahren schon in einem Alter, bei dem Sie keine Ersatzbeschaffungen mehr durchführen können. Parallel wird Ihre Produktabteilung wohl neue Produkt-Releases entwickelt haben, die mit neuerer IT-Hardware funktionieren. Wenn Sie es nun schaffen, das Bestandssystem beim Kunden mit neuer IT-Hardware auszustatten, dann machen Sie – obwohl vielleicht noch die „alte" Funktionalität bleibt – das System fit für die Zukunft. Durch ein späteres Software-Upgrade, das für den Kunden weitaus günstiger ist als ein komplettes Neusystem, können Sie somit in zwei Schritten den Kunden ebenfalls auf den funktionellen und technologischen Stand eines Neusystems bringen, ohne dass ein komplettes Neusystem durch den Kunden ausgeschrieben werden muss.

Ohne jetzt zu stark ins Detail zu gehen, aber diese Art von Bestandskundengeschäft und Up-Selling benötigt eine sehr starke und gut funktionierende Kundenbeziehung. Andernfalls könnte der Kunde sehr schnell das Gefühl bekommen, dass er von Ihnen „über den Tisch gezogen" wird, wenn er am Ende der Lifetime des Systems nicht komplett neu ausschreibt. Wenn Sie diese Strategie verfolgen, sollten Sie daher als oberste Prämisse im Auge behalten, dass dieses Vorhaben eine „Win-win"-Situation für den Kunden und Sie ergibt und parallel selbstverständlich sämtliche Vergaberichtlinien eingehalten werden, die im B2G-Geschäft des jeweiligen Landes zur Anwendung kommen.

Vorteile für den Kunden, ein derartiges Upgrade zu bestellen, sind zum Beispiel der Wegfall von internen Kosten eines Ausschreibungsprozesses, die schnellere Beschaffung mit einer im Idealfall reibungslosen Transition- bzw. Übergangsphase, die geringeren Trainingskosten im Vergleich zu komplett neuen Systemen oder aber auch die immer wieder zum Thema werdenden unterschiedlichen Budgettöpfe der Kunden (CAPEX vs. OPEX). Sie sollten die Pain-Points Ihres Kunden sehr gut kennen, um die geplante Upgrade-Strategie daran auszurichten, um die oben erwähnte „Win-win"-Situation auch tatsächlich zu erreichen.

Für Sie als Lieferant ist selbstverständlich der größte Vorteil, dass Sie nicht in einem kompetitiven Ausschreibungsprozess gegen Mitbewerber antreten müssen, die wohl alle nur darauf warten, die bis jetzt von Ihnen gehaltene Referenzinstallation zu gewinnen und Ihnen damit zu entreißen. Aus eigener Erfahrung möchte ich Ihnen jedoch den Tipp mitgeben: Werden Sie nicht zu übermütig!

Wenn sich ein Kunde auf diesen Prozess einer Direktvergabe von Upgrades einlässt, dann erwartet er sich auch, dass Sie trotzdem Preise anbieten, die marktkonform sind. Sie sollten immer davon ausgehen, dass Ihre Kunden den Markt sehr gut kennen und selbst bei geplanten Direktvergaben immer wieder mal bei Ihren Mitbewerbern nach Budgetpreisen anfragen, um zu vergleichen, ob eine Direktvergabe mit all ihren Vorteilen tatsächlich effizienter ist als eine öffentliche und kompetitive Ausschreibung.

Wenn Sie nun den Fehler begehen, dass Sie bei derartigen Kalkulationen die reinen projektbezogenen Kosten kalkulieren und dann vielleicht noch einen nicht marktkonform erhöhten Deckungsbeitrag aufschlagen, dann übersehen Sie aus meiner Sicht die Opportunitätskosten einer verlorenen Kundeninstallation. Wenn Sie alternativ in eine kompetitive und öffentliche Ausschreibung müssten, entstünden Ihnen innerhalb Ihrer Organisation oftmals sehr hohe Vertriebskosten. Diese bestehen zum einen aus direkten Vertriebskosten, aber zum anderen auch aus internen und externen Kosten, resultierend aus Aufwänden für die Angebotserstellung. Diese Kosten, die Sie hätten, falls der Kunde das System öffentlich ausschreibt, sollten Sie im Zuge einer Direktvergabe auch berücksichtigen und ggf. anteilig auch Ihren kalkulierten Deckungsbeitrag entsprechend reduzieren. Damit erreichen Sie einen für den Kunden attraktiven Preis und gleichzeitig können Sie eher darauf vertrauen, dass der Kunde den Prozess einer Direktvergabe auch tatsächlich mit Vorteilen für sich verbindet. Im schlimmsten Fall verlieren Sie nämlich bei einer öffentlichen Ausschreibung gegen einen Ihrer Mitbewerber. Dann wären die Opportunitätskosten tatsächlich noch viel höher, denn dieser Verlust bedeutet, dass Sie mit diesem Kunden während der kommenden Jahre kein Bestandskundengeschäft und damit verbunden keinen Umsatz sowie Deckungsbeitrag erwirtschaften werden.

Und als wäre dieser Verlust eines Bestandskunden noch nicht schwerwiegend genug, kommt noch dazu, dass Sie den Kunden wieder gewinnen möchten. In einigen Jahren beginnt damit der Vertriebszyklus quasi wieder bei null und Sie werden einen sehr hohen Aufwand investieren müssen, diesen Kunden wieder von sich und Ihren Lösungen zu überzeugen. Es wäre also für Sie auf alle Fälle effizienter, alle Opportunitätskosten immer gesamtheitlich zu berücksichtigen, denn einen Kunden wiederzugewinnen kostet Ihnen viel mehr, als es Ihnen kosten würde, bei einem Upgrade-

Projekt den einen oder anderen Prozentpunkt weniger im Deckungsbeitrag zur Anwendung zu bringen.

Abschließend zu diesem Bereich möchte ich nochmals kurz auf das Thema der Kundeneinbindung und Kundenbindung zurückkommen, wie schon im Kapitel <Kundeneinbindung im Produktentwicklungsprozess> erwähnt. Wenn Sie einen Kunden haben, mit dem Sie ein vertrauensvolles Verhältnis aufgebaut haben, dann sehen Sie ihn als wertvollen Faktor zur Weiterentwicklung Ihrer Produkte. Sie erhalten auf diese Weise laufend direktes Kundenfeedback, das ungemein wertvoll ist, um Ihre Lösungen immer und laufend an den aktuellen Bedürfnissen des Marktes weiterzuentwickeln. Bedenken Sie in diesem Zusammenhang jedoch auch, dass Kunden sehr wohl wissen, dass dieses Feedback für Sie wertvoll ist, und Kunden erwarten sich hier auch eine entsprechende Gegenleistung. Und damit meine ich ausdrücklich nicht, dass Sie mit Compliance-Regeln in Konflikt kommen sollen. Aber es gibt Modelle, bei denen Sie Ihre Kunden am Erfolg der Weiterentwicklung Ihrer Produkte auch teilhaben lassen können. Das kann zum Beispiel bedeuten, dass Kunden im Zuge eines Servicevertrages auch ein Update bis hin zu einem Upgrade der Software inkludiert bekommen. Oder Sie vereinbaren mit dem Kunden ein Lizenzmodell, bei dem der Kunde von Ihnen einen anteiligen Betrag der von Ihnen bei anderen Kunden verkauften Softwarelizenzen erhält, an denen er aktiv mitgewirkt hat.

Hier sind der Kreativität beinahe keine Grenzen gesetzt und ich denke, dass Sie auf Basis einer ausgewogenen und effektiven Kundenbeziehung definitiv Lösungen finden, die am Ende des Tages zu einer „Win-win"-Situation führen werden.

5 Key Takeaways

1. Der Vertriebsprozess ist nicht vorbei, wenn ein Auftrag gewonnen wurde, sondern läuft über die gesamte Wertschöpfungskette, ist damit für alle Kollegen mit Kundenkontakt von Relevanz, und nicht bloß für Ihre Vertriebsmanager.
2. Ein USP ist immer nur dann ein USP, wenn es sich um ein einzigartiges Merkmal im Vergleich zu Ihren Mitbewerbern handelt, welches beim Kunden, bezogen auf seine Pain-Points, einen Vorteil generiert, und für das er bereit ist, zu investieren.
3. Wenn Sie kundenfokussiert agieren und in allen Phasen des 360°-Vertriebszyklus den Kunden in den Mittelpunkt stellen, dann erreichen Sie speziell bei einem Bestbietervergabeverfahren mit höherer Wahrscheinlichkeit Ihre vertrieblichen Ziele.
4. Achten Sie bei der Erstellung von Angeboten darauf, dass Bestandskunden sehr wertvoll sind, betrachten Sie daher auch alle Opportunitätskosten von etwaigen verlorenen Bestandskunden, inkludieren Sie bei Kalkulationen den gesamten Life-Cycle bzw. Business-Case und damit verbundene Umsätze, und nicht bloß den Angebotspreis für die Beschaffung!
5. Setzen Sie es sich als Ziel, dass Sie Ihre Kunden sowie potenzielle Neukunden als Berater wahrnehmen und nicht als klassischen Verkäufer („Consultative Selling")!

Tools und Templates

Speziell im Vertriebsprozess helfen Tools und Templates, um effizient zu arbeiten und damit auch eine Struktur zu erhalten, die effektiv unterstützend wirkt. Im Downloadbereich von www.MA-4Consult.at können Sie Beispiele zu möglichen Evaluierungskriterien bei Bestbietervergabeverfahren genauso finden. Editierbare Versionen von einer BID-/NOBID-Entscheidungshilfe inklusive Einstufung gemäß Ansoff-Matrix können Sie selbstverständlich über das Kontaktformular jederzeit anfragen. Damit zusammenhängend erhalten Sie auf Anfrage auch eine flexibel nach Ihren Bedürfnissen erstellbare SCOTSMAN®-Checkliste oder ein voll automatisiertes Risiko-Informationsmanagementsystem, das es Ihnen ermöglicht, identifizierte Risken und damit zusammenhängende kalkulatorische Puffer automatisiert in Ihre Angebotskalkulation zu übernehmen.

5. Sales Operations

> ⊗ Irrtum #1: Eine gute Organisation arbeitet in unabhängigen Einheiten und ist unabhängig vom Kunden auf Effizienz optimiert.
> ⊗ Irrtum #2: Sales Enabling soll sich primär auf Produkttrainings für die Vertriebsmanager fokussieren, damit diese gut verkaufen können.
> ⊗ Irrtum #3: Je besser die Prozesse beschrieben sind und je mehr messbare KPI es gibt, desto effektiver läuft der Vertrieb.

Der Begriff „Sales Operations" ist in der internationalen Literatur sehr vielfältig definiert, daher möchte ich für Sie ein paar Themen aus dem Gebiet „Sales Operations" beispielhaft etwas näher beschreiben, ohne auf die gesamte Themenvielfalt einzugehen.

Die folgenden Seiten in diesem Buch gehen auf kundenfokussierte Vertriebsorganisationen, das wichtige Thema Sales Enabling für Kollegen mit Kundenkontakt, die immer wiederkehrende Frage der Vertriebsperformancemessung, und schlussendlich das wichtige Thema von Kosten- und Reporting-Strukturen ein.

Sie sollten am Ende dieses Kapitels hoffentlich einen Überblick erhalten haben, was im Vertriebsumfeld implementiert werden kann, um kundenfokussiert und effizient zu arbeiten, und was Sie besser bleiben lassen, auch wenn es in vielen Vertriebsschulungen präsentiert wird.

Vertriebsorganisation

Wenn Ihr Unternehmen nicht gerade in einer sehr frühen Phase des Aufbaus bzw. der Gründung ist, dann werden Sie mit ziemlicher Sicherheit schon mit der berühmten „Matrixorganisation" in Kontakt gekommen sein. Die Grundidee ist ein miteinander vernetztes Arbeiten, das über verschiedene Abteilungen, Bereiche oder Niederlassungen erfolgt. Diese

Organisationsform mit all ihren Vor- und Nachteilen zu beschreiben hat schon viele Bücher gefüllt, und da möchte ich Sie nicht auch noch mit Details dazu langweilen. Gerade im Projektgeschäft ist diese Organisationsform eine sehr weitverbreitete Form, die durchaus funktionieren kann, wenn man sie richtig auslegt und lebt.

Der Kern zum Erfolg ist eine agile und kundenfokussierte Form der Organisation, bei der Sie nicht eine Organisation formen, die für Sie optimal ist, sondern eine Organisation mit damit zusammenhängenden Prozessen implementieren, die den Kunden in den Fokus setzt.

Im Folgenden erhalten Sie einen kurzen Überblick, wie sich projektbezogene Vertriebsabläufe organisatorisch so abbilden lassen, dass Sie den Kunden immer im Zentrum haben und gleichzeitig auch die klassischen Management- und Führungstätigkeiten nicht zu kurz kommen. Leider sehen noch immer viele Unternehmen das klassische Führen eines Teams im Zentrum ihrer Organisation und vergessen dabei, dass die beste Führungsstruktur für sich alleine noch nicht zu Aufträgen, Umsätzen und Unternehmensgewinnen führt.

Typischerweise werden Organisationen als sogenannte Organigramme oder „Org-Charts" dargestellt, die sehr stark hierarchische Darstellungsformen sind. Kennen Sie jedoch eines dieser Organigramme – sei es unternehmensweit oder bezogen auf einzelne Bereiche oder Abteilungen –, das den Kunden darstellt? Und wenn eine Schnittstelle zum Kunden dargestellt wird, finden Sie diese meist an einer wenig prominenten Stelle innerhalb des Organigramms mit einem Pfeil von der Vertriebsabteilung nach außen versehen. Diese Art der Darstellung spiegelt die unterbewusste Einstellung von vielen Unternehmen wider, dass nämlich zuerst die Kontrolle und das Management der eigenen Organisation kommen, und danach die Schnittstelle zum Kunden überlegt wird. Es gibt zwar oft eine Relationship-Matrix analog zu Abb. 22, aber in der Darstellung der eigenen Organisation kommt der Kunde dann nicht mehr vor. Ich behaupte, dass das in vielen Unternehmen auch eine Sache der Einstellung und des Mindsets ist, bei der Mikromanagement vor flexibler und verantwortungsvoller Mitarbeiterentwicklung kommt.

Möchten wir den Fokus auf den Kunden legen, empfehle ich, schon in der Darstellung den Kunden in den Mittelpunkt zu stellen und ihn quasi zum Atomkern Ihres Geschäftsmodells werden zu lassen.

Abb. 35: Kunden im Zentrum der Organisation

Führen Sie anschließend alle Stakeholder mit Kundenkontakt Ihres Unternehmens als symbolische Hülle des Atoms an. In Abb. 35 habe ich für Sie als Beispiel jene Funktionen angeführt, die auch schon in den vorigen Kapiteln beschrieben wurden und die im Prinzip auch den gesamten Vertriebszyklus im internationalen Projektgeschäft widerspiegeln.

Da in den seltensten Fällen – leider – eine Vernetzung zwischen einzelnen Abteilungen, Bereichen und Stakeholdern automatisch erfolgt, empfehle ich Ihnen, ein flexibles „mobiles Vertriebseinsatzkommando" in Ihrer Organisation vorzusehen. Dieses Team umkreist dann analog zu Elektronen den Kunden, und stellt die Informationsvernetzung zwischen den Stakeholdern sicher. In manchen Literaturquellen und Vorträgen werden diese Rollen auch als „Brückenbauer" bezeichnet[47], die dazu dienen, unternehmerische Silos zu vermeiden und den Kundenfokus nicht zu verlieren. Selbst mit einem ausgefeilten Informationsmanagement und Schnittstellenmeetings kommt es doch immer zu einem „Silo-Denken" innerhalb des eigenen Aufgabenbereichs oder der eigenen Abteilung, welches Sie unter allen Umständen vermeiden sollten.

Unabhängiger Fachvertrieb

Derartige „mobile Vertriebseinsatzkommandos" können Sie zum Beispiel in einer eigenen Fachvertriebsabteilung organisieren, die unabhängig von sämtlichen Kunden-, Vertriebs-, Produkt- oder sonstigen Abteilungen agiert, und sich ausschließlich darum kümmert, dass Erfahrungen von früheren Projekten verfügbar sind, dass Informationen innerhalb des Vertriebszyklus nicht verloren gehen, dass der Kunde in sämtlichen Belangen immer im Mittelpunkt steht und dass alle Stakeholder immer wissen, worauf Sie sich fokussieren sollen. Diese Fachvertriebsabteilung ist typischerweise eine zentrale Organisationseinheit und ist nicht bestimmten Abteilungen, Bereichen oder im schlimmsten Fall „Silos" zugeordnet, die meistens ausschließlich einen kleinen Teil des Vertriebszyklus abdecken oder selektierte Produkte, Lösungen oder Anwendungen für den Kunden adressieren.

Ein international gebräuchlicher Begriff für eine derartige Funktion im Unternehmen lautet: Customer-Centricity-Manager. Wenn Sie in Ihrem

Unternehmen das Thema „Kundenfokus" auch mit Taten umsetzen möchten, empfehle ich die Einrichtung eines derartigen Jobprofils und die Implementierung eines Konzepts, in dem es dezidierte Mitarbeiter gibt, die sich ausschließlich und primär darum kümmern, dass sämtliche Themen aus der Sicht des Kunden betrachtet werden. Die Aufgaben dieser Mitarbeiter sind vielfältig und umfassen dabei folgende Kernfragen[48]:

- ? Wie sieht der Kunde diese Frage?
- ? Was sagt Ihr Kunde dazu?
- ? Wurde der Kunde dazu befragt?
- ? Welchen Vorteil hat der Kunde davon?

Unabhängig davon, in welcher Phase des Vertriebszyklus Sie sich befinden, sind diese Fragen zu jedem Zeitpunkt valide und wichtig. Die Aufgabe eines unabhängigen Fachvertriebs ist es nun, durch starkes Verständnis der Kundenprozesse dafür zu sorgen, dass am Ende eine hohe Kundenzufriedenheit durch Ihre Lösungen und Produkte entsteht bzw. bestehen bleibt. Um diese Tätigkeiten erfolgreich zu absolvieren, sind diese Mitarbeiter im Idealfall in relevanten Kundenprojekten involviert, um Lessons-Learned-Inputs für eine effektive Feedbackschleife zu erhalten und diese in Zukunft zur Anwendung bringen zu können. Auf diese Art kann zudem sichergestellt werden, dass diese Mitarbeiter Ihre Kunden kennenlernen, und zwar unabhängig von Produkten, Lösungen, Anwendungen oder Ländern und Regionen. Wie bereits zuvor dargestellt, ist diese Funktion eine stark vernetzende Funktion innerhalb Ihrer Organisation und daher ist es unabdingbar, dass die gesamte Wertschöpfungskette und damit der gesamte Vertriebszyklus verstanden werden.

Wenn nun manche beim Lesen dieser Zeilen sagen, dass dieses Wissen und diese Tätigkeiten doch von jedem Bereich bzw. den

Mitarbeitern der involvierten Abteilungen übernommen werden sollen, gebe ich Ihnen zu 100 % recht und unterstütze diese Aussage. Alleine die Praxis zeigt, dass in einigen Situationen des beruflichen Alltags dann doch auf diese Thematik vergessen wird. Wenn ein Produktmanager im Spagat zwischen Entwicklungsbudget und Funktionsweiterentwicklung steht, dann wird er oft dazu „genötigt", auf das Budget zu schauen, und es kann passieren, dass durch falsche Priorisierung Funktionsentwicklungen auf der Strecke bleiben, die einen höheren Kundennutzen bringen würden. Wenn Sie den Customer-Centricity-Managern ein Mitspracherecht bis hin zu einer Art Vetorecht bei Produkt-/Lösungs-Roadmaps geben, können Sie eine sehr starke Kundensichtweise in Ihre Produkte und Lösungen bringen. Die Unabhängigkeit dieser Position im Unternehmen kann zudem dafür sorgen, dass zukunftsweisende Themen wie Digitalisierung, KI, AR oder Cybersecurity in Ihre Roadmaps so eingebaut werden, dass Sie auch Ihre Kunden adressieren, und nicht in einer Form, wie Ihre Experten annehmen, dass Kunden es benötigen könnten. Mir ist bewusst, dass dies ein provokantes Statement ist, aber viele fehlgeschlagene Entwicklungen scheiterten oftmals daran, dass man die Kunden nicht gefragt hatte und man selbst besser zu wissen glaubte, was die Kunden benötigen würden.

Das Anforderungsprofil an einen Fachvertrieb mit Fokus auf Customer Centricity ist vielfältig, jedoch die wichtigste Anforderung aus meiner Sicht ist, dass es sich um erfahrene „Senior"-Mitarbeiter handelt, die auch im Diskussionsfall auf Augenhöhe mit Kollegen anderer Bereiche für den Kunden kämpfen. In Zeiten, in denen immer mehr Unternehmen dazu tendieren, vertikale Organisationen zu implementieren, welche beinahe autark arbeiten sollen, kann ein unabhängiger Fachvertrieb auch dafür sorgen, die internen Abläufe zu analysieren und Optimierungsvorschläge bei Ihren Prozessen aufzuzeigen bzw. schlussendlich zu implementieren. Das wird schon aus menschlicher und leider oft aus firmenpolitischer Sicht jedoch vielfach nur dann möglich sein, wenn der Fachvertrieb nicht einer bestimmten vertikalen Einheit zugeordnet wird, sondern mit starker Rückendeckung durch das Management autark agieren darf. Die Betonung hierbei liegt auf „dürfen", denn können werden es „Senior"-Mitarbeiter in den meisten Fällen mit ziemlicher Sicherheit.

Nur wenn Sie Ihre Kunden verstehen und die Kundensicht in Ihre Produkte, Lösungen aber auch internen Abläufe bringen, generieren Sie effektive Antworten auf Pain-Points Ihrer Kunden und vermeiden Situationen, in denen Sie dann nur noch über den niedrigsten Preis eine Chance auf Vertriebserfolge haben.

Funktionsprofil vs. Rolle

Zuerst sollten wir unterscheiden, ob wir im Zuge der Organisation von Jobfunktionsprofilen oder Jobrollen sprechen. Ein Funktionsprofil ist typischerweise einer bestimmten Funktion bzw. damit quasi einem Arbeitsplatz zugewiesen. Funktionsprofile werden zudem oft verwendet, um Stellenausschreibungen zu gestalten, und sie sind vielfach auch schlussendlich Teil eines Dienstvertrages. In vielen Unternehmen werden Funktionsprofile auch direkt mit Abteilungen in Verbindung gebracht. Es gibt zum Beispiel die Abteilung „Produktmanagement" mit Mitarbeitern, die vielfach mit dem Funktionsprofil „Produktmanager" im Unternehmen angestellt sind. Im täglichen Job sind die Tätigkeiten jedoch vielfältig und ein Produktmanager nimmt unterschiedliche Rollen ein. So ist er in vielen Bereichen tatsächlich aktiv in seiner Rolle als Produktmanager, jedoch wird er öfters auch ein Mitglied von Vertriebsprojekten sein und nimmt hier z. B. die Rolle als „Technical Subject Matter Expert" ein. Aufgabe dieser Rolle ist es, vertriebliche Themen dieser Opportunity mit der Produkt-Roadmap in den Einklang zu bringen. Kollegen, die in der „Technischen Vertriebs-abteilung" unter der Funktion „Technischer Vertriebsingenieur" angestellt sind, können ebenfalls unterschiedliche Rollen und damit Aufgaben einnehmen. Innerhalb eines Angebotsteams werden Vertriebsingenieure oft als technische Verantwortliche eingesetzt, die die technische Machbarkeit gewährleisten und die angebotene Lösung beschreiben und kalkulieren. Auf der anderen Seite kann diese Rolle des technischen Verantwortlichen durchaus auch von anderen Funktionen im Unternehmen eingenommen werden, zum Beispiel von Systemingenieuren aus der Projektabwicklung oder von technisch versierten Vertriebsmitarbeitern.

Vereinfacht könnte man auch sagen, dass eine Rolle im Unternehmen von Personen mit unterschiedlichen Funktionsprofilen eingenommen werden kann. Umgekehrt können Funktionen im Unternehmen auch unterschiedliche Rollen einnehmen, je nach Bedarf.

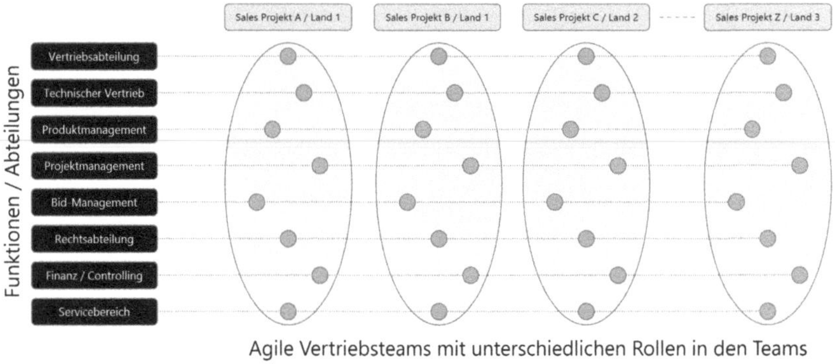

Abb. 36: Flexible Vertriebsteams

In welcher Form der linke Bereich von Abb. 36 und damit die einzelnen Bereiche, Abteilungen und Funktionsprofile in einem Unternehmen organisiert werden, ist von Unternehmen zu Unternehmen sehr unterschiedlich. Die Organisation hängt von Faktoren wie regionalen Niederlassungen, Mitarbeiteranzahl, maximaler Führungsspanne sowie einigen weiteren Parametern ab. Daher ist es schwierig, hier ein allgemeingültiges Rezept zu präsentieren. Ich gebe Ihnen an dieser Stelle jedoch einen essenziellen Tipp:

> i Sorgen Sie für möglichst wenige Funktionsprofile im Unternehmen und vermeiden Sie, dass ähnliche Tätigkeiten oder Jobs mit einer Unmenge an unterschiedlichen Funktionsprofilen beschrieben werden!

Gerade im vertrieblichen Umfeld findet man eine große Menge an ähnlich klingenden Funktionsprofilen wie Account-Manager, Salesmanager, Key-Account-Manager, Regional-Salesmanager, Business-Development-Manager, Solution-Salesmanager, und vielem mehr. Schlussendlich machen die Kollegen jedoch ähnliche Tätigkeiten und daher lohnt es sich, ein eher generisches Funktionsprofil mit einer groben Beschreibung der Funktion zu erstellen und damit sicherzustellen, dass in allen Bereichen und Niederlassungen Ihres Unternehmens die gleichen Funktionsprofile zur Anwendung kommen. Versuchen Sie nicht, die unterschiedlichen Aufgaben und Rollen zu detailliert in Ihre Funktionsprofile zu übernehmen, denn sonst erhalten Sie am Ende ein mehrseitiges Funktionsprofil, wo man in Österreich gerne sagen würde: „Eier legende Wollmilchsau". Und wir alle wissen, dass es diese nicht gibt.

Bereits in Abb. 33 haben Sie die typischen Rollen innerhalb eines Verhandlungsteams dargestellt bekommen. Es ist wichtig zu verstehen, dass über den gesamten Vertriebszyklus diese Rollen vorhanden sind, mit dem Unterschied, dass je nach Phase oder Projekt manche Rollen nicht besetzt werden oder manche Rollen in Personalunion einiger weniger Kollegen eingenommen werden. Wichtig ist auch zu verstehen, dass es diese Rollen in jedem Vertriebsprojekt gibt, sie jedoch von unterschiedlichen Personen bzw. sogar Funktionsprofilen besetzt werden können. Nehmen Sie als Beispiel die Rolle des Vertriebsverantwortlichen einer

Opportunity, die im Neukundengeschäft in den meisten Fällen vom zuständigen Vertriebsmanager eingenommen werden wird. In einigen Fällen des Bestandskundengeschäfts kann es jedoch durchaus Sinn machen, dass diese Rolle vom Projektmanager eingenommen wird, der sowieso schon das laufende Auslieferungsprojekt mit diesem Kunden verantwortet. In diesem Fall bekommt dann der Projektmanager auch ein vertriebliches Ziel und ist vertrieblich für diese eine Opportunity verantwortlich. Meine Empfehlung an dieser Stelle:

> i Opportunities am Beginn einer Validierung und Verifizierung unterziehen!

Entscheiden Sie gemeinsam im Team, wer die besten und auch verfügbaren Kollegen sein können, um für diese jeweilige Opportunity die benötigten Rollen einnehmen zu können. Sehen Sie Vertriebs-Opportunities wie ein Vertriebsprojekt, bei dem die Projektmitglieder zu Beginn nominiert werden. Achten Sie jedoch darauf, dass diese Art von flexiblen und agilen Vertriebsprojektteams nur dann dezentral funktionieren kann, wenn den Teams auch Entscheidungshoheit innerhalb gewisser Rahmen zugestanden wird. Sonst sehen Sie sich bald mit Situationen konfrontiert, wo jede noch so kleine Frage und Unklarheit innerhalb der Linienorganisation eskaliert wird und man im Mikromanagement endet.

Der Schlüssel zum Erfolg in diesem Zusammenhang lautet: Führen mit Auftrag!

Führen mit Auftrag und ohne Angst

Bei Führung durch Befehl – oder auch Mikromanagement genannt – fühlen sich Manager dazu gezwungen, in sämtliche Entscheidungen aktiv eingebunden zu sein und das „Wie" vorzugeben. Es wird sehr starker

Fokus auf die Beschreibung und Vorgabe des Weges gelegt und die Wahl des Weges zur Zielerreichung wird nicht den ausführenden Teams überlassen. Es ist zu beobachten, dass dieser Führungsstil in vielen Fällen dazu führt, dass Mitarbeiter demotiviert werden und auch deren aktives Mitdenken und Mitgestalten reduziert wird [49], da schlussendlich die Entscheidungen immer auf „höherer Ebene" getroffen werden. Oft wird Führen durch Befehl auch mit militärischer Führungsstruktur gleichgesetzt. Das stimmt für einige Armeen weltweit durchaus, jedoch bedeutet dies, dass in kritischen Situationen dann das oberste Führungskommando aktiv werden muss und damit die Flexibilität in Situationen vor Ort verloren geht und vielfach nicht zeitgerecht reagiert werden kann. Im Worst Case wurde nur der Weg – also das Wie – vorgegeben, nicht jedoch das Ziel sowie das Warum erklärt. In solchen Fällen kommt es sowohl im militärischen Bereich, aber eben auch im unternehmerischen Umfeld sehr schnell zu Situationen, bei denen der gesamte Arbeitsprozess zum Stillstand kommt, weil auf weitere Instruktionen „von oben" gewartet wird.

Führung durch bzw. mit Auftrag kommt ebenfalls aus dem militärischen Umfeld und wird speziell der Deutschen Bundeswehr zugeschrieben[50]. Bei Führung mit Auftrag steht im Mittelpunkt, dass Ziele vorgegeben werden und das „Warum" ebenfalls Teil der Erklärung ist. Parallel lässt man den Teams vor Ort genügend Freiraum, um die vorgegebenen Ziele zu erreichen und den Weg flexibel je nach Anforderungen zu wählen oder zu adaptieren. Auf diese Art kann dezentral über den Weg zur Zielerreichung entschieden werden und Themen werden nur dann in der Hierarchie eskaliert, wenn die Zielerreichung gefährdet ist. Eine Änderung des Weges zur Zielerreichung wird in diesem Modell nicht automatisch zu einer hierarchischen Eskalation führen. Vereinfacht könnte es auch so formuliert werden, dass lokal über den Weg entschieden wird, um Ziele zu erreichen, die von Entscheidungsträgern der höheren

Hierarchie vorgeben werden. Wie können Sie nun Mikromanagement vermeiden und den Grundsatz der Führung mit Auftrag in die vertriebliche Realität umsetzen?

Stellen Sie sich zuerst bitte einmal kurz vor, dass Sie als Fußballspieler mit Ihren zehn Kollegen am Platz stehen und ein wichtiges Spiel vor sich haben. Die Taktik wurde vorgeben, jeder am Platz kennt seine Gegenspieler und wie die geplante Spielanlage aussehen soll. Nun kommt es in den 90 Spielminuten immer wieder zu Situationen, die vielleicht in genau dieser Art in der Spielerbesprechung nicht angesprochen wurden. Da Sie und Ihr Team aber schon oft gemeinsam gespielt haben und auch entsprechend Erfahrung mitbringen, können Sie sich am Platz im Normalfall auch sehr gut selbst organisieren, sodass ein Aktivwerden des Trainers an der Outlinie nur sehr selten erfolgen muss, nur weil gerade eine nicht besprochene Situation entstanden ist. Und nun stellen Sie sich bitte vor, Sie spielen zufällig an jener Seite in der Aufstellung, die sich bei der Outlinie befindet, an der Ihr Trainer steht. Und dieser Trainer schreit nun mit lauter Stimme bei jeder Situation auf den Platz, mit Anweisungen, wie Sie sich bewegen sollen, welchen Pass Sie spielen sollen, wie Sie nach vorne und wieder nach hinten laufen sollen und vielleicht auch noch, wen oder was Sie ansehen sollen. Als erfahrener Spieler mit erfahrenen Teams werden Sie irgendwann entweder nicht mehr darauf hören, was von der Outlinie kommt, oder Sie werden nur noch das machen, was der Trainer gerade von der Outlinie vorgibt und dabei bei jedem Zweikampf zu spät kommen, da Sie ja immer erst abwarten, welche Anweisung von der Outlinie kommt. Als junger neuer Spieler im Team werden Sie von laufendem „Outlinien-Mikromanagement" wohl sehr schnell derart verunsichert durch Angst vor Fehlern sein, dass Sie bei den einfachsten Pässen fehlerhaft werden. Junge Spieler können auf diese Art rasch verunsichert und fußballerisch „verbrannt" werden.

Ich denke, es ist offensichtlich, dass ein Team im Fußball dann erfolgreich ist, wenn es sich mit ausreichender Erfahrung, Qualität und Spielantizipation am Platz als Team selbst organisieren kann und flexibel auf Situation reagiert, ohne auf Befehle von außen warten zu müssen. Wenn also im Vorfeld die Taktik mit einer groben Richtung vorgegeben wird, erklärt wird, weshalb eine bestimmte Formation am Platz sinnvoll ist, und Training bzw. Coaching die Fähigkeiten der Spieler ergeben, die man benötigt, dann haben gute Trainer die Rahmenbedingungen geschaffen, um einen eher ruhigen Spieltag ohne Mikromanagement an der Outlinie ihres Teams verbringen zu können.

Ein wesentlicher Schritt in ein berufliches Umfeld ohne Mikromanagement ist, dass Sie den einzelnen Vertriebsprojektteams möglichst viel Entscheidungsraum geben. In Abb. 36 bedeutet dies, dass die Teams in den einzelnen Projekten zwar Prozesse und Rahmen vorgegeben bekommen – nämlich Ihre Vertriebsprozesse –, auf der anderen Seite aber auch klare Ziele haben. Vertriebliche Ziele sind typischerweise der Gewinn eines Auftrages unter bestimmten finanziellen Rahmenbedingungen wie Profitabilität bzw. Deckungsbeitrag. Wenn dem Team klar ist, welche Konsequenzen zum Beispiel verschobene Zahlungsmeilensteine oder ein geringerer Deckungsbeitrag haben, und auch der mögliche Spielraum bekannt ist, dann sollten die Prozesse und Quality Gates so gestaltet sein, dass Ihre Teams auch möglichst unabhängig von „Management-Freigaben“ arbeiten und entscheiden können. Natürlich müssen die Teammitglieder auch entsprechendes Wissen („Skills“) haben, um den Aufgaben des jeweiligen Vertriebsprojektes gewachsen zu sein. Und genau aus diesem Grund lautete meine zuvor dargestellte Empfehlung, dass die Teammitglieder bei jedem Vertriebsprojekt, also bei jeder Opportunity, am Beginn nominiert werden. Und bei dieser Nominierung der Vertriebsrollen sollten im Idealfall eben auch die vorhandenen Skills und

Erfahrungen der Mitarbeiter in Betracht gezogen werden. Wenn Mitarbeiter durch ihr Wissen in der Lage sind, innerhalb des Projekts eigenständig zu entscheiden, kann das Prinzip von Führen mit Auftrag auch in die Realität umgesetzt werden und Mikromanagement vermieden werden.

Führen mit Auftrag, und damit agile Organisations- und Projektstrukturen, bedeutet neben Mitarbeitern mit entsprechendem Wissen jedoch auch, dass es eine positive Kultur im Umgang mit Fehlern gibt. Angst vor Fehlern wird immer dazu führen, dass Menschen im Zweifel keine Entscheidung treffen, bevor sie eine fehlerhafte Entscheidung treffen, für die sie dann „haftbar" gemacht werden. Das Resultat ist ein prozesskonformer Mitarbeiter, der nur noch Dienst nach Vorschrift macht, und dass keiner im Team über seinen eigenen symbolischen Tellerrand hinausschaut. Agilität bedeutet, dass Fehler dazu verwendet werden, den Kurs zu korrigieren, aber eben nicht, um Schuldige vorzuführen und mit dem Finger auf das andere „Lager" zu zeigen. Das Sprichwort „Wo gehobelt wird, fallen Späne, und nur wer nicht arbeitet (entscheidet), macht keine Fehler" passt aus meiner Sicht perfekt, um die Rahmenbedingungen für agiles Arbeiten zu beschreiben. Ängstliche Mitarbeiter gestalten nicht mit neuen Ideen die Zukunft, denn sie machen Dienst laut Prozess und überlassen das Gestalten der Zukunft „dem Management"[51].

Selbstorganisation in dezentralen Teams funktioniert schlussendlich nur dann, wenn sie konsequent umgesetzt wird und Mikromanagement schon per Definition der Prozesse vermieden wird. Sie können andernfalls vielleicht sämtliche Zwischenschritte überwachen und steuern und auf tollen Dashboards darstellen. Aber das große Ziel erreichen Sie nicht. Sie sind dadurch zu stark damit beschäftigt, den Weg zu überwachen, und haben dadurch zu viel Zeit und Energie verloren, um das Ziel zu erreichen.

Ein praktisches Beispiel dazu: Der Freigabeprozess für neu zu legende Angebote ist in vielen Unternehmen sehr komplex und benötigt in vielen Fällen das aktive Tätigwerden des Topmanagements. Wenn Sie dafür sorgen, dass den Teams die Konsequenzen ihres Handelns bewusst sind, empfehle ich, dass Angebote bis zu einem gewissen Angebotswert durch zwei Teammitglieder („Vieraugenprinzip") des Angebotsteams freigegeben werden können. Diese Teammitglieder werden am Ende am Ergebnis gemessen, und wenn sie sich dessen bewusst sind, werden diese Kollegen auch ihr Bestes geben, um Risken vom Unternehmen abzuhalten. Dazu benötigt es nicht das aktive Tätigwerden von Vorstand, Geschäftsführung oder „1st-Line"-Management. Je dezentraler Entscheidungen getroffen werden, desto effektiver ist die Organisation und desto weniger „Bottlenecks" gibt es im Prozess. Der positive Nebeneffekt von einem höheren Level an Entscheidungsbefugnis bei Ihren Mitarbeiterteams ist, dass dadurch ein massiver Demotivationsfaktor wegfällt und Mitarbeiter aktiv an Aufgabenstellungen herangehen.

Zentral vs. dezentral

In einer agilen Organisationsform mit dezentralen Vertriebsteams ohne Mikromanagement bedeutet es für Teamleiter und Manager, dass sie „loslassen" müssen, und Ihre Mitarbeiter weniger kontrollieren. Die Kernaufgabe von Managern der Zukunft ist, die Rahmenbedingungen sicherzustellen, innerhalb derer sich die Mitarbeiter effektiv verwirklichen können, und zwar im Sinne der vorgegebenen und geplanten Ziele. In Abb. 37 wird das Loslassen der Manager von ihren Teammitgliedern durch einen symbolischen Bruch zwischen dem linken Bereich der Teamabteilungen („Funktionen") und dem rechten Bereich der unterschiedlichen Vertriebsprojekte oder Kundenanwendungen dargestellt.

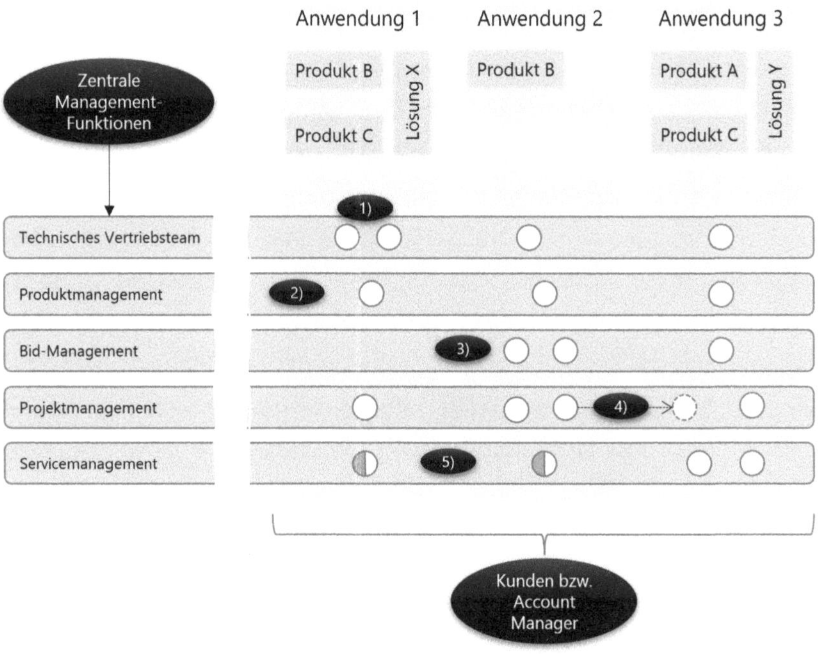

Abb. 37: Zentral in der Horizontalen und agil im Projektgeschäft

Teammitglieder, in der Grafik als weiße Punkte symbolisiert, werden in die jeweiligen Projekte bzw. Anwendungen entsendet, nehmen dabei Rollen ein und organisieren sich dort möglichst autark. Selbstverständlich bleiben die Teamleiter und Manager weiterhin ihre Führungskräfte laut Liniendiagramm, jedoch werden die täglichen Aufgaben autark in agilen Projektteams organisiert. Die Projektteams haben ein gemeinsames Ziel, an dessen Erreichung das Team arbeitet und dabei den Weg maßgeblich selbst definiert oder ggf. auch adaptiert. Führen in diesem Zusammenhang bedeutet „Enabling" der Mitarbeiter und das Herstellen von Rahmenbedingungen, die den Mitarbeitern in den Projektteams ein effektives Arbeiten zur Zielerreichung ermöglichen.

Sie finden in Abb. 37 fünf Ziffern bzw. Fußnoten, die ich Ihnen im Folgenden etwas näher erläutern möchte:

1) In diesem Beispiel sind aufgrund des Arbeitsaufwandes oder der Menge an Opportunities aktuell zwei Mitarbeiter (= weiße Punkte) aus dem technischen Vertriebsteam der Anwendung #1 (= erste Spalte) zugeordnet, während die anderen beiden Anwendungen aktuell mit einem Mitarbeiter auskommen. Sollte sich nun das Arbeitsvolumen in Anwendung #1 reduzieren und in einer der beiden anderen Anwendungen steigen, kann einer der beiden Mitarbeiter flexibel einem anderen Projekt aus einer anderen Anwendung zugewiesen (=horizontal verschoben) werden.
2) Da bei diesem Beispiel in Summe drei Produkte (A, B und C) vorkommen, gibt es in diesem Beispiel auch drei Produktmanager, die selbstverständlich den Kontakt zum Markt und zu den benötigten Anwendungen und Lösungen nicht verlieren dürfen. Symbolisiert wird dies durch drei Produktmanager, die durch Einbindung in die Projektteams auch Feedback vom Markt für die von ihnen zu verantwortenden Produkt-Roadmaps erhalten. Umgekehrt kann durch die Einbindung von Produktmanagement in Vertriebsprojekte auch eine Abstimmung zwischen Roadmap, Funktionalität, Entwicklungsleistungen und Kundenzeitplänen gewährleistet werden.
3) Eine agile Organisation bedeutet, dass auch Bid-Manager flexibel je nach Arbeitsaufwand den Projektteams zugeordnet werden können. In diesem Beispiel sind aktuell mehr Angebote bei Anwendung #2 zu legen, daher sind dort zwei Mitarbeiter zugewiesen, während Anwendung #3 aktuell mit einem Mitarbeiter besetzt ist. Dieses Beispiel zeigt sehr gut, weshalb

zentrale Teams mit agiler Zuordnung sinnvoll sind, denn bei Anwendung #1 gibt es aktuell keine Angebote zu legen, daher wird dafür auch kein Bid-Manager abgestellt. Würden Sie nun für jede Anwendung jeweils Bid-Manager anstellen, hätten Sie nun auch bei Anwendung #1 einen Bid-Manager, der nichts zu tun hätte. Aber im Falle einer vertikalen Linienorganisation wäre dieser Bid-Manager fix Anwendung #1 zugeordnet und hätte damit bezahlte „Freistunden". Durch die agile Organisation von zentralen Einheiten, deren Mitarbeiter flexibel den vertikalen Projekten zugewiesen werden, entgehen Sie dieser Kostenfalle.

4) Dieses flexible Zuordnen von Teammitgliedern zu verschiedenen Bereichen und Anwendungen ist in der Grafik beim Team „Projektmanagement" dargestellt. Wenn ein Projekt in Anwendung #2 abgewickelt worden ist, kein neues Projekt in dieser Anwendung ansteht und nun Bedarf an einem Projektmanager in Anwendung #3 besteht, kann darauf flexibel reagiert werden und ein geeigneter Projektmanager entsprechend zugewiesen werden (= um eine Spalte nach rechts verschoben).
5) In manchen Fällen hat man vielleicht auch keinen Bedarf an je einem Mitarbeiter (Vollzeitäquivalent), der zu 100 % einer einzigen Anwendung zugeordnet ist. Eine zentraler „Pool" an Servicemanagern ermöglicht es in diesem Beispiel, dass ein einzelner Mitarbeiter zu jeweils 50 % sowohl Serviceverträge aus Anwendungsbereich #1 als auch #2 betreut und man eben nicht für beide Anwendungsbereiche jeweils einen Mitarbeiter benötigt, die jeweils nur zu 50 % ausgelastet wären.

Diese Beispiele zeigen, dass zentrale Teams mit essenziellen Aufgaben innerhalb des Vertriebsprozesses notwendig sind, die Teammitglieder schlussendlich aber dezentral in verschiedenen

Vertriebsbereichen arbeiten. Sollten Sie sich nun fragen, warum man dann nicht gleich in den drei Beispielbereichen (Anwendungen) die jeweiligen Funktionen aufbaut, so zeigen speziell die Punkte 3), 4) und 5), dass Sie damit Flexibilität verlieren würden. Die Aufgabe der (zentralen) Teammanager ist es, ihre Mitarbeiter entsprechend der Anforderungen den Bereichen, Anwendungen und damit Vertriebsprojekten zuzuweisen. Sollten diese Mitarbeiter in der vertikalen Anwendung organisiert sein, würden sie nicht flexibel zwischen den Anwendungen zugewiesen werden können und Ihre Organisation wäre in einer nicht wünschenswerten Siloorganisation gelandet. Und wie in vielen Bereichen unseres Lebens ist das Denken in Silos ein nicht wünschenswerter Zustand, der unter allen Umständen vermieden werden sollte. Silodenken führt in vielen Bereichen zu ineffizienten Strukturen, in denen skalierbares Wachstum erschwert wird.

Ein sehr praktisches Beispiel in diesem Zusammenhang im internationalen Vertriebsgeschäft sind Anforderungen an sprachliche Fähigkeiten der Mitarbeiter. Wenn Sie in Südamerika vertrieblich aktiv sind, wissen Sie, dass man ohne Kenntnisse der spanischen Sprache nicht oder nur sehr eingeschränkt Geschäfte machen kann. Sie haben nun die Möglichkeit, dass Sie für jede der drei Anwendungen im Beispiel von Abb. 37 und für jede der dort beschriebenen Funktionen (horizontale Ebenen) jeweils einen spanisch sprechenden Mitarbeiter anstellen. Sollten Sie jedoch nicht in allen drei Bereichen zu jeder Zeit des Vertriebszyklus spanisch sprechende Mitarbeiter benötigen, werden Sie diese Mitarbeiter mangels Arbeitsauslastung nicht lange im Unternehmen halten können. Es ist daher effizienter, wenn Sie in jedem Team einen spanisch sprechenden Mitarbeiter aufnehmen, und diesen weisen Sie dann je nach Bedarf flexibel den Anwendungen bzw. Projekten zu. Der positive Nebeneffekt aus finanzieller Sicht ist, dass Sie unnötige Overhead-Kosten einsparen und damit direkt Ihren Unternehmensgewinn durch geringere Personalkosten steigern können, ohne vertriebliche Effektivität zu verlieren.

Schlussendlich ist der Wissenstransfer und Erfahrungsaustausch durch eine agile Matrixorganisation einfacher zu realisieren, als wenn Sie Schattenorganisationen in Silos aufbauen. In der horizontalen Linienorganisation haben Sie Teams, die aus Experten in ihren jeweiligen Fachgebieten bestehen. Teammitglieder können sich abseits der Vertriebsprojekte, an denen sie arbeiten, austauschen, denn es werden sich in den einzelnen Vertriebsprojekten und Anwendungsfällen immer wieder Situationen ergeben, die früher oder später auch in anderen Projekten auftreten. Wenn Sie gewährleisten, dass sowohl formell zum Beispiel durch teaminterne „Jour fixe"-Besprechungen oder dezidierte Wissenstransfermeetings, als auch informell zum Beispiel durch entsprechende Büroraumgestaltung diese Erfahrungen innerhalb der Expertenteams ausgetauscht werden können, stellen Sie damit sicher, dass bei ähnlichen oder identen Themen auch andere Projektteams von den Erfahrungen profitieren. In einer rein vertikalen Siloorganisation kann ein derartiger Erfahrungsaustausch nur sehr aufwändig realisiert werden, da zwischen den Silos keine organisatorischen Verbindungen existieren.

Ein weiterer Vorteil einer auf diese Art organisierten Matrixorganisation ist, dass Sie durch zentrale (horizontale) Expertenteams auch Standardisierungen quer über alle Anwendungen sicherstellen können. Haben Sie zum Beispiel ein einheitliches Modell, wie Sie Angebote aufbauen oder welche Preispolitik Sie gegenüber speziellen Kunden zur Anwendung bringen, dann können Sie das durch horizontale Leitlinien bzw. Rahmenbedingungen gewährleisten. Ein Kunde, den Sie mit unterschiedlichen (vertikalen) Anwendungen adressieren, bekommt auf diese Art und Weise damit auch Angebote, die in sich konsistent sind, selbst wenn Sie auf unterschiedlichen Anwendungen, Lösungen oder

Produkten bestehen. Sie würden sich privat wohl auch wundern, wenn Sie bei einem Installateur eine Waschmaschine und einen Durchlauferhitzer anfragen bzw. bestellen und die beiden Angebote komplett unterschiedlich aussehen und vielleicht auch mit anderen Stundensätzen ausgepriesen sind. Dieses einheitliche Auftreten sollten Sie durch möglichst zentrale Teams und Rahmenbedingungen sicherstellen und gleichzeitig sollten Sie die Flexibilität durch agile Vertriebsprojekte im Unternehmen behalten.

Sie haben nun auf einigen Seiten dieses Buches diverse Vor- und Nachteile von zentralen und dezentralen Organisationen gelesen und auch den Unterschied zwischen vertikalen Siloorganisationen im Vergleich zu agilen Matrixelementen mit starken zentralen horizontalen Elementen dargestellt bekommen. Diese Informationen sollen Sie dabei unterstützen, die für Sie richtige Organisationsform aufzubauen.

Machen Sie jedoch bitte nicht den Fehler, dass Sie in Ihren Kundenmeetings, Präsentationsfolien und Marketingunterlagen Ihre eigenen Organigramme in den Fokus setzen. Wenige bis keine Kunden haben großes Interesse daran, wie Sie sich intern organisiert haben, denn davon haben Kunden noch keinen Nutzen. Wenn Sie beispielsweise privat zu einem Autohändler des Volkswagenkonzerns gehen und einen Skoda oder Audi kaufen möchten, dann ist es Ihnen wohl ziemlich egal, wie der Volkswagenkonzern intern seine Automarken organisiert, denn am Ende des Tages möchten Sie einen Skoda oder Audi kaufen und in weiterer Folge serviciert bekommen. Ob Volkswagen intern verschiedene Abteilungen markenübergreifend oder dezentral organisiert, ist für Sie als Kunde wohl nicht interessant, sondern ausschließlich ein internes Konzernthema des Autokonzerns. Wenn Sie sich jedoch von unterschiedlichen Unternehmen deren Kundenpräsentationen ansehen, finden Sie vielfach Folien zum Thema der Organisation dieser Unternehmen,

Changemanagement-Programme bis hin zu detaillierten Organigrammen. Die Gefahr ist groß, das Publikum auf Kundenseite zu langweilen und für die eigentlichen Themen des Workshops nicht mehr zu erreichen. Daher meine Empfehlung:

> i Unternehmensinterne Organisationen sind für Kunden im Normalfall nicht von Interesse.

Lassen Sie unternehmensinterne Themen auch intern im Unternehmen, außer Sie können tatsächliche Kundenvorteile darstellen, wenn Sie Ihre Unternehmensorganisation vorstellen. Der Weg ist hier nicht das Ziel, sondern das Ziel ist die Darstellung von Kundennutzen und nicht die Darstellung des organisatorischen internen Weges bei Ihnen im Unternehmen.

Vertriebsmanager als Dirigent des Orchesters

Auch wenn es in Ihrem Unternehmen, wie in vielen anderen Unternehmen auch, mehrere Personen bzw. Funktionen mit Kundenkontakt gibt, funktioniert eine agile Organisation bei Vertriebsprojekten im Normalfall dann optimal, wenn der Vertriebsverantwortliche (oder Account-Manager bzw. Vertriebsmanager) das Vertriebsteam quasi orchestriert. Die Vertriebsstrategie, um das Projekt zu gewinnen, aber auch die übergelagerte Account-Strategie sind im Normalfall unter seiner Verantwortung, daher sollte bei ihm die dezentrale Entscheidungshoheit für Themen innerhalb des Vertriebsteams liegen. In vielen Fällen agiert der Account-Manager als primärer Ansprechpartner, unabhängig vom Thema, in einigen Fällen ist der Account-Manager der Ansprechpartner für Eskalationsthemen und in weiteren Fällen ist es auch eine Unternehmensphilosophie, für den Kunden einen primären Ansprechpartner zu nominieren. Dies läuft dann alles unter dem Sammelbegriff: „One Face to the Customer". Im Sinne einer dezentralen und agilen Organisation und dem Prinzip „Führen durch Auftrag" folgend, sind dann die Account-Manager jene Entscheidungsträger vor Ort, auf die bei militärischen Erklärungen dieser Führungskultur verwiesen wird, wenn auf Offiziere vor Ort verwiesen wird. Selbstverständlich bedeutet es nicht, dass der Account-Manager sich sämtlichen Inputs und Ideen des Teams verschließen darf, denn nur als Team werden Sie in der Lage sein, Vertriebsprojekte erfolgreich über die Ziellinie zu bekommen, also Aufträge zu gewinnen.

Wenn Sie sich die einzelnen Vertriebsprojekte als Konzertvorstellung vorstellen, ist der Account-Manager der Dirigent des Orchesters und er macht dies gemeinsam mit dem unabhängigen Fachvertrieb als symbolisierte „erste Geige". Das Orchester wird je nach Konzert und damit je nach Art der Vertriebs-Opportunity zusammengestellt. Es kann durchaus auch Solokonzerte geben, also einfache, auf nur einem Produkt basierende Projekte. Auf der anderen Seite benötigen komplexe Integrationslösungen viele Teilnehmer im Vertriebsteam und damit ein sehr großes Orchester.

Die Zusammensetzung des Orchesters ist wie erwähnt abhängig von den benötigten Skills im Team, und diese hängen von den Anforderungen des Vertriebsprojektes ab. Wie bei einer Konzerttour, bei der zu Beginn und noch vor den Proben das Orchester zusammengestellt wird, erfolgt die Zusammensetzung des Vertriebsteams auch möglichst früh in der Vertriebsphase des Projektes.

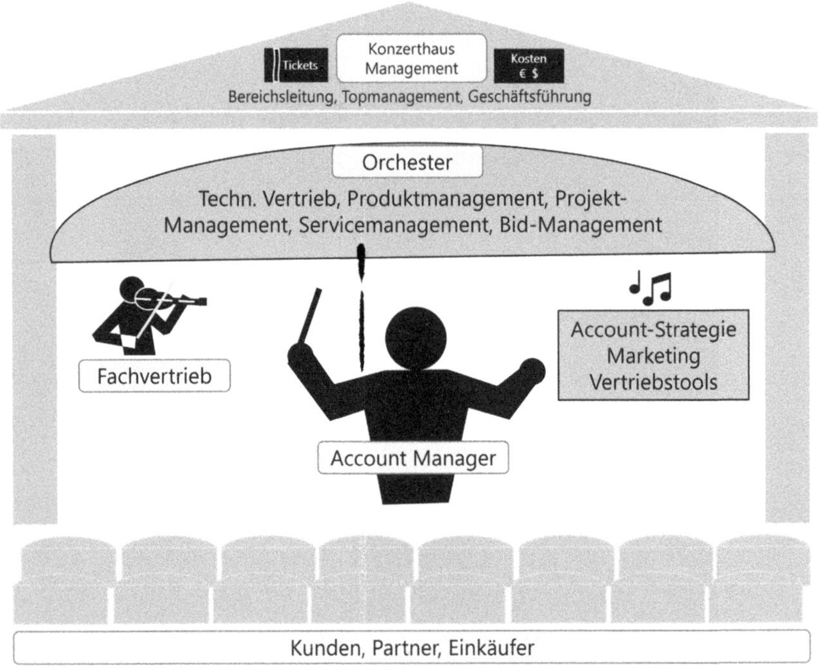

Abb. 38: Vertriebskonzert

Die regionale Zusammensetzung kann jedoch durchaus unterschiedlich sein, und es kann manchmal sogar sinnvoll und effizient sein, dass Sie das Orchester mit Teilnehmern aus unterschiedlichen Niederlassungen Ihres Unternehmens besetzen. Das bedeutet, dass Sie zum Beispiel die Projektabwicklung als Joint Venture anbieten, also unterschiedliche Niederlassung Ihrer Unternehmensgruppe für verschiedene Bereiche des Projektes verantwortlich zeichnen. Hier können Ihnen bei der Erstellung eines kompetitiven Angebots dann auch Wechselkursvorteile von Nutzen sein, wenn Sie als europäisches Unternehmen zum Beispiel auch eine Niederlassung in Nordamerika nutzen können. Auch gibt es unterschiedliche Bilanzvorschriften und steuerliche Vorgaben in den verschiedenen Ländern. Je mehr Niederlassungen Sie in Ihrer Unternehmensgruppe haben, desto interessanter ist es, durch optimierte Intra- und Inter-Company-Agreements einen kompetitiven Vorteil gegenüber Ihrem Mitbewerber zu generieren.

Im Zweifel gebe ich Ihnen den Rat: Nutzen Sie Ihren Wirtschaftsprüfer und beauftragen Sie ihn mit der Erstellung von optimierten Angebotskonstellationen, damit am Ende des Tages das Orchester optimal zusammengesetzt das gewünschte Konzert umsetzen kann! Viele Wirtschaftsprüfer erklären Ihnen sehr gerne, welche Konstellationen und Buchungen aus gesetzlichen (z. B. IFRS) Gründen nicht möglich sind. Hier kann ich Ihnen nur empfehlen: Drehen Sie den Spieß um und beauftragen Sie den Wirtschaftsprüfer, Ihnen ein Konzept zu erstellen, welches umsetzbar ist, und lassen Sie sich nicht erklären, was alles nicht möglich und nicht erlaubt ist.

In dieser symbolisierten Konzertveranstaltung sind die benötigten Instrumente, Noten und Liedtexte dann äquivalent zu den Vertriebs-/Account-Strategien, Marketingmaßnahmen und den vorhandenen Vertriebstools zu sehen.

An diesem Beispiel ist sehr gut zu erkennen, dass das Topmanagement für das Management der Rahmenbedingungen verantwortlich ist und dabei selbstverständlich die Gesamtkosten sowie (Ticket-)Verkäufe im Fokus hat. Die Umsetzung des Konzerts obliegt jedoch dezentral dem Dirigenten, der das Konzert gemeinsam mit der „ersten Geige" und dem Orchester einem hoffentlich zufriedenen Publikum – den Kunden – präsentiert. In der Kunstwelt wird es wenige bis keine Beispiele von erfolgreichen Inszenierungen geben, bei denen sich das kaufmännische Management in die künstlerische Leitung eingemischt hat. Das Sprichwort „Schuster, bleib bei deinem Leisten" könnte in diesem Zusammenhang treffender nicht sein. Umgelegt auf eine effektive

Vertriebsorganisation bedeutet dieses Bild, dass die Kernaufgabe des Topmanagements immer darauf ausgerichtet sein sollte, die Rahmenbedingungen so zu gestalten, dass die Vertriebsteams sich voll und ganz auf ihre vertrieblichen Aufgaben fokussieren können.

Backstage-Unterstützung

Jedes Konzert benötigt Unterstützung und helfende Hände im Backstagebereich, da sonst die Performance nicht erfolgreich über die Bühne gehen wird. Wenn Sie schon einmal eine Backstageführung in einem Theater oder einer Oper gemacht haben, dann waren Sie sicher auch beeindruckt, wie viel Personal und Equipment man im Publikumsbereich nicht zu sehen bekommt. Gleiches trifft auf jedes Vertriebsprojekt sowie den gesamten Vertriebszyklus im B2G-Projektgeschäft zu, wo Sie ohne Unterstützung von Controlling, Treasury, Buchhaltung, Rechtsabteilung, Dokumentation, Trainingsbereich, Transportabteilung und weitere Supportbereiche keine erfolgreichen Projekte gewinnen und abwickeln werden können.

Speziell im B2G-Geschäft möchte ich auf einen Bereich hinweisen, der in vielen speziell kleinen und mittleren Unternehmen unterschätzt wird. Es geht dabei um die politischen und volkswirtschaftlichen Fachbereiche, die im Bereich von Investitionsvorhaben des öffentlichen Sektors bzw. von Unternehmen im Nahbereich des öffentlichen Sektors eine nicht zu unterschätzende Rolle einnehmen. Meine Empfehlung an Sie an dieser Stelle lautet daher:

> i Kompetenzzentrum für politische und ökonomische Fachthemen aufbauen!

Ein Kompetenzcenter in Ihrem Unternehmen einzurichten, in dem Sie sowohl politisches als auch ökonomisches Fachwissen bündeln, ist eine der wichtigsten Backstage-Unterstützungen im internationalen Projektgeschäft. Mitarbeiter mit makroökonomischer Erfahrung sind aus meiner Sicht unbedingt notwendig, um Zusammenhänge zwischen wirtschaftlichen Entwicklungen, politischen Zielsetzungen und dem jeweiligen Geschäftsumfeld Ihres Unternehmens optimal einschätzen zu können. Eine derartige zentrale Supportfunktion in Zusammenarbeit mit Ihrer Treasury-Abteilung kann zum Beispiel sicherstellen, dass Ihr Unternehmen im täglichen Geschäft Wechselkursentwicklungen richtig einschätzt und das Nachfrageverhalten für Ihre Produkte und Lösungen, basierend auf den ökonomischen Vorhersagen, effektiv geplant werden kann. In diesem Zusammenhang empfehle ich Ihnen auch Themen wie „Preiselastizität" oder „BIP"-Elastizität in Ihre Analysen aufzunehmen, denn auf diese Weise können Sie die öffentlich verfügbaren makroökonomischen Vorhersagemodelle auf Ihr Geschäftsmodell transferieren und damit greifbar, praktikabel und vorhersagbar machen.

Weiters empfehle ich Ihnen Experten als „Political Analysts" im Unternehmen einzusetzen, die sich mit den wichtigsten politischen Entwicklungen in Ihren Märkten beschäftigen. Dieses Thema ist speziell im B2G-Geschäft wichtig, da die politischen Zielsetzungen sehr stark das Nachfrageverhalten und Investitionsvolumen im B2G-Segment definieren. Zudem bedeutet ein aktives Risiko-/Chancenmanagement auch, dass politische Risken zeitnah erkannt und bewertet werden, da sie in vielen Bereichen auch eine direkte Auswirkung auf Ihre Vertriebsplanung oder Abwicklungsprojekte haben können.

Volkswirtschaftslehre ist ein Fachwissen, das nicht bloß für Banken und Wirtschaftsforschungsinstitute von Relevanz ist, sondern auch in Ihren betriebswirtschaftlichen Alltag einfließt, speziell im B2G-Alltag.

Sales Enablement

„Der" Vertrieb kennt unsere Produkte nicht, und weshalb brauchen wir überhaupt „den" Vertrieb?

Unabhängig davon, dass es „DEN" einzelnen Vertrieb nicht gibt, sondern viele Kollegen im Vertriebszyklus vertriebliche Aktivitäten übernehmen, denke ich, dass Sie eine derartige oder ähnliche Aussage wohl auch schon wahrgenommen haben. Doch wie kann man tatsächlich sicherstellen, dass jeder Stakeholder im Vertriebszyklus das benötigte Fachwissen besitzt? Die Antwort darauf ist, ein „Sales Enablement"-Konzept zu implementieren, das für entsprechendes Wissen und einen entsprechenden Wissenstransfer im Unternehmen sorgt.

Das internationale Projektgeschäft, speziell im B2G-Segment, hat sich in den vergangenen Jahren verändert. Anwendungen, die früher sehr hardwarelastig waren, sind heute mit einem hohen Softwareanteil ausgestattet. Und da meine ich nicht den Automobilmarkt, wo komplett andere Kennzahlen zur Anwendung kommen und das Motorenservice schon eher ein IT-Studium als eine Kfz-Ausbildung benötigt. Nehmen Sie zum Beispiel Kraftwerksanlagen-Steuerungen, die beinahe komplett ohne analoge Messgeräte auskommen, Lift- und Seilbahnsysteme, die mittlerweile ohne beheizte Sessel im Winter nicht mehr verkauft werden können, Parkgaragenzufahrtsysteme die mit vollautomatischer Kennzeichenerkennung ausgestattet sind, oder Kommunikationssysteme für Notrufsysteme, die ohne integrierte Standorterfassung, digitale Kommunikationsmedien oder geografisches Informationssystem in modernen Notrufleitstellen nicht mehr verwendet werden. Hier hat sich das frühere Produktgeschäft sehr stark in vollintegriertes Lösungsgeschäft verändert und damit auch die Anforderungen an die Vertriebsorganisationen der entsprechenden Anbieter neu definiert.

Sales-Enablement-Programme haben daher zum Ziel, die neuen Anforderungen an sämtliche Stakeholder im Vertriebszyklus zu adressieren, und sind aus diesem Grund eine horizontale, zentrale und überdisziplinäre Aufgabe, die nicht einem bestimmten horizontalen oder vertikalen Bereich zugewiesen werden sollte. Das Ziel eines strategischen Sales Enablements ist selbstverständlich die Erhöhung von Auftragsstand und Profitabilität, aber eben auch die Optimierung von Produktivität in der Organisation durch zielgerichtetes Training und Coaching.

Im Endeffekt geht es darum, dass Dirigent und Orchester sowie sämtliche im Backstagebereich agierenden Personen des „Vertriebskonzerts" mit unterschiedlichen Trainingstools in einer Art und Weise geschult werden, dass sie ihren Teil der Aufgabe im Vertriebszyklus effektiv ausüben können. Ein effektives Sales Enablement verwendet und vernetzt sämtliche vorhandenen Vertriebsressourcen, Tools, Marktinformationen und Produktmarketing-Messages und stellt diese der gesamten Vertriebsorganisation abteilungsübergreifend laufend, und nicht bloß einmalig zur Verfügung.

Wenn Sie in Ihrem Unternehmen noch kein strategisches Sales-Enablement-Programm aufgesetzt oder bereits in der Umsetzung haben, empfehle ich Ihnen, dass Sie sich zu Beginn folgende Fragen stellen bzw. für sich beantworten:

? Wer sind Ihre internen Stakeholder im Vertriebszyklus, die mit diesem Sales-Enablement-Programm adressiert werden sollen?

? Welche externen Partner sollen ebenfalls Teil des integrierten Sales-Enablement-Programms werden?

? Welche Fähigkeiten und welches Wissen benötigen diese Kollegen, und bis zu welcher Tiefe bzw. Detaillierung?

? Wer ist im Unternehmen dafür verantwortlich, den Inhalt der unterschiedlichen Trainings und Coachings zu erstellen und zu präsentieren?

? Welche Tools und Methodiken sollen für die verschiedenen Trainings und Schulungen zur Anwendung kommen, um die höchstmögliche Effektivität zu gewährleisten?

? Wie kann der Erfolg des Sales-Enablement-Programms gemessen werden?

Basistrainings und erweitertes Sales Enablement

Nachdem Sie für sich die vorhin angeführten Fragen beantwortet haben, empfehle ich Ihnen, die Anforderungen und Trainingsmodule genauer zu definieren und in weiterer Folge zu clustern. Als sehr sinnvolle Möglichkeit der Gruppierung hat sich erwiesen, wenn Sie die Trainings nach Dringlichkeit und Spezialisierung gliedern, also Trainings, die jeder absolvieren sollte („Basis"), und Trainings bzw. Coachings, die für eine eingeschränkte Zielgruppe vorgesehen werden („Advanced").

Basisvertriebstrainings (Bsp.)	Ziel
Vertriebsstrategie(n)	Vermittlung der übergeordneten Vertriebsziele des Unternehmens
Vertriebsprozess	Überblick, wie der typische Vertriebszyklus im Unternehmen abläuft, welche Quality Gates es gibt, wo man welche Tools findet und welche Rollen es gibt
Wirtschaftliches und rechtliches Grundwissen	Welche Kalkulationsgrundlagen gibt es, wie funktioniert Controlling im Unternehmen und worauf muss aus rechtlicher Sicht im Vertriebsprozess geachtet werden?
Compliance-Regeln	Welche Compliance-Regeln und Antikorruptionsvorschriften gibt es im Unternehmen und worauf muss speziell im B2G-Geschäft geachtet werden?

Basisvertriebstrainings (Bsp.)	Ziel
Angebotsportfolio	Überblick über das Angebotsportfolio, wofür es eingesetzt werden kann und bei welchen Kunden es bereits im Einsatz ist („Use Cases")
Vertiefende Produkttrainings	Speziell für Account-Manager, Kollegen aus dem technischen Vertrieb sowie Fachvertrieb sind vertiefende Trainings für sämtliche Produkte notwendig, um die Funktionalität zu verstehen, aber auch zu wissen, was Mitbewerber auf diesem Gebiet anbieten können.

Wichtig in diesem Zusammenhang, speziell im Lösungsverkauf des Projektgeschäfts, ist, dass Ihre Mitarbeiter im Vertriebsprozess ein gewisses Basiswissen besitzen. Denn wie bereits im Kapitel <Führen mit Auftrag und ohne Angst> erwähnt, ist es fatal, wenn die Frage nach dem „Warum" bei Ihren Mitarbeitern nicht beantwortet werden kann, und zwar unabhängig davon, ob es sich um Ihre Vertriebsmanager handelt oder Kollegen im Service- oder Bid-Bereich.

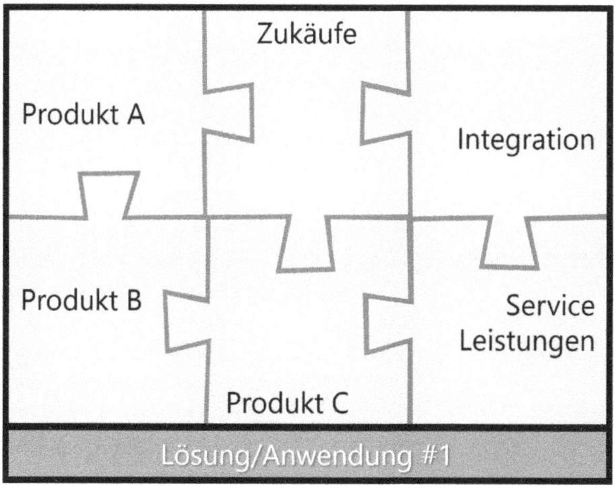

Abb. 39: Lösungen, bestehend aus Subelementen

Basierend auf diesem Grundwissen empfehle ich Ihnen, in weiterer Folge vertiefende Schulungspakete für ausgewählte Funktionen anzubieten, da es selbstverständlich notwendig ist, in bestimmten Phasen des Vertriebszyklus die Flughöhe zu verringern und auch über Details mit dem Kunden zu kommunizieren, um als Berater auch akzeptiert zu werden. Die Abb. 39 zeigt sehr augenscheinlich, dass eine Schulung über eine bestimmte Lösung Ihres Angebotsportfolios nur dann Sinn macht, wenn die Teilnehmer davor das Basiswissen zu den in diesem Beispiel angeführten Produkten A, B und C erhalten haben. Denn nur dann sind die Kollegen auch in der Lage, die Vorteile einer Kombination aus diesen Produkten zu erkennen und damit auch die gesamte Lösung bzw. Anwendung entsprechend zu verkaufen. Die Produktschulungen sind damit quasi der Sockel, auf dem die Lösung danach aufgebaut wird.

Es ist daher wichtig, dass Sie in Ihrem Sales-Enablement-Programm auch darauf achten, dass die zeitliche Reihenfolge der Schulungen und Trainings entsprechend aufeinander abgestimmt ist.

Advanced-Trainings (Bsp.)	Ziel
Solution-Trainings	Sämtliche Lösungen im Portfolio verstehen, und den Mehrwert der Zusammenfassung von mehreren Produkten erklären können
(Sales-)Partner-Enabling	Wenn Sie lokale Vertriebspartner als Vertriebskanäle nutzen, sollen diese Schulungen dazu dienen, dass Ihre Partner vor Ort den Kunden effektiv betreuen können.
Interkulturelles Wissen	Verständnis für kulturelle Unterschiede und Verhaltensmuster aufzeigen und verstehen
„Value Based Selling"	Vom kundenspezifischen Pain-Point zum Feature, in weiterer Folge hin zum Nutzen und schlussendlich zum USP als Basis des projektbezogenen B2G-Geschäfts verstehen

Advanced-Trainings (Bsp.)	Ziel
Erfolgreiches Erstellen von Angeboten	Sämtliche Kollegen im Angebotsprozess sollen darauf geschult werden, die Vertriebsstrategie einheitlich in den Angebotsdokumenten darzustellen und dabei den Kundenfokus in den Vordergrund zu stellen.
Verhandlungstechnik	Die richtige Verhandlungsstrategie zum richtigen Zeitpunkt anzuwenden und entsprechend im Verhandlungsteam zu agieren, sollten alle im Verhandlungsprozess beteiligten Kollegen verstehen.
Sprachen	Wenn Sie in Regionen oder Ländern aktiv sind, wo sprachliche Skills notwendig sind (z. B. in Lateinamerika), lohnt es sich zu überlegen, Ihren Fachexperten entsprechende Schulungen anzubieten, wenn notwendig.

Beide in diesem Kapitel angeführten Tabellen sind exemplarisch zu verstehen, denn in jedem Unternehmen finden Sie unterschiedliche Detailanforderungen an das Know-how und die Skills Ihrer Mitarbeiter des Vertriebsprozesses. Ein strukturiertes Sales Enablement und damit Trainingsangebot ist jedoch aus meiner Sicht ein essenzieller Schlüssel zum vertrieblichen Erfolg im B2G-Projektgeschäft. Achten Sie jedoch darauf, die richtige Flughöhe für die richtigen Mitarbeiter zur Anwendung zu bringen und damit den Detaillierungsgrad entsprechend der Zielgruppe zu definieren.

Medien und Tools

Das klassische Training in einem Schulungsraum wird es zwar weiterhin geben, jedoch spätestens seit der Coronapandemie haben neue Medien und Tools Einzug gehalten. Ein typisches Beispiel in diesem Zusammenhang sind virtuelle oder hybride Vorträge. In diesem Kapitel möchte ich ein paar Ideen vorstellen, wie Sie Sales Enablement umsetzen können, ohne jedes Mal einen Vortragsraum anmieten zu müssen.

„Classroom"-Training: Der Schulungsraum mit physischer Präsenz der Teilnehmer wird auch in Zukunft zur Anwendung kommen. Diese Art von Training oder Schulung ermöglicht einen sehr hohen Interaktionsgrad und ist zudem sehr gut geeignet, um Beispiele anhand von Demosystemen oder auch Handouts zu präsentieren. Ein typisches Beispiel für diese Art von Training sind klassische „Onboarding"-Schulungen, bei denen neue Mitarbeiter in den ersten Arbeitstagen allgemeine Themen des Unternehmens präsentiert bekommen und durch die physische Präsenz auch zugleich ein erstes unternehmensinternes Networking und Kennenlernen stattfinden kann.

Webinar: Verschiedene Online-Konferenztools wie zum Beispiel Zoom[52] oder MS-Teams[53] zu bedienen haben wir wohl alle spätestens seit der Coronapandemie gelernt. Diese Tools bieten mittlerweile sehr ausgefeilte Techniken, um eine Interaktivität zu gewährleisten. Von der Chatfunktion über Whiteboard-Funktionen bis hin zu flexiblen virtuellen Räumen für Gruppenarbeiten ist die Technologie auf diesem Gebiet schon sehr weit fortgeschritten. Wichtig bei der Nutzung dieser Tools ist, dass die Organisatoren mit der Technik vertraut sind und zudem auch klare Kommunikationsregeln am Beginn erläutern. Beispielhaft sei hier erwähnt, dass es Sinn macht, dass alle Teilnehmer ihre Mikrofone nur dann einschalten, wenn Sie am Wort sind, oder dass zum Beispiel Fragen im Chat gestellt werden. Möchten Sie ein professionelles Webinar organisieren, empfehle ich Ihnen, dass Sie innerhalb des Tools zwei Video-/Präsentationsstreams verwenden. Einen Stream nutzen Sie, um die Präsentationsfolien mit den Teilnehmern zu teilen, und den zweiten Stream, um die Präsentatoren – sofern Sie zum Beispiel auf einer Bühne stehen – mit einer Videokamera und Mikrofon zu filmen. Auf diese Art stellen Sie sicher, dass die Teilnehmer des Webinars sowohl die Präsentationsunterlagen sehen können, aber eben auch die Präsentatoren in einer professionellen Art und Weise wahrgenommen werden können und man nicht auf im Laptop integrierte Webcams mit niedriger Qualität angewiesen ist. Planen Sie ein Webinar mit Teilnehmern, die der primären Sprache des Events nicht mächtig sind, bieten moderne digitale Conference-Tools auch die Möglichkeit, dass Sie zwei unterschiedliche Audiostreams anbieten. So können Sie durch Simultandolmetscher dafür sorgen, dass auf einem Audiokanal die Präsentatoren bzw. Sprecher im Original zu hören sind und auf dem zweiten Audiokanal simultan übersetzt zugehört werden kann.

Computer Based Training (CBT): Trainings dieser Art werden mit spezieller Software erstellt, welche schlussendlich ein rein virtuelles Training ermöglichen. Der Vorteil von derartigen Trainings liegt darin, dass Sie zu jeder Zeit konsumiert und absolviert werden können und somit auch unabhängig von unterschiedlichen Zeitzonen sowie Verfügbarkeit der Mitarbeiter abgerufen werden können. In weiterer Folge bieten viele CBT-basierte Lösungen mittlerweile die Möglichkeit, am Ende des Trainings einen Abschlusstest durchzuführen, was wiederum die Möglichkeit eröffnet, für Ihre Mitarbeiter eine Art von Zertifizierungssystem einzuführen. So können verpflichtende Trainings einfach überprüft werden, ob und wie sie absolviert wurden. CBT-Lösungen sind zudem ausgezeichnet dazu geeignet, dass Sie rasch und ohne großen Aufwand einem Update unterzogen werden können, ohne das gesamte CBT neu erstellen zu müssen. Haben Sie zum Beispiel bei einem Ihrer Produkte eine neue Produkt-Release veröffentlicht, die zusätzliche Funktionen enthält, im Kern jedoch unverändert geblieben ist, dann wird im CBT die Sektion mit diesen neuen Funktionen erneuert und der Rest des CBT bleibt unverändert. Vielleicht haben Sie in Ihrem Unternehmen keine CBT-Software zur Verfügung oder auch nicht das Wissen im Haus, wie man eine CBT-Software bedient. In diesem Fall empfehle ich Ihnen, nach spezialisierten

Unternehmen – oft vielleicht auch Start-up-Unternehmen – in Ihrer Umgebung Ausschau zu halten und dieses Thema der CBT-Erstellung vielleicht sogar auszulagern.

Recordings und Videoplattformen: Sie müssen ja nicht gleich Ihre internen Trainings öffentlich im Internet verfügbar machen. Ich empfehle Ihnen jedoch, im unternehmensinternen Intranet eine Videoplattform einzurichten, auf der Sie Trainingsvideos anbieten. Speziell Webinare können mit einfachen Mitteln aufgezeichnet werden und somit von Teilnehmern aber auch an der Teilnahme verhinderten Mitarbeitern jederzeit angesehen werden. Der Vorteil von diesen „Offline"-Videos ist, dass sie auch als Auffrischungstrainings dienen können und mit einfachen Videoschnittlösungen kompakt gestaltet werden können, indem man beispielsweise Pausen rausschneidet. Sie können Webinare natürlich auch für Ihre Vertriebspartner auf diese Art und Weise aufbereiten, wobei ich hier dringend empfehle, keine sensiblen oder geheimen Firmeninterna im Video zu belassen, denn am Ende des Tages wissen Sie nicht, ob das Video nicht doch „geleakt" wird. Orientieren Sie sich bei der inhaltlichen Gestaltung eines Videos für externe Vertriebspartner daran, was Sie ggf. bei öffentlichen Vorträgen oder Konferenzen präsentieren würden.

Partnerportal: Um Ihre Vertriebspartner, aber auch lokale Partner für die Projekt- und Serviceabwicklung von Bestandskunden laufend mit aktuellen Informationen zu versorgen, haben sich Partnerportale bewährt, die über Ihre eigene Homepage erreichbar sein sollten. Auf diesen Portalen können Sie aktuelle Produktdokumentationen, Präsentationen, Videos bis hin zu Preislisten jeweils tagesaktuell für Ihre Partner zur Verfügung stellen. Da es sich dabei um sehr sensible Daten handelt, die wohl unter keinen Umständen in den Händen Ihrer Mitbewerber landen sollen, empfehle ich Ihnen ein spezielles Augenmerk auf die Zugriffsberechtigungen zu legen. Eine Zwei-Faktor-Authentifizierung, wobei ausschließlich E-Mail-Adressen und Mobilnummern zugelassen werden, die sich mit Ihrer Partnerdatenbank decken, ist nur eine der Möglichkeiten, den Zugriff abzusichern. In weiterer Folge sollten Sie die Dokumente selbst so weit wie möglich absichern und mit Passwörtern, Documentchain sowie Wasserzeichen versehen.

Mobile Apps und SMS: Wer kennt nicht die Situation, dass man am Morgen seine E-Mail-Box öffnet und wieder mal eine Unmenge an Newslettern und Spam vorfindet. Wenn Sie E-Mail als Medium für Marketing oder eben auch internes Sales Enablement verwenden, kommen verschiedene KPI zu Anwendung, um die Effektivität von E-Mail-Kampagnen zu messen[54]. Nichtsdestotrotz gibt es Untersuchungen, dass SMS viel öfter – nämlich in über 95 %[55] der Fälle – und schneller geöffnet und gelesen werden als E-Mails. Möchten Sie nun, dass die aktuellsten Informationen von Ihren Mitarbeitern oder Partnern möglichst rasch und mit hoher Wahrscheinlichkeit gelesen werden, dann empfehle ich Ihnen, von E-Mail auf SMS umzusteigen und in die SMS zum Beispiel einen Link zur neuesten Produktpräsentation einzubauen. Eine Variante mit einer größeren Anzahl an Interaktionsmöglichkeiten sind Apps zur Installation auf Smartphones. Auf diese Weise bringen Sie die interne Kommunikation auf einen interaktiven Level[56], den Sie durch Newsletter oder mit Intranet-Lösungen nur schwer erreichen können. Und ähnlich einer SMS ermöglichen es Chatfunktionen und sogenannte „Push"-Nachrichten durch die App, zeitnah die Aufmerksamkeit des Empfängers zu erreichen. Der Nachteil von derartigen Lösungen liegt für manche Unternehmen wohl in den eher höheren Initial- und Wartungskosten einer derartigen App. Im Zweifel empfehle ich hier, einen Business-Case zu erstellen, um zu evaluieren, ob sich eine App dieser Art amortisiert oder eben nicht.

Augmented Reality (AR): Wenn Sie im internationalen Projektgeschäft tätig sind, während der Pandemie nicht reisen konnten und nach der

Pandemie die Reisekosten zu hoch wurden, dann empfehle ich Ihnen, eine AR-basierende Lösung zu analysieren. Mithilfe von AR können Sie Ihre lokalen Partner zu Ihrem Kunden mit seinen installierten Systemen entsenden und diesen Partner vor Ort durch Mitarbeiter in Ihrer Firmenzentrale bei Servicetätigkeiten unterstützen. Speziell im Maschinen- und Anlagenbau gibt es bereits jetzt Lösungen am Markt[57], wo über Datenbrillen dem Servicepartner – oder Kunden – die relevanten Informationen eingeblendet werden, während dieser vor Ihrem System steht. Sie sparen auf diese Weise Reisekosten und Personalaufwand, werden effektiver in Ihren Prozessen und haben zusätzlich einen positiven Image-Booster, da derartige Lösungen Ihrem Unternehmen mit Sicherheit ein sehr innovatives Image bringen werden. Und selbst in den Vertriebsprozess wird AR in Zukunft immer weiter vordringen, da damit Möglichkeiten der Präsentationstechnik geschaffen werden, die durch herkömmliche Beamer-Laptop-Präsentationen nicht erreicht werden. Für Ihre Kunden ergeben sich Chancen der Kostensenkung, da in Zukunft zum Beispiel etwaige Refresher-Trainings nicht mehr durch Ihr Trainerteam abgehalten werden müssen, sondern im Idealfall durch Datenbrille mit Trainingssoftware am Bestandssystem direkt beim Kunden durch den Kunden eigenständig durchgeführt werden können. Aus Ihrer Sicht ist das wiederum eine Chance, nämlich mit entsprechender Trainingssoftware auf Basis von Softwarelizenzen Ihr Bestandskundengeschäft zu stärken. Und parallel hat diese Möglichkeit auch noch einen positiven Impact auf unsere Umwelt, da Ihre Mitarbeiter nicht mehr für jedes Training, jedes Servicemeeting, oder jede Installation ins Auto oder Flugzeug steigen müssen.

Knowhow-Transfer-Meetings („Peer Learning"): Eine relativ einfach zu realisierende Möglichkeit, innerhalb des Unternehmens bzw. speziell innerhalb von einzelnen Teams für den Austausch von Erfahrungen und

Wissen zu sorgen, sind sogenannte Knowhow-Transfer-Meetings. Schaffen Sie den Rahmen innerhalb Ihrer Teams, dass in regelmäßigen Abständen jeweils ein Kollege aus dem Team den Teamkollegen bestimmte Themen und Fachgebiete präsentiert. Dies kann zum Beispiel Erfahrungen bei von ihm bearbeiteten Projekten genauso umfassen wie die Verwendung von neuen Vertriebstools, neue Informationen über den einen oder anderen Mitbewerber von Ihnen oder auch Erfahrungen bei Kundenmeetings vor Ort. Der Vorteil davon ist, dass in den horizontal organisierten Teams auf diese Weise alle im Team davon profitieren können, wenn die einzelnen Kollegen dezentral an unterschiedlichen Projekten mitwirken.

Partnertage: Veranstaltungen für Ihre Vertriebspartner haben den Zweck, dass Sie auf der einen Seite Ihre Partner mit Neuigkeiten aus Ihrem Unternehmen zu Produkten und Lösungen versorgen, auf der anderen Seite sollten Sie die Chance auch nutzen, um direkte Informationen vom Markt und von Ihren Kunden zu erhalten. Lassen Sie daher derartige Veranstaltungen nicht zur informativen Einbahnstraße werden und langweilen Sie im schlimmsten Fall Ihre Partner. Wenn Sie zusätzlich Ihre Partner motivieren, offenes Feedback von Kunden und zu Ihren Produkten zu präsentieren, profitieren Sie von dieser Feedbackschleife und andere anwesende Partner können davon lernen, sollten diese ähnliche Themen anstehen haben.

Industrietage, Messen und Konferenzen: Branchenspezifische Veranstaltungen sind in jeder Industrie oftmals Events mit sehr starkem Networking-Charakter. Für Unternehmen haben diese Veranstaltungen den Vorteil, dass es oftmals möglich ist, innerhalb weniger Stunden bzw. Tage mehrere Kunden zu treffen. Nutzen Sie jedoch auf alle Fälle diese Branchenveranstaltung, um ein strukturiertes Screening Ihrer Konkurrenten durchzuführen. Analysieren Sie deren Marketing-Messages, beobachten Sie etwaige Kundenpräsentationen und nehmen Sie an Vorträgen oder Webinars Ihrer Mitbewerber teil. Gerade bei Messen und Konferenzen sind diese Informationen relativ einfach zu erhalten und wenn Sie zum Beispiel im Vorfeld bereits einen Mitarbeiter speziell mit diesem Thema der Mitbewerberbeobachtung betrauen, können Sie die erhaltenen Informationen im Nachgang strukturiert aufbereiten und Ihren Vertriebsteams entsprechend bereitstellen. Im Umkehrschluss sollten Sie natürlich davon ausgehen, dass Ihre Mitbewerber auch an Informationen über Sie und Ihre Lösungen kommen möchten. Daher sollten Sie nach Möglichkeit darauf achten, dass Ihre Gespräche mit Kunden auch vertraulich geführt werden und nicht unbedingt direkt vor den aufmerksamen Ohren anderer Messebesucher.

Der Inhalt von all diesen hier angeführten Tools und Methoden ist selbstverständlich sehr stark abhängig davon, wen Sie in Ihrer Organisation schulen möchten und welche Inhalte aus Ihrer Sicht für wen von Relevanz sind. Die Grundregel aus meiner Sicht lautet, dass die jeweiligen Experten den Inhalt gestalten sollten. Also dass zum Beispiel Produktmanager den Content für Produktschulungen erstellen oder Vertreter der Rechtsabteilung die vertriebsrelevanten Rechtsthemen aufbereiten oder ein Mitarbeiter aus dem Prozessmanagement die Trainings zum Vertriebsprozess inhaltlich gestaltet. Dokumente wie Win-/Loss-Analysen, Lessons-Learned-Ergebnisse, Whitepapers, Mitbewerberdokumentation, Produktdokumentation, Funktionslisten, Use Cases oder auch verfügbare Mitbewerberdokumentationen sollten zentral abgelegt werden und in den Schulungen und Trainings sollte darauf hingewiesen werden, damit sämtliche vertriebsrelevanten Informationen auch jederzeit abrufbar sind.

Das gesamte Sales Enablement hat schlussendlich ein übergeordnetes Ziel, und zwar, dass Ihre Vertriebsteams in die Lage versetzt werden, vertriebliche „Drehbücher" zu erstellen, bei denen der Kunde und dessen Nutzen im Fokus steht und nicht Ihr Produkt, Ihre Lösungen oder Ihr Unternehmen.

Marketing

Das Thema „Marketing" würde ein komplettes Buch füllen bzw. füllt bereits eine Menge an entsprechender Fachliteratur, daher bitte ich Sie um Nachsicht, dass sich das folgende Kapitel ausschließlich mit ein paar wenigen ausgewählten Themen im B2G-Umfeld beschäftigen wird.

In den vorherigen Kapiteln wurde bereits auf ein paar Themen aus dem Bereich Marketing eingegangen, und sie zeigen, dass selbstverständlich ohne entsprechende Vermarktung der Vertrieb von Produkten und Lösungen nicht unbedingt einfacher wird. Ich möchte Ihnen jedoch gleich zu Beginn des Kapitels den folgenden Tipp geben:

> i Kein übertriebenes oder falsches Marketing, wenn die Produkte noch nicht die volle Marktreife besitzen!

Ihre Kunden werden aufgrund von guten Marketingmaßnahmen quasi hungrig gemacht, und möchten früher oder später mit Detailinformationen darüber versorgt werden, Referenzinstallation kennenlernen und natürlich auch die Vorteile detailliert erklärt bekommen. Sollte es nun zwar perfekte Broschüren, tolle Promotion-Videos und exzellente Social-Media-Kampagnen von Ihnen geben, aber Sie sind danach nicht in der Lage, weiterführende Dokumentationen oder Demos zu liefern, dann werden Ihre potenziellen Kunden sehr schnell erkennen, dass die Produkte vielleicht noch nicht so weit entwickelt sind, wie sie sein sollten. Ihr Vertriebsteam und im speziellen der zuständige Vertriebsmanager werden damit an der „Vertriebsfront" sinnbildlich verglühen und es besteht die Gefahr, dass man Ihrem Unternehmen rasch das Attribut „slideware only" zuschreibt. Übersetzt würde das bedeuten, dass außer schönen Folien und Marketingunterlagen nichts Substanzielles dahinter wäre. Dies müssen Sie unter allen Umständen zum Beispiel durch zu früh gestartete Go2Market-Aktionen bei neuen Produkten verhindern, selbst wenn der Zeitdruck in solchen Situationen oft sehr groß ist.

Auch bei Zukunftsthemen und Trends ist die Gefahr groß, dass man durch zu starkes Marketing und offensichtliche Luftblasen an Reputation verliert. Wenn Sie zum Beispiel in Ihrem Unternehmen noch keine ausgefeilte Strategie zu Cybersecurity als Zukunftstrend haben, dann würde ich Ihnen empfehlen, dieses Thema nicht in den Mittelpunkt Ihrer Marketing-Messages zu stellen. Speziell beim Thema Cybersecurity – also einem sehr IT-bezogenen Thema – kann es sehr schnell passieren, dass Außenstehende auf den ersten Blick erkennen, dass dieses Thema vielleicht noch nicht so weit fortgeschritten ist im Unternehmen. Wenn Sie sich typische Folder und Darstellungen aus der IT-Branche ansehen, werden darin Vorlagen und Icons verwendet, die sehr typisch für die IT-Industrie sind. Kommen Sie und Ihr Unternehmen nun nicht aus der IT-Branche und promoten Cybersecurity mit Symbolen und Darstellungen aus Ihrer eigenen Branche oder mit Grafikvorlagen aus dem letzten Jahrzehnt, wird man Ihnen die Glaubwürdigkeit ebenfalls nicht abnehmen, selbst wenn Sie vielleicht doch das entsprechende Expertenwissen im Unternehmen besitzen. Aufgrund der Anwendung von falschen Corporate-Identity-Vorlagen haben Sie an Glaubwürdigkeit eingebüßt, ohne auch nur irgendetwas gemacht zu haben. Retrostil hat durchaus Charme und Reiz, aber eher im Einrichtungsbereich und nicht bei modern gestalteten Marketingunterlagen.

Mein Tipp an dieser Stelle:

> **i** Marketingstrategien von anderen Industrien analysieren, und auf Anwendbarkeit in der eigenen Industrie verifizieren!

Es ist definitiv sinnvoll, bei neuen Themen oder Themen, die von anderen Industrien in die eigene Industrie überschwappen, sich bei diesen Industrien anzusehen und sich zu informieren, wie dort Marketingstrategien aufgesetzt und umgesetzt werden. Möchten Sie starkes IT-Know-how vermarkten, dann vermarkten Sie es nicht als „Steinzeit"-Wissen mit alten Stencils und Vorlagen, sondern vermarkten Sie vorhandenes Topwissen auch mit Marketingmaßnahmen, die „State of the Art" sind. Agieren Sie ganz getreu dem Motto „Lerne von den Besten" und setzen Sie bei Ihren Stencils, Templates und sonstigen Vorlagen immer die Kundenbrille auf und rücken Sie den Kunden in den Fokus.

Wenn Ihr Unternehmen das Thema „Green Economy" und Einsparung von CO_2 als wichtig erachtet, bis dato aber keine Maßnahmen in diese Richtung unternommen hat, dann sollten Sie vermeiden, Ihren Produkten und Lösungen einen grünen „Anstrich" zu geben. Schlussendlich werden Sie mit Fragen konfrontiert, wo Sie Erklärungen und Beweise für diesen grünen „Anstrich" erbringen müssen. Können Sie das nicht oder nur unglaubwürdig erklären, besteht die Gefahr, dass man Ihrem Unternehmen „Greenwashing" vorhalten wird, und aus dieser Argumentationsdefensive ist es schwer, wieder herauszukommen. Es wird in Zukunft speziell bei der Vergabe von öffentlichen Aufträgen bei den zur Anwendung kommenden Bieter- und Evaluierungskriterien dazu kommen, dass anbietende Unternehmen dieses Thema in der einen oder anderen Weise nachweisen werden müssen. Innerhalb der Europäischen Union wurde dieser Weg bereits vor einigen Jahren eingeleitet und er läuft unter dem Begriff „Green Public Procurement"[58].

Seien Sie als Unternehmen im B2G-Segment darauf vorbereitet, dass in einigen Jahren öffentliche Ausschreibungen ein „Greenwashing" nicht ermöglichen werden, daher empfehle ich eine realistische, aber zugleich reale „Green Strategy" für Ihr Unternehmen, wenn Sie diese nicht schon umgesetzt haben oder in der Umsetzungsphase sind.

Glaubwürdigkeit ist das wichtigste Gut, das Sie unter allen Umständen über den gesamten Vertriebszyklus hinweg absichern müssen, da sonst Ihr Vertriebsteam nicht mehr als Berater bei Ihren Kunden gesehen wird, sondern maximal als Verkäufer. Und wer ist Ihr bester Verkäufer bzw. Promoter? Dazu gibt es eine sehr gebräuchliche und oft gefundene Antwort: Ihre Kunden sind die besten Verkäufer für Ihre Lösungen. Nämlich dann, wenn Ihre Kunden mit anderen Kunden oder potenziellen Kunden über Ihr Unternehmen, Ihre Produkte und Ihre Lösungen sprechen und dabei positive Bewertungen aus der tagtäglichen Praxis bringen. Nun ist es vielleicht so, dass sich Kunden auf Konferenzen oder Messen treffen, aber auch nicht täglich miteinander in Kontakt treten. Um diese Interaktion zwischen Kunden zu fördern bzw. zu ermöglichen, empfehle ich Ihnen, sogenannte „Userforen" einzurichten, bei denen Sie Ihre Bestandskunden zusammenbringen, um zu informieren, aber primär auch den Dialog zwischen Ihren Kunden zu fördern.

Bei der Organisation derartiger Userforen sollten Sie jedoch strikt darauf achten, dass diese Veranstaltungen nicht zu einer Verkaufsveranstaltung verkommen. Daran haben Ihre Kunden wohl wenig Interesse und es würde auch Dialog, Austausch und potenzielles Feedback nicht gerade fördern. Wenn sie bei derartigen Events Ihre Produkt-Roadmaps vorstellen, machen Sie dies unter dem Begriff „Technologiedialog", moderieren Sie den Dialog zum Beispiel durch Ihren technischen Direktor und schaffen Sie ein Forum, das es den Vertretern Ihrer Kunden ermöglicht, direktes Feedback zu geben. Im Idealfall – und

Ihre Vertriebsmanager werden es vielleicht nicht so einfach akzeptieren – sind auf diesen Veranstaltungen keine Vertriebsvertreter von Ihnen anwesend. Wenn Sie es zudem schaffen, dass diese Veranstaltung abwechselnd von unterschiedlichen Kunden von Ihnen organisiert wird, dann haben Sie schon einen wichtigen Meilenstein erreicht. Das Ziel sollte nämlich sein, dass diese Userforen eine Ebene „höher" positioniert werden, mittel- und langfristige strategische Themen in den Fokus kommen und das tägliche Business in den Hintergrund gestellt wird.

Eine besondere Form des indirekten Marketings sind Referenzen von zufriedenen Bestandskunden. In vielen Ausschreibungen des öffentlichen Rechts müssen Sie speziell im Projektgeschäft Referenzschreiben beilegen, die belegen, dass Sie in der Vergangenheit bereits Projekte ähnlicher Art erfolgreich liefern konnten. Warten Sie jedoch nicht so lange, um Ihre Fähigkeiten und Kapazitäten zu beweisen. Bereits in einer frühen Phase des Vertriebszyklus – also im Opportunity-Development – macht es durchaus Sinn, zufriedene Bestandskunden mit neuen Interessenten zusammenzuführen. Wenn Sie die Pain-Points bei neuen Interessenten erkennen und einer Ihrer Bestandskunden ähnliche Pain-Points hatte, die Sie mit Ihren Produkten oder Lösungen adressieren konnten, dann lassen Sie doch den Bestandskunden diesem neuen Interessenten beschreiben, wie er eine passende Lösung von Ihnen nun in Verwendung hat. Im Idealfall organisieren Sie bloß diese Treffen und sind selbst nicht oder nur teilweise dabei. Dadurch können Sie es ermöglichen, dass Ihr Kunde und der Interessent offen miteinander kommunizieren können. Zufriedene Kunden sind die besten Berater für neue Interessenten, selbst wenn Sie und Ihr Team ebenfalls Experten im beratenden Vertrieb sind.

Diese Form des indirekten Marketings zeigt zudem sehr augenscheinlich, wie wichtig die Betrachtung der gesamten Wertschöpfungskette als 360°-Vertriebszyklus ist, und welcher wertvolle Faktor Referenzkunden in der Neukundengewinnung sind. Die Kundenzufriedenheit zu kennen, unabhängig ob positiv oder negativ, ist daher essenziell für jedes Unternehmen.

Die Kundenzufriedenheit abzufragen, kann mit unterschiedlichen Methodiken erfolgen, also durch strukturierte Befragungen, informelle Gespräche oder auch indirekt über Partner oder Anwenderforen. Wenn Sie strukturierte Fragebögen entwickeln, um die Zufriedenheit abzufragen, hat das den Vorteil, dass die Fragestellungen im Normalfall unverändert bleiben und damit auch Trends und Tendenzen in einzelnen Bereichen erkennbar werden. Achten Sie bei geschlossenen Fragen mit mehreren Auswahlmöglichkeiten jedoch unbedingt darauf, dass die Anzahl der Antwortmöglichkeiten immer aus einer geraden Anzahl besteht. Also zum Beispiel gibt es dann die Möglichkeiten „1, 2, 3, 4" oder „Sehr gut – Gut – Wenig zufriedenstellend – Nicht zufriedenstellend", und die Beantwortung kann bewusst nicht in die Mitte gelegt werden. Menschen tendieren dazu, im Zweifel gerne einmal die neutrale Mitte zu wählen, wobei in der Mehrzahl der Fälle trotzdem eine zumindest leichte Tendenz vorhanden wäre. Diese Tendenz kann man dadurch abfragen und erkennen, indem man eine Antwort exakt in der Mitte nicht ermöglicht. Ähnlich der in Abb. 12 verwendeten Darstellungsweise, in der Ihr Unternehmen im Vergleich zu Mitbewerbern dargestellt wird, können Sie die Kundenzufriedenheit auch immer relativ zu unterschiedlichen Parametern auswerten. Mittlerweile gibt es exzellente Tools, die eine Befragung jeglicher Art online bzw. elektronisch ermöglichen. Dadurch ist eine mühsame manuelle Auswertung nicht mehr notwendig und der Aufwand von strukturierten Befragungen hält sich für Sie im überschaubaren Rahmen.

Die Befragung der Kundenzufriedenheit empfehle ich über den gesamten Vertriebszyklus durchzuführen. Hier empfehle ich Ihnen folgende Befragungen anzudenken:

- ✓ Angebotszufriedenheit und Verständlichkeit
- ✓ Zufriedenheit mit Projektmanagement und Lieferung
- ✓ Zufriedenheit mit durchgeführten Kundentrainings
- ✓ Service- und After-Warranty-Zufriedenheit

Jeder Fragebogen – unabhängig ob traditionell analog oder elektronisch bzw. online – wird unterschiedliche Schwerpunkte und Fragen aufweisen, kann aber in sich jeweils zusammengefasst werden zu einem sogenannten „Customer Satisfaction Index" (CSI), den man im Idealfall auch messbar und damit vergleichbar darstellt. Im Prinzip erhalten Sie dadurch vier unterschiedliche Sub-CSI-Werte pro Kunde, also je einen pro oben angeführter Vertriebszyklusphase. Die Summe dieser vier Werte ergibt dann die Kundenzufriedenheit pro Kunde, die wiederum mit den Werten von anderen Kunden von Ihnen verglichen werden kann, um etwaige Maßnahmen zur Verbesserung daraus abzuleiten.

Kundenzufriedenheit ist eines der höchsten immateriellen Güter im Projektgeschäft. Diese nicht zu kennen wäre beinahe schon fahrlässig, da Sie sich dadurch enorme Chancen selbst nehmen würden und da Sie den Kundenfokus damit teilweise verlieren.

Ein Beispiel noch, wie wichtig eine hohe Zufriedenheit mit Ihren Angeboten bzw. deren Qualität sein kann: Es gibt Kunden, die in ihre Evaluierungskriterien auch „softe" Kriterien einbauen, und hier kann die Verständlichkeit und Lesbarkeit der Angebotsdokumente schon mal vorkommen. Das bedeutet, dass schlecht verständliche Angebote dann zu einer niedrigeren Evaluierung führen und im schlimmsten Fall sogar Aufträge kosten können. Fragen Sie nach Angebotsabgabe bei den jeweiligen Empfängern die Qualität laufend ab, erhalten Sie auf der einen Seite einen Parameter zur Messung der Kundenzufriedenheit und auf der anderen Seite können Sie Ihre zukünftigen Gewinnchancen erhöhen. Also eine „Win-win"-Situation könnte man dazu auch sagen, und es wäre wichtig, diese Zufriedenheit mit Ihren Angeboten unabhängig davon abzufragen, ob Sie einen Auftrag gewonnen oder verloren haben.

Wie bereits im vorigen Kapitel beschrieben, sind Messen und Konferenzen wichtige Events, um Ihre Marketingstrategie zu unterstützen. Sämtliche Marketingmaßnahmen bei Messen und Konferenzen sollten selbstverständlich „customer-centric" und nicht „supplier-centric" ablaufen. Stellen Sie also den Kunden in den Mittelpunkt und nicht sich selbst als Lieferant. Die Kernfrage dabei ist, welcher Kundennutzen durch Sie und Ihre Produkte und Lösungen geschaffen wird, und nicht was Ihre Lösungen an Funktionen und Features aufweisen.

Wenn Sie den Messeauftritt Ihres Unternehmens professionell planen, haben Sie in den meisten Fällen bereits ein gutes Stück des Weges zum erfolgreichen Messe-Event geschafft. Definieren Sie rechtzeitig die Ziele, also was Sie mit der Teilnahme an der Messe erreichen möchten. Diese Ziele sollten ebenfalls und natürlich wieder kundenzentriert sein und Themen wie Kundentermine, Produktpräsentationen, Marketing-Messages, Positionierung gegenüber Mitbewerbern oder das Einholen von Markt- und Mitbewerberinformationen umfassen. Wie bei jeder Zieldefinition empfehle ich, entsprechende Unterziele zu definieren, klare Maßnahmen und Verantwortlichkeiten festzulegen sowie Faktoren der Zielerreichung zu beschreiben. Im Endeffekt geht es auch hier um das WWW (Wer macht was bis wann?), und darum, wie man den Erfolg messen kann. Auf diese Weise stellen Sie sicher, dass die Qualität Ihrer Messe- und Konferenzteilnahmen laufend verbessert wird und Klarheit darüber herrscht, was es benötigt, um erfolgreich daran teilzunehmen.

Nun stellt sich dann oft die Frage, wer denn die richtigen Ansprechpartner beim Kunden sind und wie diese kontaktiert werden können. Daher rückt auch im Vorfeld von Messen und Konferenzen Ihr CRM-System und damit die Datenbank mit den Kontaktdaten Ihrer Kunden in den Mittelpunkt. Wenn Sie hier laufend die Daten up-to-date halten, dann bekommen Sie im Vorfeld von Messen und Konferenzen keinen Stress beim Kontaktieren von potenziellen Besuchern. Zudem können Sie damit auch sicherstellen, dass die Nachbearbeitung der Events effizient erfolgen kann. Der positive Nebeneffekt eines aktuell gehaltenen Datenstands im CRM ist, dass Sie Protokolle von Besprechungen auf der Messe direkt den jeweiligen Gesprächspartnern im CRM-System zuordnen können und damit eine effektive Dokumentation sicherstellen. Monate nach einer Messe kann sich im Normalfall niemand mehr erinnern, wer mit wem gesprochen hat, wenn diese Gespräche nicht dokumentiert werden. Da hilft dann auch die beste Relationship-Matrix am Ende nicht mehr weiter (siehe auch Abb. 22). Möchten Sie sicherstellen, dass alle im Vertriebsteam den Letztstand an Informationen und Gesprächen zu jeder Zeit besitzen, dann sollte jedes Gespräch mit Kunden und Interessenten – zumindest in Stichwörtern – dokumentiert werden.

Damit vermeiden Sie unangenehme Situationen, in denen Ihnen im schlimmsten Fall der Kunde entgegnet, dass er bestimmte Themen bereits auf der vergangenen Messe mit einem Ihrer Kollegen besprochen hat. Nur mangels Dokumentation wissen Sie davon und darüber leider nichts.

Sie kennen mit Sicherheit sowohl im privaten als auch im beruflichen Umfeld die Situation, dass Sie eine Messe oftmals mit gefühlten Tonnen an Broschüren und Informationsmaterial verlassen. Nicht nur dass Papier sparsam konsumiert werden sollte („Think before you print"), landen diese Broschüren in vielen Fällen dann früher oder später doch in der berühmten „Ablage", um am Ende im Altpapiercontainer entsorgt zu werden. Eine

Möglichkeit, der Unmenge an Papier-Handouts zu entgegnen und gleichzeitig auch in eine digitale Interaktion mit Kunden und Interessenten zu treten, ist die Verwendung von QR-Codes direkt an Ihrem Messestand. Wenn Sie verschiedene Themenbereiche und Demostationen mit QR-Codes versehen und diese direkt auf Ihr Informationsportal verlinken, können Sie dafür sorgen, dass sich durch entsprechende Registriervarianten die Interessenten Informationen in digitaler Form besorgen, während Sie auf der anderen Seite sicherstellen können, auch in Zukunft in direktem Kontakt mit diesen Personen bleiben zu können. Der positive Nebeneffekt von QR-Code-basierter Kontakterfassung auf Messen und Konferenzen liegt darin, dass Sie technisch relativ einfach eine DSGVO-konforme Besucherregistrierung an Ihrem Messestand realisieren können.

QR-Codes sind definitiv eine Erleichterung, um Internetadressen oder andere wichtige Informationen kompakt zu präsentieren und abrufbar zu machen. Achten Sie bitte darauf, dass Sie QR-Codes nicht inflationär verwenden. In letzter Zeit können Sie im Consumer-Bereich verstärkt beobachten, dass TV-Werbespots mit QR-Codes versehen werden. Das Ziel ist klar: Es sollen Konsumenten dazu gebracht werden, die Homepage oder auch Gewinnspielseite des werbenden Unternehmens aufzurufen. Aber seien Sie ehrlich zu sich selbst: Warten Sie zu Hause mit geöffneter QR-Scan-App am Smartphone vor dem Fernsehgerät darauf, dass ein Werbespot gezeigt wird, bei dem Sie den QR-Code einscannen können? Falls Sie das nicht machen, unterstelle ich Ihnen, dass Sie bei einem 20 Sekunden dauernden Werbespot nicht in der Lage sind, rechtzeitig das Smartphone zu nehmen, die App zu öffnen, und den QR-Code vom Fernsehgerät einzuscannen. Also aus meiner Sicht eine vergebene Chance der Werbeagentur, denn der QR-Code wird nicht abgerufen werden können. Wenn das Unternehmen stattdessen den Internetauftritt im klassischen „https://www...“-Format angeführt bzw. eingeblendet hätte, dann würden alle Konsumenten wissen, für welches Unternehmen geworben wird und unter welcher (einfach zu merkenden) Internetadresse man ggf. zusätzliche Informationen findet. QR-Codes machen definitiv Sinn, wenn Sie richtig eingesetzt werden. Im linearen Fernsehen bringen Sie aus meiner Sicht jedoch wenig. Bei nichtlinearen Werbespots auf Social-Media-Seiten oder Ihrer Homepage, bei denen der User auch die Pause-Taste drücken kann, um den QR-Code zu scannen, oder auf Drucksorten für weitere Informationen haben QR-Codes eine starke Berechtigung des Einsatzes.

Sind Sie nicht auch schon öfters vor dem TV-Gerät gesessen und haben bei mehr oder weniger aufmerksamer Konsumation eines Werbeblocks den einen oder anderen TV-Werbespot entdeckt, bei dem Sie bis zum Ende nicht wussten, für welches Produkt oder Unternehmen geworben wird? Im Extremfall denken Sie, es wird für eine Bank geworben, um dann am Ende des Spots darüber informiert zu werden, dass der Werbespot die Personal-Recruiting-Homepage eines Diskonters beworben hat. Da hat die Werbeagentur augenscheinlich keine oder die falschen Image- und Wirkungsanalysen durchgeführt. In Wirklichkeit hätte man dieses Thema jedoch schnell und ohne viel Aufwand verhindern können. Nämlich indem das Logo, der Firmenname oder die Unternehmenshomepage während des gesamten Werbespots dezent eingeblendet wird. Auf diese Weise wird verhindert, dass während des Ansehens des Werbespots die Inhalte mit dem falschen Unternehmen oder Produkt in Verbindung gebracht werden. Selbstverständlich sollte diese Gefahr bei gut gemachten Werbespots sehr gering sein, verhindert kann sie jedoch nie werden. Bedenken Sie die Wichtigkeit des Einblendens von Logo oder Firmendaten bitte auch bei kurzen Werbespots für Ihre Social-Media-Auftritte oder diverse Karriereplattformen.

Marketing im B2G-Umfeld wird immer stärker durch hybride Maßnahmen umgesetzt werden und es geht schlussendlich darum, für Sie den optimalen Maßnahmenmix von bisher traditionellen Maßnahmen und neuen digitalen Tools zu finden. Dieser Mix sollte jedoch immer zielgruppenorientiert gestaltet werden, daher meine Empfehlung am Ende dieses Kapitels:

i	Marketingstrategie an Käufer-/Zielgruppenanalyse ausrichten!

Legen Sie größtes Augenmerk innerhalb Ihrer Marketingstrategie auf die Käufer- und Zielgruppenanalyse, damit im Endeffekt die richtigen Tools für die unterschiedlichen Zielgruppen Ihres Marktes zum Einsatz kommen. Wenn Sie bei Ihren Kunden „traditionelle" Einkäufer kurz vor der Pensionierung ansprechen möchten, werden Sie mit Social-Media-Kampagnen mit hoher Wahrscheinlichkeit wenig erfolgreich sein. Im Umkehrschluss werden Ihnen Vertreter von Kunden, welche gerade das Universitätsstudium abgeschlossen haben und damit jenen Generationen angehören, die mit „neuen" Medien aufgewachsen sind, mit klassischen per Post verschickten Werbefoldern wenig Aufmerksamkeit schenken.

Sales Reporting und Forecasting

Wenn ein Fußballtrainer bis zur 85. Minute nicht gewechselt hat, dann sollte er das auch die kommenden fünf Minuten nicht mehr machen, wenn die Spieltaktik geändert werden soll. Eine Adaptierung der Spieltaktik, im Einklang mit einer übergeordneten Strategie, sollte im Normalfall in der Halbzeitpause oder bis Minute 60 erfolgen, denn taktisch positive Impacts werden nicht in den letzten fünf Minuten zu Erfolg führen. Selbstverständlich gibt es taktische Maßnahmen[59], die ein Auswechseln von Spielern in den letzten Minuten vor Spielende erforderlich machen können, den großen Wechsel der Taktik oder gar Strategie werden diese in der Regel innerhalb von fünf Minuten nicht mehr bringen. Im besten Fall gelingt ein „Lucky Shot" durch einen der Wechselspieler, was aber wiederum wenig mit einer definierten Strategie zu tun hat.

Ähnlich verhält es sich mit dem Vertriebszyklus, der sich im Idealfall an übergeordneten Vertriebsstrategien orientiert. Möchten Sie die Strategie adaptieren, sollten Sie rechtzeitig erkennen, an welchen Stellschrauben gedreht werden muss, und diese Schrauben sollten dann auch rechtzeitig gedreht werden. Daher ist es notwendig, ein laufendes und akkurates Sales Reporting mit möglichst genauen Hochrechnungen und Forecasts sicherzustellen, um rechtzeitig einen vielleicht notwendigen Kurswechsel einzuleiten. Im modernen Fußball findet eine Videoanalyse mit real-time-computerbasierten Auswertungen mittlerweile während des Spiels statt, die Daten werden direkt auf der Auswechselbank bzw. dann in der Kabine bei der Halbzeitpause analysiert und Maßnahmen werden adaptiert. Was früher maximal nach dem Spiel und damit offline erfolgte, kann durch das Trainerteam während des Spiels auf Basis von Daten in Echtzeit, erstellt mittels modernster Technik, erfolgen. Im Sales Reporting ist es ähnlich, und Sie sollten und können mit relativ einfachen Tools Ihre vertrieblichen Kennzahlen zeitnah sehr genau analysieren und Maßnahmen adaptieren oder einleiten.

Es gibt beim gesamten Reporting eine große Gefahr: zu viele Daten und zu viele Reports, die den Fokus auf Kunden und wirklich notwendige Maßnahmen verschwinden lassen. Ein Report sollte nie zum Selbstzweck erstellt werden, sondern immer dem übergeordneten Ziel dienen.

Abb. 40: Reporting-Anfragen an Vertrieb (Beispiel)

Der Alltag, den viele Account-Manager bzw. Mitglieder von Vertriebsteams vielfach kennen, ist, dass aus unterschiedlichen Bereichen des Unternehmens Anfragen zum Status von Vertriebsprojekten einprasseln, teilweise mit leicht unterschiedlicher Motivation, meistens jedoch mit der Anfrage nach den gleichen Informationen: „Wann kommt der Auftrag und was wird getan, damit der Auftrag auch tatsächlich gewonnen wird?"

Wenn Sie Ihre Vertriebsmanager nicht ausschließlich mit der Erstellung von Reports beschäftigen möchten, dann empfehle ich Ihnen zwei Kernmaßnahmen:

1) Stellen Sie sicher, dass die relevanten Informationen zentral abgelegt werden und sämtliche Anfrager nach Reports diese zentrale Informationsdatenbank kennen.
2) Etablieren Sie eine vertriebsnahe Abteilung oder Position im Unternehmen, die sich speziell mit dem Thema Reporting beschäftigt.

Abseits von den „harten" Fakten, wie Auftragsvolumen oder Profit eines Vertriebsprojekts, gibt es auch „Soft Facts". Damit gemeint sind

Updates, die man vom Kunden zum Vergabezeitplan erhält, Informationen zu etwaigen neu geplanten Ausschreibungen oder auch Informationen zu geplanten Vertragsverhandlungen. Wenn alle Mitglieder des Vertriebsprojektes sämtliche Informationen effizient im CRM-System abspeichern können und diese Informationen – oft auch nur stichwortartig – dann auch abgefragt oder als interner Newsletter zu den internen Stakeholdern mit berechtigtem Interesse nach Status-Updates verschickt werden können, sparen Sie schon viel an Energie. Stellen Sie sich vor, dass alle sieben (beispielhaft angeführten) Stakeholder aus Abb. 40 jeden Monat eine Anfrage per Telefon oder E-Mail an den Account-Manager schicken, dann dauert das Schreiben dieser E-Mails 7 x 5 Minuten = 35 Minuten und die Beantwortung durch den Account-Manager nochmals 5-10 Minuten. Damit entgehen Ihrem Unternehmen pro Monat 45 Minuten an Arbeitszeit, was pro Jahr alleine dann ca. neun Arbeitsstunden pro Vertriebsprojekt und Jahr ausmacht. Haben Sie 50 Vertriebsprojekte im Unternehmen im Vertriebszyklus am Laufen, sind das 40-60 Mann-Tage(!) pro Jahr, die Ihrem Unternehmen durch ineffizientes Vertriebs-Reporting verloren gehen. Sie können selbst ausrechnen, was Ihnen das im Unternehmen kostet oder welche Tätigkeiten innerhalb von 40-60 Tagen von einem Mitarbeiter erledigt werden könnten.

Wenn also jeder Kollege Informationen zentral ablegt, steigern Sie die Effizienz in der Zurverfügungstellung und der Verteilung von neuen Informationen massiv. Und unabhängig davon, dass Sie eine Effizienzsteigerung im Unternehmen schaffen, werden Sie auch die Nerven Ihrer Account-Manager entspannen. Es gibt erfolgreiche Account-Manager, die Unternehmen deswegen verlassen, weil sich der Großteil ihres täglichen Jobs nur noch um internes Reporting dreht, und sie für den Kunden wenig bis keine Zeit mehr aufbringen können. Achten Sie darauf, dass Reporting nicht zum Selbstzweck wird, denn dadurch gewinnen Sie keine zusätzlichen Aufträge und demotivieren Mitarbeiter, deren primäre Funktion eben nicht das Reporting darstellt.

Ein effektives Sales Reporting bedeutet, selbst wenn es CRM-basierend und damit auf Basis einer validen Datenbasis erfolgt, dass es quer über das gesamte Unternehmen nach einheitlichen Standards erfolgen sollte. Eine Analyse, welche Daten von wem in welcher Form benötigt werden, ist die Basis. Darauf aufbauend können Sie unterschiedliche Reporting-Formate entwickeln, die sämtlichen Stakeholdern im Unternehmen auch tatsächlich einen Mehrwert bringen, mit dem obersten Ziel: vertriebliche Erfolge zu realisieren. Die Sicherstellung von einheitlichen und effektiven Reporting-Strukturen erfolgt idealerweise zentral – also als Querfunktion im Unternehmen – und wird durch Mitarbeiter übernommen, die a) dafür Zeit haben, b) sich mit Kennzahlen und Trends sehr gut auskennen und c) bei aller Affinität zu Zahlen auch eine starke vertriebliche Affinität aufweisen.

Falls Sie überlegen, wie man diesen Bereich benennen kann: „Sales Operations" wäre eine Möglichkeit eines Namens für einen derartigen Bereich und unter diesem Begriff können Sie im Internet auch weiterführende Informationen und Definitionen abrufen[60]. Vertrauen Sie bei der Implementierung von „Sales Operations" in Ihrem Unternehmen schlussendlich jedoch immer auch Ihren Erfahrungen, Ihrem Fachwissen und Ihren Notwendigkeiten, denn „Sales Operations" wird in jedem Unternehmen immer etwas unterschiedliche Schwerpunktsetzungen haben, da jedes Unternehmen für sich auch unterschiedliche Schwerpunkte bei Kunden, Märkten, Lösungen und Prozessen hat.

Welche Reporte schlussendlich zum Einsatz kommen, hängt stark von den zur Anwendung kommenden Key-Performance-Indikatoren (KPI) ab. Ein Parameter, der nicht gemessen wird oder überhaupt nicht gemessen werden kann, sollte auch nicht als KPI bezeichnet werden. Auf der anderen Seite sollten Reporte nicht zum Selbstzweck werden, sondern in der einen oder anderen Weise Ihre KPI inkludieren und strategische Entwicklungen mit Fakten unterstützen.

Vertriebliche Key-Performance-Indikatoren (KPI)

Sind Sie als Vertriebsmanager aktiv und Ihr Chef gibt Ihnen im Laufe des jährlichen Zielgespräches Ziele wie „Anzahl an x Kundenmeetings bzw. -telefonaten", dann haben Sie einen Chef, für den der Weg wichtiger als das Ziel ist. Und sollte Ihr Chef in Ihren Zielen auch noch die Anzahl an „Meeting Reports" definieren, sollten Sie überlegen, ob Sie als Vertriebsmitarbeiter nicht einen Vorgesetzten haben, der seine Zeit zu sehr im Mikromanagement verbringt. Die Anzahl an Kundenmeetings per se ist kein KPI, da Kundenmeetings ein Tool bzw. eine Maßnahme sind, jedoch kein Ziel darstellen. Von Kundenmeetings alleine hat noch kein Unternehmen eine wirtschaftliche Basis geschaffen, denn schlussendlich benötigt jedes Unternehmen Aufträge und Umsätze.

Ein anderes sehr prominentes Beispiel in diesem Zusammenhang sind Auftritte bei Messen und Konferenzen. Wenn Sie hier involviert sind und Ihr Chef oder die Geschäftsführung als Ziel vorgibt, dass eine minimale Anzahl an Personen Ihren Messestand besucht, ohne dass damit qualitative Ziele verknüpft werden, können Sie sich berechtigterweise fragen, ob Sie in einer effektiven Vertriebsorganisation arbeiten. Selbstverständlich ist es wichtig, dass Messebesucher Ihren Messestand besuchen. Aber nur dann, wenn Sie mit diesen Besuchen auch „arbeiten", Folgetermine vereinbaren oder sonstige Tasks im Vertriebszyklus damit verbinden. Den Besuch Ihres Messestands durch eine Person kann man zwar supereinfach messen, aber als Ziel oder gar KPI ist die Anzahl an Besuchern denkbar ungeeignet, da Messestandbesuche alleine betrachtet noch keine Aussagekraft über effektive Vertriebsarbeit bringen.

Stellen Sie sich vor, ein Vertriebsmitarbeiter organisiert einen Präsentationstermin bei einem potenziellen Interessenten ohne Vorbereitung, ohne zu wissen, was die Teilnehmer überhaupt interessiert, oder im schlimmsten Fall, ohne zu wissen, wer die einzelnen Teilnehmer sein werden, die dieser Präsentation folgen werden. Es ist also nicht klar, welche Pain-Points es gibt und die Wahrscheinlichkeit ist hoch, dass mit einer generischen und allgemeinen Präsentation die teilnehmenden Personen im Publikum früher oder später gelangweilt Ihre E-Mails am Smartphone abrufen werden. Finden Sie einen derartigen Termin zielführend? Wahrscheinlich nicht. Wenn dieser Vertriebsmitarbeiter jedoch in seinen Zielen hat, dass er Kundenpräsentationen abhalten soll, dann hat er dadurch einen Teil seiner Ziele erfüllt, aber Sie sind im Vertriebszyklus keinen einzigen Schritt weitergekommen in Richtung neuer Aufträge. Also ist die reine Anzahl an Kundenmeetings kein effektiver KPI, sondern sollte klarer definiert werden. Ergänzt man diesen KPI nämlich um qualitative Elemente wie Zufriedenheit mit der Präsentation seitens der Teilnehmer oder um die Anzahl von neu identifizierten Pain-Points und Sales Leads, bekommt dieser KPI eine komplett neue und qualitativ höherwertige Qualitätsebene.

i	Ziele und KPI immer SMART gestalten!

Ziele sollten immer SMART definiert sein: **S**pecific (spezifisch), **M**easureable (messbar), **A**chievable (erreichbar), **R**elevant (Business relevant) und **T**imed (terminiert), und daher ist es hilfreich, wenn die dahinterliegenden KPI sich an diesen Grundsätzen orientieren.

Auftragseingang

Naturgemäß ist eine der wichtigsten Kennzahlen im Vertrieb die des Auftragseingangs. Diese Kennzahl wird typischerweise pro (Geschäfts-) Jahr gemessen, und bei Unternehmen der Eurozone in € angegeben. Da der Vertriebszyklus auch Bestands- und Servicegeschäft umfasst, empfehle ich, den Blickwinkel zu erweitern, und im B2G-Umfeld folgende KPI anzudenken:

- ✓ Auftragseingang in € pro Jahr
- ✓ Anteil der Top-20-Kunden am gesamten Auftragseingang, um die 80:20-Regel zu verifizieren
- ✓ Relation zwischen Neukunden- und Bestandskundengeschäft
- ✓ Anteil des Servicegeschäfts bzw. von Wartungsverträgen am Bestandskundengeschäft
- ✓ Optional, um etwaige Go2Market-Strategien zu unterstützen: Auftragseingang mit <u>neuen</u> Produkten oder Lösungen, ggf. selektiv für bestimmte, ausgewählte Regionen, Länder oder Kunden

Wie können Sie nun dafür sorgen, dass die Daten der zum Beispiel im CRM-Tool vorhandenen Sales Pipeline, also jene Geschäftsmöglichkeiten, die zum Auftragseingang führen, auch ein realistisches Bild ergeben, um eben nicht vier Wochen vor Ende des Geschäftsjahres erkennen zu müssen, dass die Annahmen und Erwartungshaltungen zu optimistisch waren?

Der Schlüssel zum Erfolg ist dabei eine Gewichtung von unterschiedlichen Wahrscheinlichkeitsparametern. Manche Unternehmen verwenden hier einen einzigen Wahrscheinlichkeitswert – oft auch Probability of Win (Pwin) genannt –, den sie bei jeder Opportunity anwenden. Es wird also jeder Geschäftsfall danach bewertet, mit welcher Wahrscheinlichkeit der

Auftragseingang im laufenden Geschäftsjahr eintritt. Der Vorteil dieser Variante ist, dass man nur einen Parameter zur Anwendung bringt. Der Nachteil auf der anderen Seite besteht darin, dass ohne vorherige Filterung ggf. eine große Anzahl an Opportunities laufend und manuell einem Update unterzogen werden muss. Zudem ermöglicht es diese Bewertung nicht, zu bewerten, ob ein Projekt nicht gewonnen wird, weil es zum Beispiel in der Vergabe zu Verzögerungen kommt oder weil man es gegen einen Mitbewerber verloren hat. Wenn Sie daher mit ein paar wenigen zusätzlichen Wahrscheinlichkeitswerten arbeiten, die die Opportunities etwas feiner bewertbar machen, erhalten Sie einen detaillierten Überblick Ihres Sales Funnels, und Sie können sowohl Risken als auch Chancen entsprechend berücksichtigen. Eine sehr simplifizierte, aber praktikable Variante der Bewertung von Geschäftsfällen könnte daher wie folgt lauten, wobei es bei jedem Parameter nur drei Stufen gibt und jeder Geschäftsfall mit jedem Parameter bewertet wird:

Parameter	Beschreibung/Risiko
Risiko: Wettbewerb	LOW: kein weiterer Anbieter außer Ihnen – speziell im Bestandskundengeschäft oder bei eingeschränkten Vergabeverfahren MED: nicht offenes Vergabeverfahren mit ein bis zwei weiteren Anbietern neben Ihnen HIGH: offenes Vergabeverfahren mit mehr als drei Anbietern
Risiko: Projektvergabe	LOW: Projekt ist fix eingeplant beim Kunden oder ggf. sogar schon ausgeschrieben. MED: Projektvergabeprozess wurde gestartet (z. B. durch Einholung von Industrieinformationen), muss aber noch beim Kunden budgetiert werden bzw. kann noch gestoppt werden. HIGH: Das Projekt ist eigentlich noch keine validierte Opportunity, muss noch entwickelt werden und der Kunde hat bisher nur grobe Ideen bzw. Pain-Points.
Risiko: Vergabezeitpunkt	LOW: Das Projekt wird fix vergeben, es gibt schon einen Contract-Award und der Vergabezeitpunkt ist auf Quartalsebene vorhersehbar (+/- 3 Monate). MED: Das Projekt wird vergeben, Angebote wurden gelegt,

Parameter	Beschreibung/Risiko
	jedoch ist der Zeitpunkt nur auf Halbjahressicht vorhersehbar, mit dem Risiko, in das folgende Finanzjahr geschoben zu werden. HIGH: Das Projekt wird vergeben, jedoch mit einem zeitlichen Vergaberisiko von mehr als sechs Monaten.
Risiko: Region, Land, Kunde	LOW: politische sowie regionale Risken können beinahe ausgeschlossen werden und das vertriebliche Set-up erlaubt Ihnen eine effektive vertriebliche Kundenabdeckung. MED: Politische und ökonomische Risken sind gering, können jedoch nicht ausgeschlossen werden. HIGH: Das Projekt ist sehr stark beeinflusst von politischen und ökonomischen Parametern (z. B. Wahlen, Streiks, BIP, ...).

Sie werden jetzt vielleicht einwenden, dass nun anstelle von einem einzigen Parameter (Pwin) sogar vier Parameter zur Bewertung notwendig sind und dass das die Bewertung nicht einfacher macht. Ich gebe Ihnen recht, dass es einmal mehr Aufwand darstellt, nämlich wenn Sie alle vorhandenen Leads und Opportunities in dieses – oder ein ähnliches – Bewertungsschema überführen. Wenn jedoch alle Opportunities einmal in diesem Bewertungsschema sind und jeder neue Lead bzw. jede neue Opportunity von Beginn an dieses Schema verwendet, ist der Aufwand nicht viel größer, aber die Genauigkeit der Vorhersagequalität haben Sie verbessert und die Darstellung des Verkaufstrichters („Sales Funnel") können Sie faktenbasiert umsetzen. Schlussendlich ist es nämlich eine äußerst subjektive und nicht nachvollziehbare Bewertung, wenn eine Opportunity mit nur einem Pwin bewertet wird. Und da entsteht schnell die Situation, dass man sich berechtigt fragen kann, weshalb eine Opportunity mit einer Pseudogenauigkeit von Pwin = 75 % und nicht mit 74 % bewertet wird. Führen Sie jedoch nur drei Wahrscheinlichkeiten pro Parameter – nämlich LOW, MED und HIGH – ersparen Sie sich diese Diskussionen.

Um zahlenbasierte Modelle auch berechnen zu können, müssen Sie diesen drei Kategorien selbstverständliche Prozentwerte zuweisen, was Sie jedoch einmalig auf Basis Ihrer Erfahrung und Marktgegebenheiten durchführen. Danach verwenden Sie ausschließlich die drei Kategorien LOW, MED und HIGH, welche für alle Beteiligten auch leicht verständlich darstellbar sind.

Parameter	LOW	MED	HIGH
Wettbewerb (WP)	0%	15 – 30%	30 – 50%
Projektvergabe (PP)	0 – 15%	15 – 40%	40 – 80%
Vergabezeitraum (VP)	0 – 10%	10 – 25%	25 – 50%
Region, Land, Kunde (RP)	0%	5 – 20%	20 – 50%

$$\mathbf{LE} = AE \ast (1 - WP) \ast (1 - PP) \ast (1 - VP) \ast (1 - RP)$$

Abb. 41: Risikobewertung zu Auftragseingangs (Beispiel)

Wenn Sie viele laufende Vertriebsprojekte im Unternehmen haben und daraus den „Latest Estimate" (LE) ableiten möchten, dann machen Sie dies, um eine laufend aktualisierte Schätzung zu erhalten, wo Sie am Ende des Geschäftsjahres punkto Auftragseingangs landen werden, um etwaige Maßnahmen rechtzeitig einleiten zu können. In Abb. 41 sehen Sie mögliche prozentuelle Bereiche für Risikoabwertungen je nach Risikokategorie. Im Umkehrschluss werden Projekte mit geringen („LOW") Risken mit einem geringeren Abschlagsfaktor versehen, um den LE zu schätzen, also Opportunities mit hohen Risken bei den unterschiedlichen Parametern. Die dargestellte Methodik errechnet nun den LE-Wert (in EUR) durch Multiplikation aller Faktoren mit dem Vergabewert (AE) laut Kundenbudget bzw. dem Angebotswert gemäß Ihrer Angebotskalkulation.

Die Risikofaktoren in Prozent (%) sind sehr verschieden, je nach Industrie, Marktteilnehmer, Kundenstrukturen sowie Vergabeverfahren, daher bitte ich Sie, die angeführten Werte als Beispiele zu sehen und diese je nach Ihren Bedürfnissen anzupassen.

Parameter	LOW	MED	HIGH
Wettbewerb (WP)	0%	20%	40%
Projektvergabe (PP)	5%	15%	40%
Vergabezeitraum (VP)	5%	10%	25%
Region, Land, Kunde (RP)	0%	5%	40%

$$\mathbf{LE} = AE \ * (1 - WP) \ * (1 - PP) \ * (1 - VP) \ * (1 - RP)$$

Abb. 42: LE-Berechnung (Beispiel)

In Abb. 42 ist ein fiktives Beispiel angeführt, mit einem Vergabewert von 15 €, einem MED-Wettbewerbsrisiko (20 %, das heißt, Ihr Unternehmen hat einen 80%igen Vorteil gegenüber Ihrem Mitbewerber), einem LOW-Projektvergaberisiko (5 %, das heißt, der Kunde hat vor, das Projekt fix zu vergeben, es gibt Budget und alle Vergabeprozesse verlaufen laut Plan), einem MED-Vergabezeitraumrisiko (10 %, das heißt, zu 90 % wird das Projekt in Ihrem laufenden Geschäftsjahr vergeben), und das regionale bzw. politische Risiko (RP) ist ebenfalls MED (5 %, das heißt, in diesem Land bzw. bei diesem Kunden sind externe Risikofaktoren betreffend Vergabeverfahren eher gering und zu 95 % auszuschließen). Multiplizieren Sie nun den Auftragswert (15 €) mit den Wahrscheinlichkeitsparametern (Prozentwerten), erhalten Sie in diesem Beispiel einen gewichteten LE-Wert von 9,747 €, den Sie in Ihre Hochrechnungen übernehmen können.

Wäre in diesem Beispiel kein Mitbewerber vorhanden, weil es sich bei diesem Projekt zum Beispiel um ein Bestandskundengeschäft mit eingeschränktem Vergabeverfahren handelt, dann wäre der gewichtete LE-Wert 12,184 €, da der WP-Risikofaktor mit 0 % in die Rechnung genommen wird:

$$\mathbf{LE} = 15€ * (1 - 0\%) * (1 - 5\%) * (1 - 10\%) * (1 - 5\%)$$

$$\mathbf{LE} = 12{,}184\ €$$

Da ein gewisses Restrisiko in der Vergabe, aber eben auch bei Zeitrahmen und Region nie zu 100 % ausgeschlossen werden kann, ist der gewichtete LE-Wert niedriger als der AE-Wert, solange keine neue Bewertung der Risken erfolgt. Weshalb macht man diese Berechnungen? Die einfachste Antwort auf diese Frage lautet: kaufmännische Vorsicht. Nichts wäre schlechter im Sinne Ihrer betriebsinternen Planung und Hochrechnungen, als davon auszugehen, dass im B2G-Umfeld keine Restrisken existieren, bei all dem wahrscheinlich berechtigten vertrieblichen Optimismus. Wenn jedoch der AE-Wert als Basis für Umsatz und damit auch als Basis für interne Kostendeckungen, Gehaltszahlungen und EBIT (earnings before interest and taxes)-Hochrechnungen dient, sollte kaufmännische Vorsicht immer zur Anwendung kommen. Unternehmen kamen schon in extreme wirtschaftliche Schieflage, weil Umsatz und Personalplanung von fixen Zahlungsmeilensteinen ausgingen, diese Projekte dann nicht oder zeitlich verschoben gewonnen und realisiert wurden, was sich dann im schlimmsten Fall in fehlender Liquidität ausgewirkt hat.

An dieser Stelle jedoch nochmals der wichtige Hinweis an Sie, dass die Prozentwerte der einzelnen Kategorien sehr unterschiedlich sein können. Sie sollten von Ihnen im Idealfall auf Basis der Erfahrungen in Ihrer Industrie, mit Ihren Kunden und mit Ihren Produkten, Lösungen und

Mitbewerbern definiert und adaptiert werden, um ein für Sie praktikables Modell zu erstellen. Wenn Sie alle AE-Daten und Risken in Ihrem CRM-System verfügbar haben, können Sie sehr effizient Ihre Hochrechnungen durchführen und den gesamten LE-Prozess automatisiert ablaufen lassen.

Ähnlich der Methodik bei der Erstellung Ihrer Marktmodelle (siehe Kapitel 1) können Sie die vorhin erklärte Bottom-up Methodik bei der Hochrechnung des wahrscheinlichen Auftragseingangs nun auch um unterschiedliche Szenarien erweitern.

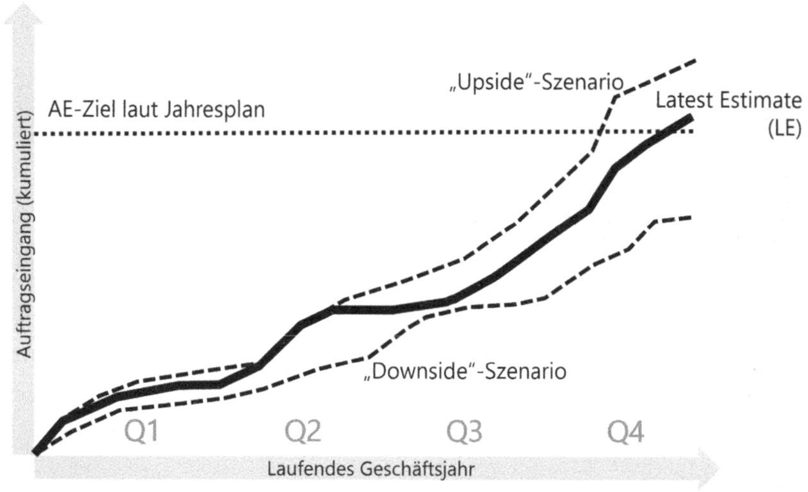

Abb. 43: Auftragseingang-Szenarien

Auf Basis einer laufenden Evaluierung der Risken in den Vertriebsprojekten erhalten Sie ein rollierendes Update des Latest Estimates (LE). Ich empfehle Ihnen, dies mindestens einmal pro Monat durchzuführen. Diesen LE können Sie nun um die Liste an vertrieblichen Chancen (z. B. Opportunities, die sich schneller entwickeln könnten als geplant) ergänzen, um ein „Upside"-Szenario zu bilden. Teil des Upside-Szenarios kann auch eine Risikobewertung laut Abb. 42 mit geringeren Risikoeintrittswahrscheinlichkeiten sein, sofern diese anwendbar sind im „Best Case“. Auf der anderen Seite haben im B2G-Umfeld oft Projekte im vierten Quartal das Risiko zeitlicher Natur, dass sie sich in das nächste Jahr verschieben können. Derartige Risken können Sie dann als „Downside“-Szenario darstellen. Diese Werte, kumuliert über das gesamte Jahr hinweg betrachtet, sehen Sie beispielhaft in Abb. 43 dargestellt. Selbstverständlich können diese Reporte noch verfeinert werden und zu einer Darstellung zum Beispiel pro Region, pro Kunde, oder auch pro Produkt oder Lösung umgebaut werden. Bringen Sie noch eine Top-down Sicht ein, also welchen AE basierend auf den vorhandenen Marktdaten Sie annehmen, dann hätten Sie noch eine weitere Linie in dieser Grafik, abgeleitet von den durchschnittlichen Marktanteilen am erreichbaren Marktvolumen laut Ihrem Marktmodell.

Weshalb sind derartige Hochrechnungen und Szenarien aus vertrieblicher Sicht so essenziell? Selbstverständlich um die vertriebliche Kennzahl des Auftragseingangs nicht aus den Augen zu verlieren und laufend zu wissen, wo man ggf. Kurskorrekturen oder Maßnahmen einleiten muss. Mindestens genauso wichtig, um nicht zu sagen noch essenzieller, ist die Ableitung von Umsatz und EBIT aus dem Auftragseingang und der damit verbundenen Zahlungsmeilensteine sowie der Liquiditätsplanung.

Wenn Sie rein den Auftragseingang auf Jahressicht betrachten, könnte man dazu verleitet werden, dass es wichtig ist, den Ziel-AE zu schaffen, und zwar bis zum 31.12. bei einem Geschäftsjahr auf Kalenderjahrbasis. Das kann jedoch sehr schnell dazu führen, dass Umsatz und Liquidität über das Jahr fehlen, da im Idealfall der Auftragseingang und damit neue Projekte über das gesamte Jahr möglichst gleichmäßig verteilt verbucht werden können. Vereinfacht formuliert: Die Gehälter aller Mitarbeiter müssen zumindest zwölfmal pro Jahr bezahlt werden können, und eben nicht nur im Dezember. Daher empfehle ich Ihnen, diese Szenarienmodelle Ihres Auftragseingangs auch dazu zu verwenden, um in weiterer Folge Umsatz, Cashflow, EBIT und Liquidität von noch nicht gewonnenen Projekten zu simulieren.

Profitabilität

Um Deckungsbeitrag und EBIT auch entsprechend hochrechnen zu können, sollte selbstverständlich die Profitabilität des Auftragseingangs laufend analysiert werden. Im Idealfall haben Sie in Ihrem CRM-System sowohl den zu erwartenden Auftragswert, aber eben auch den damit zusammenhängenden Deckungsbeitrag bzw. Profit bei jeder Opportunity hinterlegt. Basierend auf diesen Werten und in Zusammenhang mit den vorhin beschriebenen Risikobewertungen kommen Sie damit mit relativ einfachen Mitteln auch zu einem LE-Wert betreffend Ihres Projektdeckungsbeitrages und somit (indirekt) schlussendlich auch auf Ihr wahrscheinliches Unternehmens-EBIT. Analog zur in Abb. 43 dargestellten Entwicklung des Auftragsstandes über ein Geschäftsjahr können Sie die gleiche Art der Darstellung auch für die kumulierte Entwicklung des Projektdeckungsbeitrag-LE anwenden, und wenn Sie die beiden LE-Werte von Profit/Deckungsbeitrag und Auftragseingang in Relation zueinander setzen, erhalten Sie den relativen Profit in Prozent. Beide Kennzahlen, also sowohl der absolute Wert in EUR als auch der relative Wert in Prozent, sind KPI, die in jedem vertrieblichen Dashboard dargestellt werden sollten.

Vertriebstrichter (Sales Funnel)

Über den gesamten Vertriebszyklus hinweg betrachtet, benötigen Sie selbstverständlich laufend neue Geschäftsmöglichkeiten und Opportunities, die Sie dann die kommenden Monate und Jahre hinweg zu konkreten Aufträgen mit Ihren Kunden entwickeln. Die in diesem

Zusammenhang gebräuchliche Darstellungsweise ist der „Vertriebstrichter" („Sales Funnel"), in dem quasi von oben oder seitlich laufend neue Leads eingefüllt werden und als fertige Aufträge herauskommen. So einfach funktioniert B2G-Geschäft natürlich nicht, aber für die Darstellung ist es definitiv eine gebräuchliche Form, die weltweit zur Anwendung kommt.

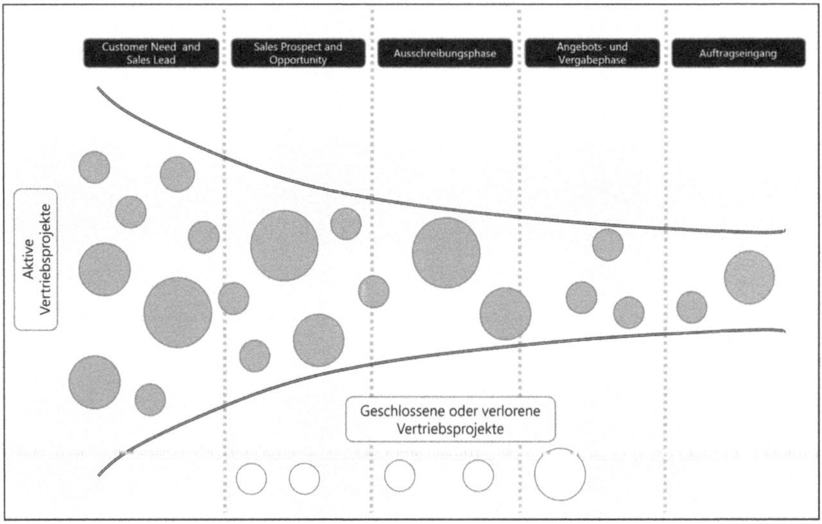

Abb. 44: Vertriebstrichter („Sales Funnel")

Ich empfehle, die Darstellung des Vertriebstrichters mit Ihren aktuellen Daten automatisiert zu verknüpfen, damit Sie die Darstellung nicht bei jedem Report manuell und ineffizient zeichnen müssen. Mit sehr einfachen Tools des Tabellenkalkulationsprogramms Ihrer Wahl können Sie eine Darstellung wie in Abb. 44 erstellen, wobei die Größe der Vertriebsprojekt-„Bälle" den Auftragswert darstellen (je größer die Bubble, desto höher der Auftragswert), und je weiter die Vertriebsprojekte im Vertriebszyklus sind, desto weiter rechts in dieser Darstellung befinden sich diese Projekte. Sie können auch relativ einfach jene Projekte darstellen, die entweder von

Kundenseite her beendet wurden („geschlossen") oder die Sie verloren haben. Diese sollten selbstverständlich dann außerhalb des Vertriebstrichters liegen.

Die Konversationsrate – also die Anzahl der konkreten Aufträge im Verhältnis zur vorhandenen Anzahl an Kunden- oder Vertriebsprojekten – ist eine wichtige Kennzahl im B2G-Vertrieb. Auf diese Weise können Sie für sich nämlich definieren, wie groß das Volumen an konkreten Sales Leads und validierten Opportunities sein muss, um Ihren Zielen im Auftragseingang gerecht zu werden. Projekte werden verloren oder vom Kunden nicht oder später realisiert, womit man immer eine größere Anzahl an Leads benötigt, um eine gewünschte Anzahl an Aufträgen zu bekommen.

Der Sales Funnel von heute definiert den Auftragseingang von morgen, und wenn Sie im laufenden Geschäftsjahr einen steigenden Auftragseingang vorweisen können und gleichzeitig das Volumen von Ihrem Sales Funnel sinkt, werden Sie mit hoher Wahrscheinlichkeit in den kommenden Jahren nur sehr mühsam einen stabil wachsenden Auftragseingang verbuchen können.

Ich empfehle Ihnen daher, den Sales Funnel als einen gleichwertigen KPI zu behandeln wie Auftragseingang und Profitabilität. Das notwendige Volumen im Sales Funnel ist natürlich abhängig von Ihrer Konversationsrate, Marktanteilen, der jeweiligen Region und den Vertriebsvorlaufzeiten in Ihrer Industrie bzw. für Ihr Unternehmen. Ein Faktor 10:1 von Sales Funnel zu Auftragseingang sowie ein Faktor 3:1 von validierten Opportunities zu Auftragseingang ist im B2G-Umfeld ein grober Richtwert, der aber selbstverständlich für Ihr Unternehmen wieder anders aussehen könnte. Diese Richtwerte bedeuten: Wenn Sie im kommenden Geschäftsjahr einen Auftragseingang von 100 erreichen möchten, dann sollten Sie im Funnel validierte Opportunities im Wert von 300 adressieren können bzw. aufweisen. Der KPI bzw. das Ziel für das Vertriebsteam wäre damit, validierte und konkrete Vertriebsprojekte im Wert von 300 für das kommende Jahr im laufenden Jahr zu entwickeln. Und dieser KPI sollte daher in Ihrem Dashboard ausgewiesen werden. Wenn sich die Projektvorlaufzeit („Sales Lead Time"), also jene Zeit zwischen Identifizierung des Kundenbedarfs bis zum Auftragseingang, über mehrere Jahre zieht, und das ist in den meisten Projekten im B2G-Umfeld der Fall, empfehle ich Ihnen die Kenngröße zu erweitern. Weisen Sie die Größe des Sales Funnels für zum Beispiel die kommenden 2-3 Jahre aus, also drei Kennzahlen (eine pro Geschäftsjahr), um Trends zu erkennen und Maßnahmen entsprechend ableiten zu können.

Marktanteil

Sie möchten mit Ihren Produkten und Lösungen Marktführer sein, bleiben oder werden? Dann sollten Sie auch den Marktanteil kennen, den Sie mit Ihren Produkten und Lösungen haben. Den können Sie schätzen und in Relation zum Marktvolumen setzen (siehe dazu Kapitel <Marktführerschaft>), oder Sie arbeiten mit dem KPI der „Offer-Hit-Rate", also der Relation der gewonnenen Angebote in Relation zum gesamten Volumen der von Ihnen gelegten Angebote.

$$\boldsymbol{Hit\ Rate} = \frac{Wert\ der\ \boldsymbol{gewonnenen}\ Aufträge\ (Angebote)}{[Wert\ der\ \boldsymbol{gewonnenen}\ Aufträge + Wert\ der\ \boldsymbol{verlorenen}\ Angebote]}$$

Sie können also relativ einfach Ihren Marktanteil errechnen, wenn Sie an allen Vergabeprojekten in Ihrem Markt teilnehmen und damit die Werte der Projekte kennen. Im Normalfall kennen Sie dann auch den Wert der von Ihnen verlorenen Projekte und können damit eine Hit-Rate errechnen, wobei hier ein KPI – also eine Hit-Rate – von 30-50 % oder darüber in einem kompetitiven Umfeld in Richtung Marktführerschaft zeigt. Zudem können Sie durch den KPI der „Hit-Rate" auch ableiten, ob die Qualität Ihrer Angebote den Kundenerwartungen entspricht, da dieser KPI wie erwähnt angebotsbezogen berechnet wird. Angebote, die nicht den Kundenerwartungen entsprechen, werden Sie in der Mehrzahl der Fälle auch nicht gewinnen, und somit wird der KPI „Hit-Rate" auch tendenziell gering ausfallen.

Aber Achtung: Dieser KPI als Basis zur Definition des Marktanteils funktioniert nur, wenn Sie auch tatsächlich an allen Vergabeprojekten teilnehmen und somit immer genau wissen, welchen Wert die Vergabeprojekte haben. Sollten Sie an manchen Projekten nicht teilgenommen haben, in manchen Regionen vertrieblich nicht aktiv sein oder Ihre Mitbewerber Aufträge aus Bestandskundenverträgen erhalten, bei denen Sie überhaupt nicht mitmachen können, empfehle ich Ihnen die Marktanteilsberechnung auf Basis des adressierbaren Marktvolumens.

$$\boldsymbol{Marktanteil} = \frac{Auftragseingang\ €}{Adressierbares\ Marktvolumen\ €}$$

Wie bereits im Kapitel 1 beschrieben, sind Berechnungen zum eigenen Marktanteil in Relation zum adressierbaren Marktvolumen ein wichtiger KPI, um relevante strategische Entscheidungen treffen zu können. Der Vorteil dieser Methodik im Unterschied zur zuvor beschriebenen Angebots-Hit-Rate ist, dass immer der Auftragseingang in Relation zum Marktvolumen gesetzt wird und eben nicht bloß jene Angebote und Aufträge herangezogen werden, die Sie bzw. Ihr Unternehmen kennen und bearbeitet haben. Die Gefahr, dass Sie sich vielleicht in falscher Sicherheit wiegen, können Sie damit verringern.

Wir haben ohnehin 75 % der Angebote gewonnen! Diese Aussage kann erfolgen, wenn man sich auf die Hit-Rate bezieht. Aber was wäre, wenn Sie einfach nur einen Bruchteil der Vergabeprojekte kannten und damit angeboten haben? Dann haben Sie viele Projekte gewonnen, eine hohe Hit-Rate, aber Ihre Mitbewerber gewinnen vielleicht noch größere Volumen, und Sie bekommen es nicht mit, weil Sie das adressierbare Marktvolumen in die Evaluierung nicht aufnehmen.

Der Marktanteil selbst kann nun in weiterer Folge selbstverständlich in einzelne Unterbereiche nach Produkten, Lösungen, Regionen, Ländern oder Kunden heruntergebrochen werden, um Detailanalysen durchzuführen. Schlussendlich empfehle ich Ihnen für Ihr Dashboard, also die Darstellung auf höherer Flughöhe mit geringerem Detailgrad, die beiden hier beschriebenen KPI zu verwenden und Detailanalysen separat durchzuführen. Ein Dashboard sollte immer eine Art Zusammenfassung sein und nicht für Detailanalysen die Basis bilden.

Wachstum

Die Nominallöhne in Österreich stiegen jedes Jahr in den Jahren 2009 bis 2019, also vor der COVID-19-Pandemie, zwischen 1,3 % und 2,9 %[61], in Deutschland stiegen sie im gleichen Zeitraum zwischen 0,2 % und 3,3 %[62]. Das bedeutet im Umkehrschluss, dass die Lohnkosten in Ihrem Unternehmen um diesen Prozentwert steigen, und wenn Sie keine Verringerung des Gewinns bzw. Deckungsbeitrages aufgrund dieser Kostensteigerung möchten, müssen Sie den Umsatz also mindestens um diesen Wert steigern. Steigerungen von sonstigen Fixkosten würden selbstverständlich noch dazukommen.

Da Projekte im B2G-Bereich meistens eine längere Laufzeit aufweisen und somit der Umsatz nicht im selben Jahr 1:1 zu verbuchen ist, in dem der Auftragseingang verbucht wird, muss der Auftragseingang stärker steigen, um einen entsprechenden Order-Backlog sicherstellen zu können. Zwecks Simulation nehme ich nun für diesen Faktor einen Wert von 20 % an. Sie können daraus erkennen, dass der Auftragseingang also bei 3,3 %

Nominallohnsteigerung schon um 4 % steigen muss, um alleine die gestiegenen Lohnkosten abzudecken.

Unter der Annahme, dass Ihr adressierbarer Markt eine Wachstumsrate von zum Beispiel 3 % pro Jahr aufweist, müssen Sie bei einem Wachstum des Auftragseingangs von 4 % schon schneller wachsen als Ihr Markt bzw. die Investitionsausgaben Ihrer Kunden. Möchten Sie parallel auch noch Ihren Marktanteil vergrößern, erkennt man sehr schnell, dass Ihr Auftragseingang jedes Jahr um 4-6 % steigen muss, um als Unternehmen nicht in finanzielle Schieflage zu geraten. Ich empfehle Ihnen daher, in Ihr Dashboard sowohl die Marktwachstumsraten laut Marktmodell als auch parallel die Wachstumsraten von Ihrem Auftragseingang darzustellen. Achten Sie dabei auch auf jahresbezogene Trendanalysen, um zu evaluieren, ob Ihr Unternehmen bzw. die vertrieblichen Kennzahlen eine Entwicklung aufweisen, die langfristig Wachstum und finanzielle Sicherheit gewährleisten!

Wachstum kann natürlich auch bedeuten, in neuen Regionen und/oder mit neuen Produkten am Markt aktiv zu werden. Auch das Thema „anorganisches Wachstum" ist selbstverständlich ein wichtiger Faktor, wenn Sie mit Ihrem Unternehmen wachsen möchten. Da diese Themen zwar vertriebliche Komponenten beinhalten, diese jedoch aus meiner Sicht eher als „Sonderziele" im Bereich Go2Market abgebildet werden sollten, empfehle ich, sie von Ihrem vertrieblichen Dashboard auszuklammern, außer es besteht ein begründeter Bedarf danach.

Historische Daten

Ohne valide Datenbasis ist ein strategisches Entwickeln von vertrieblichen Maßnahmen auf Bauchgefühl eher gleichbedeutend mit einem Spiel am Roulettetisch im Casino, wenn Sie auf Rot oder Schwarz setzen. Das kann mit Erfahrung und Glück manchmal klappen, jedoch gibt es beim

Roulette auch noch die grüne Null, wodurch am Ende doch immer das Casino gewinnt.

Wenn Sie also vertriebliche Strategiearbeit qualitativ hochwertig gestalten möchten und nicht auf Glück aufbauen wollen, dann benötigen Sie als Startpunkt Ihrer Strategiearbeit möglichst viele valide Daten, die hoffentlich möglichst automatisiert ausgewertet werden können.

Sämtliche in diesem Kapitel bisher beschriebenen KPI können selbstverständlich auch als Zeitreihen über die vergangenen drei, fünf oder zehn Jahre ausgewertet und analysiert werden. Daher möchte ich die bisher beschriebenen KPI nicht nochmals beschreiben, sondern auf Auswertungen eingehen, die für Sie vielleicht neue Ideen von (neuen) Auswertungen in Ihrem Umfeld bringen können.

Regionale Trendanalysen

Im Zuge der Erstellung von regionalen Strategien oder Account-Strategien kann es sich als wertvoll erweisen, wenn Sie wissen, wie sich Ihr Geschäft in den unterschiedlichen Regionen im Vergleich zu Gesamtergebnis oder anderen Regionen, in denen Sie aktiv sind, entwickelt.

Die im Beispiel von Abb. 45 gewählte Darstellungsform kombiniert die Wachstumstrendanalyse je Region (alternativ: Land oder Kunde) mit einer Marktanteilsanalyse ergänzt um die Darstellung des absoluten Auftragseingangs (AE) je Region.

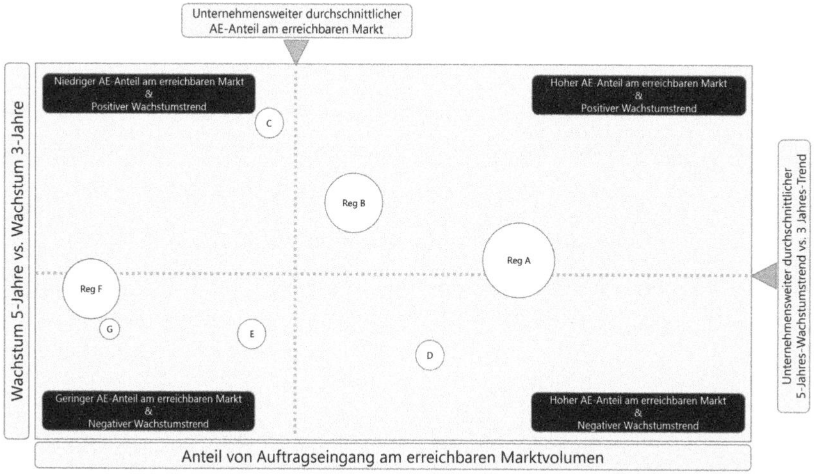

Abb. 45: Regionale Trendauswertung

Wie kommen Sie nun zu dieser Darstellung, um potenzielle Wachstumsregionen identifizieren zu können? Zuerst werten Sie den jährlichen absoluten Auftragseingang (in EUR) für jede Region der letzten fünf Jahre aus. Diese Daten sollten Sie im Idealfall quasi auf Knopfdruck verfügbar haben und somit erhalten Sie je Region fünf AE-Werte, einen pro Jahr der letzten fünf Jahre.

Berechnen Sie nun die durchschnittlichen AE-Wachstumsraten pro Region, bezogen auf diese fünf Jahre, und setzen Sie sie in Relation zu den Wachstumsraten, bezogen auf die letzten drei Jahre, um somit einen Trend zu erhalten, und zwar pro Region, aber eben auch für Ihr gesamtes Unternehmen. Der Durchschnittswert für Ihr gesamtes Unternehmen wird markiert durch die horizontale strichlierte Linie in Abb. 45. Alle Regionen, die über dieser Linie liegen, wachsen daher überdurchschnittlich in Relation zum Gesamtwachstum und jene Regionen, die unterhalb dieser Linie liegen, zeigen eine Wachstumsrate, die unter Ihrem unternehmensweiten Trend liegt.

Wenn Sie nun den kumulierten Auftragseingang der letzten fünf Jahre pro Region in Relation zum erreichbaren Markt (alternativ: adressierbaren Markt) der letzten fünf Jahre laut Ihrer Marktanalyse setzen, erhalten Sie eine Aussage zu Ihrem Marktanteil. Die vertikale strichlierte Linie zeigt wiederum den durchschnittlichen Marktanteil für Ihr Unternehmen, und in jenen Regionen, die rechts von dieser Linie liegen, haben Sie einen überdurchschnittlichen Marktanteil, während Regionen links der strichlierten Linie einen geringeren Marktanteil in Relation zum Gesamtunternehmen aufweisen.

Der kumulierte AE-Wert pro Region der letzten fünf Jahre, also die Summe der letzten fünf Jahre, wird in Abb. 45 durch die Größe der Regions-„Bälle" dargestellt. Das heißt, je größer der absolute Auftragseingang in einer Region ist, umso größer ist auch der dargestellte „Ball".

Was sagt uns nun das Beispiel in Abb. 45 und was können Sie aus dieser Darstellung ableiten? Das Beispiel zeigt, dass die Regionen A, B und F in absoluten Zahlen den größten AE aufweisen (die drei größten „Bälle"). Auf der anderen Seite können Sie erkennen, dass Region A bereits einen sehr hohen Marktanteil am erreichbaren Markt aufweist (weit rechts in der Grafik) und damit weiteres Wachstum wohl nur durch eine Ausweitung des erreichbaren Marktes möglich ist. Auf der buchstäblich anderen Seite – nämlich links – befindet sich Region F, die zwar in absoluten Zahlen einen hohen AE aufweist, jedoch einen geringen Marktanteil zeigt. Diese Region kann daher durch Erhöhung der Wachstumsraten mittels geeigneter Maßnahmen durchaus noch wachsen und damit in der Grafik weiter nach rechts oben wandern. In der Grafik sehen Sie auch, dass Region C eine sehr hohe Wachstumsrate aufweist, daher wohl in den kommenden Jahren auch einen höheren AE (größerer „Ball") aufweisen wird, im Normalfall auch einen größeren Marktanteil erreichen wird und damit in Zukunft weiter rechts dargestellt werden wird.

Ich empfehle, eine Auswertung dieser Art einmal pro Jahr durchzuführen und die Schlussfolgerungen daraus als Inputfaktor zur Erstellung Ihrer Vertriebsstrategien zu nehmen. Die Grafik hilft Ihnen bei der richtigen Priorisierung und macht es leicht verständlich, wo zusätzliches Wachstum im erreichbaren Markt möglich ist (linker unterer Quadrant) und wo es schwierig wird, ohne Vergrößerung des erreichbaren Marktes zu wachsen (rechter oberer Quadrant). Vereinfacht formuliert könnte man sagen: Fokussieren Sie sich auf Maßnahmen im linken unteren Quadranten, um diese Regionen vertrieblich zu entwickeln und setzen Sie Maßnahmen im Bestandskundengeschäft bei Regionen im rechten Bereich, um hier den hohen Marktanteil zu halten.

<u>Account Trendanalysen</u>

Eine weitere Form der Trendanalyse können Sie pro Land oder pro Kunde (Account) durchführen, um hier speziell die bereits früher erwähnte „80:20-Regel" (siehe auch Abb. 15: Topkunden – Vertriebsaufwand vs. Umsatz) einer zusätzlichen Validierung zuzuführen.

Land	AE 10J	AE 5J	AE 3J	Rank 10J	Rank 5J	Rank 3J	5JTrend	3JTrend
A	100	70	30	1	1	1	+	o
B	80	40	25	2	3	2	o	+
C	75	41	20	3	2	3	+	-
D	60	20	12	4	8	8	-	-
E	55	25	11	5	4	9	-	-
F	50	24	15	6	5	5	-	o
G	49	23	16	7	6	4	-	+
H	45	22	14	8	7	6	-	+
I	30	17	8	9	9	10	+	-
J	20	14	13	10	10	7	+	+
K	18	7	5	11	12	12	-	-
L	17	8	6	12	11	11	-	+

Kumulierte AE-Werte in EUR

AE-Ranking

Trend Pos./Neg.

Abb. 46: Trendauswertung pro Land oder Kunde

Um die „80:20-Regel" anwenden zu können, sollten Sie von all Ihren Kunden die Auftragswerte der Größe nach sortieren. Im Beispiel von Abb.

46 sind die Länder nach dem AE der letzten zehn Jahre („AE 10J") sortiert, und entsprechend ergibt sich auch das Ranking in der Spalte „Rank 10J". Die dargestellten Top-12-Kunden zeigen ein etwas anderes Bild, wenn man sich die letzten drei Jahre ansieht („AE 3J"), denn hier sind zwar die ersten drei Kunden im Ranking ident mit dem langfristigen Zehnjahresranking, aber die Länder D und E fallen klar zurück im kurzfristigen Ranking. Aus diesen Daten können Sie nun sowohl einen mittelfristigen Trend (zehn Jahre vs. letzte fünf Jahre) als auch einen kurzfristigen Trend auswerten (zehn Jahre vs. letzte drei Jahre). In Abb. 46 werden diese Trends kompakt in den letzten beiden Spaten durch +/o/– dargestellt.

Im Beispiel von Abb. 46 habe ich zwölf Länder (A-L) beispielhaft herangezogen. Selbstverständlich sollten Sie hier alle Ihre Kunden oder Länder auswerten, damit Sie ein sinnvolles „80:20-Ranking" durchführen können. Man kann aus dem Beispiel aus Abb. 46 ableiten, dass bei vielen Ländern der Fünfjahrestrend (durchschnittlicher AE pro Jahr) negativ ist, bei den Ländern G und H aber der Dreijahresdurchschnitt wieder positiv ist. Das kann ein Zeichen sein, dass man in diesen Ländern die Trendumkehr durch die richtigen Maßnahmen eingeleitet hat. Wenn Sie sich fragen, weshalb ich bei beiden Trendanalysen mit genau Fünfjahrestrends und Dreijahrestrends arbeite, liegt es einfach daran, dass dies Annahmen sind, um Trends ableiten zu können. Welche Jahressicht Sie schlussendlich bei Ihren Trendanalysen anwenden, hängt sehr stark vom Investitionszyklus Ihrer Kunden ab. Sie sollten nur sicherstellen, dass bei langen Investitionszyklen die falschen Schlüsse gezogen werden würden, wenn zum Beispiel der Dreijahrestrend negativ ist und Sie nur diesen betrachten. Es kann nämlich durchaus sein, dass ein Kunde vor vier Jahren ein Produkt gekauft hat und dieses Produkt erst wieder in zwei Jahren (neu) beschafft wird. Damit haben Sie sechs Jahre in diesem Produktsegment wenig bis keine Einnahmen von diesem Kunden zu erwarten, außer ein stabiles

Bestandskundengeschäft durch zum Beispiel Wartungs- und Serviceverträge. Aus diesem Grund ist die Wahl der optimalen Zeitspannen immer sehr stark von Ihrem Markt, Ihrer Industrie und Ihren Kunden abhängig, um eine effektive Auswertung zu gewährleisten.

Bestandskundengeschäft

Die COVID-19-Pandemie hat über mehr als zwei Jahre gezeigt, dass viele Kunden im öffentlichen Sektor, also im B2G-Umfeld, ihre Investitionsbudgets massiv kürzen mussten und Neuanschaffungen gestoppt oder zumindest aufgeschoben wurden. Jene Unternehmen, die eine starke Kundenbasis hatten, konnten jedoch in vielen Fällen darauf vertrauen, dass zumindest die Budgets für laufende Kosten (OPEX) weniger stark von derartigen Kürzungen betroffen waren. Diese Tatsache zeigt, wie wichtig das Bestandskundengeschäft für Sie sein kann, denn es bildet quasi den Sockel Ihres Auftragseingangs, der von externen Einflussfaktoren geringer betroffen sein kann. Dieses Bestandskundengeschäft hilft Ihnen damit auch, durch wirtschaftlich schwierige Situationen zu kommen, da längerfristig abgeschlossene Serviceverträge für Sie laufende Einnahmen bringen und tendenziell nicht so schnell von Kunden storniert werden. Aus diesem Grund sollten Sie den Anteil Ihres Bestandskundengeschäfts – also Serviceverträge sowie sonstiges Bestandskundengeschäft – am Auftragseingang auch laufend evaluieren und für sich eine kritische Masse definieren, die unter keinen Umständen unterschritten werden sollte, um auch in Krisenzeiten den vorhin erwähnten Sockel sicherzustellen.

Sales-Dashboard

An dieser Stelle möchte ich kurz zum Thema Dashboard ein paar Aspekte anführen, aber dazu auch gleich erwähnen, dass das Dashboard per se natürlich kein eigener KPI ist, sondern zur Darstellung der ausgewählten KPI dient. Sie werden am Markt eine schier unendliche

Anzahl an Dashboard Softwarelösungen finden, die zumindest einmalig, oft jedoch jährliche Lizenzgebühren kosten.

> **i** Dashboards selbst gestalten anstelle von teuren und unflexiblen Zukauflösungen!

Meine Empfehlung an dieser Stelle ist, dass Sie sich sehr gut überlegen sollten, ob Sie die Kernzahlen Ihres Unternehmens in eine zugekaufte Software überführen möchten, die schlussendlich vielleicht doch nicht genau jene Darstellungsform bringt, die Sie und Ihr Unternehmen benötigen. Und wenn Sie die Darstellung in eine Form adaptieren möchten, die für Ihre Reporting-Struktur von Nutzen ist, dann müssen Sie entsprechende „Change-Request"-Kosten an den Softwarelieferanten bezahlen. Mittlerweile gibt es von großen Softwareunternehmen – und hier speziell im Bereich Tabellenkalkulation – ausreichend Möglichkeiten, um über verschiedene Formen, Piktogramme, Felder, Formeln, bis hin zu Makros Dashboards selbst zu erstellen, und zwar in einer Darstellungsform, wie Sie es wünschen und benötigen.

Auf diese Weise stellen Sie auch sicher, dass durch Standardwissen im Bereich Tabellenkalkulation und ggf. Makroprogrammierung Ihr Sales-Dashboard jederzeit flexibel aktuell bleibt, und bei etwaigen neuen oder wegfallenden KPI adaptiert werden kann, ohne spezielle Supportleistungen des Dashboard-Anbieters teuer zukaufen zu müssen.

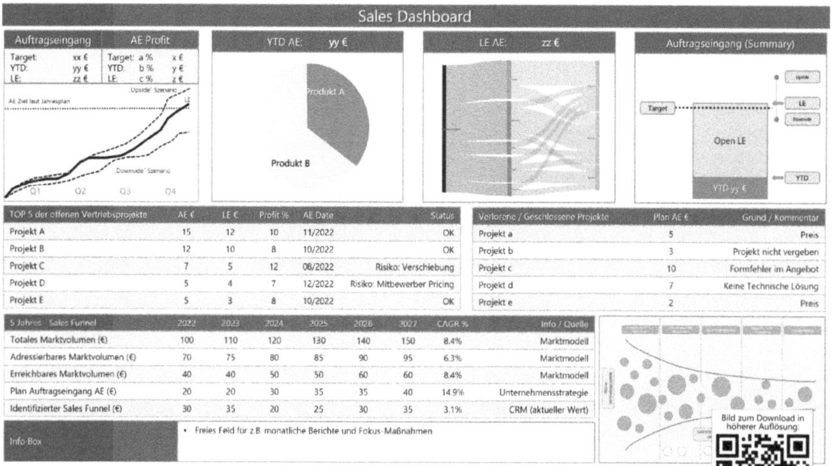

Bild zum Download in höherer Auflösung:

Abb. 47: Sales-Dashboard (Beispiel)

Halten Sie den Aufwand und die Kosten der Gestaltung, aber auch der Wartung eines Sales-Dashboards im überschaubaren und effizienten Rahmen und gestalten Sie die technische Umsetzung automatisiert und möglichst ohne manuelle Intervention bei der Erstellung bzw. dem Update der Daten. Schlussendlich bringt Sie kein Dashboard der Welt alleine näher zum Kunden, sondern es soll Ihnen Hilfestellungen geben, ohne massiven internen Aufwand zu generieren.

Egal für welche Lösung Sie sich entscheiden, achten Sie jedoch auf alle Fälle darauf, dass Sie Ihre Daten nicht unbeabsichtigt in die „Cloud" laden! Speziell Anbieter von Freeware bieten ihre Lösungen oft nur kostenlos an, wenn die Basisdaten in der Daten-Cloud des Anbieters verfügbar gemacht werden. Von derartigen Anbietern rate ich ab, sofern Sie den Anbietern nicht zu 100 % vertrauen können. Dashboards präsentieren die finanziellen Kernzahlen Ihres Unternehmens, und diese sollten unter allen Umständen geschützt werden.

Vertriebskosten

Wie schaffen Sie es, mit Ihren bestehenden Ressourcen noch effektiver und damit vertrieblich erfolgreicher zu werden? Diese oder ähnlich lautende Fragen haben Sie wohl auch schon das eine oder andere Mal gehört, denn es sind oft die Vertriebskosten, die in der G&V-Rechnung und den jährlichen Planungszahlen relativ einfach zu identifizieren sind.

Kostenarten

Prinzipiell können Sie die Kostenarten Ihrer Vertriebskosten nach unterschiedlichen Kriterien gliedern. Dazu gehören zum Beispiel folgende Methodiken:

I. Kostenarten laut Kostenrechnung, also zum Beispiel: Eigenleistung (Personal), Reisekosten, Zukäufe (Dienstleistungen oder auch Hardware), Fertigungskosten, sonstige Kosten (Übersetzungen, Beglaubigungen, Firmenbuchauszüge etc.)

II. Kostenarten je nach Vertriebszyklusphase, also Kosten zu den Phasen „Lead-Identification" und „Opportunity-Development" sowie Ausschreibungs- und Angebotsphase

Diese beiden Varianten können Sie selbstverständlich auch miteinander kombinieren, oder Sie erweitern diese um weitere Kategorien (fixe vs. variable Kosten, Gemeinkosten vs. Einzelkosten, Kostenstellen- vs. Kostenträgerrechnung etc.). So können Sie Ihre Vertriebskosten nach Ihren Bedürfnissen angepasst an vertriebliche Bedürfnisse gruppieren, zuordnen, planen, managen und natürlich auch berichten.

Abb. 48: Wichtige Vertriebskosten (Beispiele)

Die Strukturen und Vorgaben, mit denen zum Beispiel Ihre Kollegen der Controlling-Abteilung arbeiten, geben hier wohl den Rahmen vor. Aus diesem Grund werde ich hier auch kein eigenes Kapitel zum Thema der Kostenrechnung präsentieren, denn dazu gibt es genügend Fachliteratur am Markt. Anstelle dessen möchte ich Ihnen im Folgenden ein paar Ideen präsentieren, wie Sie Vertriebskosten optimieren und wo Sie etwaige Benchmarks bekommen, um einer pauschalierten Aussage nach dem Motto „Der Vertrieb ist zu teuer!" auch faktenbasiert antworten zu können.

Wie können Sie nun Ihre Vertriebskosten im Zuge der jährlichen Planung abschätzen, um schlussendlich auch einen Jahresplan zu gewährleisten, der bei den IST-Kosten nicht sofort bei der ersten Hochrechnung massiv von der Realität abweicht?

Was Sie nun machen können, ist eine „Top-down"-Vertriebsbudgetplanung durchzuführen. Vereinfacht gesagt bedeutet dies, dass Sie auf Basis der gesamten Unternehmensplanung einen Vertriebsbudgetwert vorgegeben bekommen. In diesem Fall nehmen Sie den geplanten Umsatz oder Auftragseingang, multiplizieren ihn mit einem Faktor x und erhalten das maximale Vertriebsbudget. Haben Sie zum Beispiel einen geplanten Auftragseingang von 100 im kommenden Jahr und die Vorgabe lautet, nicht mehr als 10 % davon an Vertriebskosten zu kreieren, wäre Ihr Vertriebsbudget im kommenden Jahr 10. Sie werden sehr schnell erkennen, dass diese Planung ein paar entscheidende Schwachpunkte aufweist.

? Haben Sie überhaupt die Manpower, um allen vertrieblichen Tasks nachkommen zu können?

? Weshalb wird der Auftragseingang (oder Umsatz) als Basis für das Vertriebsbudget herangezogen, wenn im Kapitel über den Vertriebszyklus schon beschrieben wurde, dass vertriebliche Aktivitäten speziell im B2G-Umfeld über mehrere Phasen und damit Monate/Jahre laufen?

? Wie können Sie den Umsatz des Planjahres mit Lead-/Opportunity-Development von Kundenprojekten, die erst in ein paar Jahren zum Auftragseingang führen, in Relation setzen?

? Wofür verwenden Sie Ihr Vertriebsbudget und wird es auch effektiv eingesetzt?

Im Prinzip kann man daher die Top-down-Variante jederzeit anwenden, um den groben Bereich abzuklären, innerhalb dessen sich das Vertriebsbudget bewegen sollte, wobei der oben erwähnte Faktor X – im Beispiel eben 10 % - von den Finanzeckdaten Ihres Unternehmens abhängt und selbstverständlich je nach Industrie und Markt unterschiedlich ist.

Ich empfehle Ihnen auf alle Fälle, immer eine Bottom-up-Schätzung durchzuführen und damit die Planung des Vertriebsbudgets zu erstellen. Nur wenn Sie wissen, welche Opportunities Sie im kommenden Jahr vertrieblich bearbeiten, wo im Vertriebszyklus diese stehen und welche Tasks damit verbunden sind, können Sie auch eine möglichst genaue Vertriebsbudgetplanung erstellen, die dann auch den ersten „Stresstest" übersteht. Meistens erfolgt dieser „Stresstest" um das Ende des ersten Quartals des Geschäftsjahres, und zwar im Zuge der damit zusammenhängenden Hochrechnung. Steigern Sie Ihre Glaubwürdigkeit im Unternehmen parallel zur vertrieblichen Glaubwürdigkeit durch realistische und stressresistente Vertriebsbudgetzahlen. Eine Bottom-up-Vertriebskostenschätzung sollte demnach für jedes Vertriebsprojekt durchgeführt werden, um auf diese Weise den kumulierten Budgetbedarf zu erhalten.

Projekt	AE €	Phase Vertriebszyklus	a) Aufwand (Std.)	b) Stundensatz	c) = a*b Eigenleistung	d) Reisen	e) Kosten pro Reise	f) = d*e Reisekosten	g) Sonstiges	Gesamt h) = c+f+g
A	80	Angebots-phase	120	50	6.000	2	2.500	5.000	5.000	16.000
B	60	Opportunity-Development	350	50	17.500	5	2.500	12.500	10.000	40.000
C	50	Verhandlungsphase	80	50	4.000	1	2.500	2.500	5.000	11.500
D	100	Opportunity-Development	150	50	7.500	10	2.500	25.000	25.000	57.500

Abb. 49: Bottom-up-Vertriebskostenschätzung (Bsp.)

In Abb. 49 sehen Sie ein Beispiel dazu, bei dem vier Vertriebsprojekte (A-D) erwartet werden und die einzelnen Vertriebskosten (Spalten a bis g) dann pro Projekt zu einem Gesamtwert (h) je Vertriebsprojekt führen. Addieren Sie die einzelnen Gesamtwerte pro Vertriebsprojekt zusammen, erhalten Sie die Summe der geschätzten Vertriebskosten des kommenden

Geschäftsjahres (Spalte h für A, B, C und D). Ich empfehle Ihnen, möglichst umfangreich auf Ihre Erfahrungswerte zu vertrauen. Das beginnt zum Beispiel bei der Abschätzung, wie viele Stunden Sie an vertrieblichen Unterstützungsleistungen von den einzelnen Kollegen benötigen („Eigenleistung"). Sie können zum Beispiel aufgrund Ihrer Erfahrung abschätzen, wie viele Projekte ein Kollege aus der technischen Vertriebsabteilung pro Jahr vertrieblich unterstützen kann. Wenn also ein Mitarbeiter zum Beispiel in Summe Projekte im Wert von 100 unterstützen kann, kann man davon ausgehen, dass ein Mannjahr (Annahme: 1.700 Stunden) aus dieser Abteilung Vertriebsprojekte im Wert von 100 unterstützen kann. Das wiederum kann man sehr gut in automatisierte Schätzformeln einbauen. Haben Sie ein Projekt im Wert von 100, können Sie an Eigenleistungsvertriebskosten aus diesem Bereich 1.700 Stunden in die Kostenplanung aufnehmen. Haben Sie zehn Projekte mit einem AE von je zehn (10), können Sie ebenfalls 1.700 Stunden planen. Vereinfacht könnte man formulieren, dass ein Mitarbeiter dieser Abteilung ein großes Projekt oder eben zehn kleinere Projekte pro Jahr unterstützen kann. Derartige Schätzformeln benötigen Sie für sämtliche Abteilungen und Bereiche, aus denen Experten am Vertriebsprozess mitwirken sollen. Und wenn Sie diese Schätzformeln einmal definiert haben – zum Beispiel auf Basis der letzten Jahre und Erfahrungen daraus – können Sie sehr rasch das Thema „Eigenleistung" planen. Sie erstellen eine Liste an Vertriebsprojekten inkl. Wert der Projekte, die im kommenden Jahr unterstützt bzw. bearbeitet werden müssen, und wenden für alle Eigenleistungsbereiche diese Schätzformel an. Damit bekommen Sie den Stundenaufwand an Eigenleistung, der benötigt wird, um vertrieblich effektiv zu arbeiten. Von Ihrer Controlling-Abteilung erhalten Sie die internen Stundensätze dieser Bereiche. Multiplizieren Sie nun die Stunden laut Abschätzung mit diesen Stundensätzen, und Sie bekommen als Resultat die Vertriebskosten der

Kategorie „Eigenleistung". Dies, ergänzt um durchschnittlich Reisekosten – ebenfalls auf Basis Schätzung und Erfahrung – und ergänzt um sonstige aufwandsbezogene Vertriebskosten, und Sie bekommen die Bottom-up-Kostenschätzung pro Vertriebsprojekt.

Der Vorteil dieser Methodik liegt darin, dass Sie sehr schnell auch neue Vertriebsprojekte dazufügen können, die Schätzformeln je nach Phase des Vertriebszyklus verfeinern können und ggf. auch Vertriebsprojekte aus der Liste streichen können, falls Sie mit der Vorgabe des Vertriebsbudgets nicht auskommen oder sich Projekte nicht realisieren. Wenn also die Summe des Bottom-up-Vertriebsbudgets über der Erwartung bzw. Vorgabe des maximalen Budgets liegt, können Sie einzelne Vertriebsprojekte ggf. auf „NOBID" setzen und erkennen sehr schnell die mögliche Auswirkung auf den Auftragseingang (AE), aber eben auch auf die Höhe des Vertriebsbudgets, wenn diese Opportunity nicht (mehr) weiterverfolgt wird.

Die dritte Spalte in Abb. 49 soll den jeweiligen Status im Vertriebszyklus darstellen. Diese Information ist einerseits wichtig, da die Aufwandsabschätzungen je nach Phase wohl unterschiedlich ausfallen werden. In einer frühen Phase des Vertriebszyklus werden Sie vielleicht noch eher wenig Unterstützung vom Bereich „Bid-Management" benötigen, während Sie in einer späteren Phase im Vertriebszyklus vielleicht einen geringeren Reiseaufwand haben. Also empfehle ich Ihnen, für jede Phase im Vertriebszyklus adaptierte Schätzformeln zu verwenden. Die Spalte ist jedoch auch wichtig, um die Auswirkungen von etwaigen Streichungen von Vertriebsprojekten zu erkennen. Denn wenn sie 11.500 € Vertriebskosten einsparen möchten, und damit Projekt C aus der „Support-Liste" streichen, dann streichen Sie ein Projekt, das bereits in der Verhandlungsphase ist und wo der damit zusammenhängende AE eigentlich schon sehr fix in Ihre Auftragsplanung hätte aufgenommen werden können. Und Projekte kurz vor der Ziellinie aufzugeben ist nie eine gute Idee. Vielleicht können Sie stattdessen in einem Projekt der früheren Vertriebsphase geänderte Prioritäten setzen oder bewusst eine zeitliche Verzögerung mit Ihren Kunden besprechen, um zwar den AE zu sichern, aber die vertrieblichen Aufwände ggf. über einen längeren Zeitraum zu strecken, sodass Sie nicht komplett im kommenden Geschäftsjahr anfallen.

Sie haben nun die Vertriebskostenschätzung für Ihre Vertriebsprojekte. Erweitern Sie diese Kosten um Allgemeinkosten wie zum Beispiel Marketingaufwände oder Fixkosten, dann erhalten Sie das gesamte Vertriebsbudget für das kommende Geschäftsjahr in einer Genauigkeit, die für einen ersten Planungsentwurf mit hoher Wahrscheinlichkeit ausreichen wird. Dies können Sie nun je nach Ihren Vorgaben gemäß Unternehmensplanungsprozess Regionen, Kostenstellen oder eben Kostenträgern zuweisen. Und dies alles erfolgt im Idealfall automatisiert mit entsprechenden Templates, die es Ihnen ermöglichen, Updates jederzeit durchzuführen, ohne jedes Mal das Rad neu zu erfinden. Da der Planungsprozess im Normalfall iterativ erfolgt und zudem Kosten Updates auch unterjährig erfolgen, empfehle ich Ihnen, die Bottom-up-Schätzungen automatisiert aufzusetzen, sonst erfolgen diese Tätigkeiten sehr rasch sehr ineffizient.

Effektiver Vertrieb vs. effizienter Vertrieb

Die Effektivität zu steigern bedeutet, dass Sie mit bestehenden Ressourcen bzw. gleichbleibendem Einsatz zusätzlichen Output und damit höhere Vertriebserfolge generieren. Eine Steigerung der Effizienz bedeutet, dass Sie den gleichen Output bzw. Vertriebserfolg mit weniger Aufwand, also weniger Ressourcen erzielen.

Bei Sportübertragungen, speziell wenn es um Fußball geht, finden Sie aufseiten der Reporter immer wieder eine Vermischung der beiden

Begriffe, wenn von „Effizienz vor dem Tor" gesprochen wird, in Wirklichkeit aber „Effektivität vor dem Tor" gemeint wird. Ein Fußballteam, das aus den wenigen Chancen, die es hat, keine Tore erzielt, ist nicht ineffizient, sondern einfach nicht effektiv genug. Denn das Team hat Chancen, nutzt diese aber nicht. Damit müsste der Output – die erzielten Tore – erhöht werden, also die Effektivität gesteigert werden. Ein effizientes Fußballteam zeichnet sich dadurch aus, dass es gewinnt, am Ende des Spiels aber nicht „stehend k. o." und energielos ist.

Effektivität bezieht sich daher immer auf den Output bzw. die Zielgröße, während Effizienz sich auf den Weg („das Wie" bzw. den Prozess) bezieht, um Output zu generieren. Dieser kleine Exkurs ist wichtig, denn die Frage nach einer gesteigerten Effektivität der Vertriebsorganisation taucht mindestens genauso oft auf wie die Frage nach mehr Effizienz im Vertriebsprozess. Dazu sollten Sie jedoch mit Ihrem Gesprächspartner im Vorfeld klären, worum es tatsächlich geht, wenn dieses Thema auf Ihrer Agenda auftaucht, denn es macht einen Unterschied, ob über Effektivität oder Effizienz gesprochen wird. Ein paar Beispiele zu beiden Themen können Sie auf den folgenden Seiten lesen. Vielleicht finden Sie die eine oder andere Idee, um in Ihrem Umfeld entweder die Effektivität oder die Effizienz zu steigern.

Effektivitätssteigerung: Wachstum ohne zusätzliche Ressourcen

Wie bereits an anderen Stellen in diesem Buch beschrieben, bekommen Sie im Vertriebsumfeld öfters die Vorgabe, dass im kommenden Jahr der Auftragseingang um x % gesteigert werden muss. Wenn Sie eine Bottom-up-Vertriebskostenschätzung durchführen, wird die erste Reaktion wohl sein, dass Sie sinngemäß antworten werden: „Wir schaffen das aber nur mit y % zusätzlicher Manpower bzw. Vertriebsbudget." Und Sie ahnen es schon: Darauf wird Ihnen dann von der Geschäftsführung mit finanziellen Fakten erklärt, dass das Vertriebsbudget auf dem Niveau des laufenden Jahres bleiben muss und es keine zusätzlichen Ressourcen gibt.

Sie sollten sich daher überlegen, wie man mit den bestehenden Ressourcen mehr Output, also einen höheren Auftragseingang, erreichen kann. In diesem Fall muss daher die Effektivität erhöht werden.

Ein Beispiel, wie man das erreichen kann, ist, dass Sie versuchen, die Anzahl der Angebote, welche zeitgleich in Ihrer Organisation erarbeitet werden, zu erhöhen. Wenn es öffentliche Ausschreibungen gibt, die Sie aufgrund von Ressourcenengpässen auf „NOBID" setzen müssen, sollten Wege überlegt werden, wie man mit bestehenden Ressourcen – und damit in den meisten Fällen wohl Manpower – mehr Angebote legen kann, die schlussendlich zu einem höheren Auftragseingang führen.

Cross-Selling und Up-Selling sind zwei weitere Beispiele, wie man zusätzlichen Auftragseingang generieren kann und nicht zwangsläufig den Vertriebsaufwand im gleichen Ausmaß steigern muss. Schaffen Sie es beispielsweise, dass Ihre Angebote automatisch ein optionales Serviceangebot inkludieren, selbst wenn es nicht ausgeschrieben wurde, und nehmen ein paar Kunden diesen „Appetizer" an, generieren Sie im Idealfall zusätzlichen Auftragseingang durch Serviceverträge, die Sie vielleicht im ursprünglichen Angebot nicht übermittelt hätten („Up-Selling"). Hat Ihr Unternehmen bereits bestehende Kunden mit Serviceverträgen zu bestimmten Produkten oder Lösungen und Sie haben damit einen Servicemanager in Ihrer Serviceabteilung, der laufend mit diesen Kunden in Kontakt steht, kann „Cross-Selling" eine Chance darstellen. Wenn Ihr Servicemanager im halbjährlichen Servicemeeting beim Kunden mit neuen Produkten aus Ihrem Unternehmen etwaige neue Pain-Points beim Kunden adressiert, können Sie zusätzlichen Auftragseingang entwickeln, ohne den vertrieblichen Aufwand massiv zu erhöhen, denn der Servicemanager wäre ja sowieso beim Kunden und für diesen Kunden zuständig.

Im Kapitel < Sales > wurde bereits beschrieben, dass dieses Thema auch Ihre lokalen Vertriebspartner inkludieren sollte. Etwas vereinfacht formuliert, könnte man nämlich sagen, dass Sie den lokalen Partner sowieso schon auf Ihrer Partnerliste haben und je nach Vertragskonstruktion in der einen oder anderen Form dieser Partner auch prämienberechtigt ist. Wenn Sie also schon Erfolgsprämien bezahlen, dann sollten Sie danach trachten, dass dieser Partner auch das Maximum an Vertriebsunterstützung für Sie bewirkt. Eine Erhöhung des Outputs benötigt ein entsprechendes Sales Enablement, aber achten Sie darauf, dass Ihr Partner möglichst den gesamten adressierbaren Markt für Ihr Angebotsportfolio abdeckt. Aus vertrieblicher Sicht bedeutet ein Maximum an Effektivität, dass Sie mit Ihren bestehenden Vertriebsressourcen einen möglichst hohen Anteil am adressierbaren Marktvolumen als Auftragseingang verbuchen können.

Effizienzsteigerung: geringere Vertriebskosten

Wenn die Vertriebskosten gesenkt werden müssen, dann können Sie unterschiedliche Maßnahmen andenken, ohne sofort über Mitarbeiterabbau nachdenken zu müssen. Bedenken Sie, dass jede Form von Mitarbeiterabbau auch bedeutet, dass Skills und Know-how das Unternehmen verlassen. Parallel dazu ist es mittlerweile offensichtlich, dass es am Arbeitsmarkt einen Mangel an qualifizierten Arbeitskräften gibt[63] und daher eine etwaige Neubesetzung in manchen Industrien fast schon zur „Mission Impossible“ wird. Wenn es Ihnen daher gelingt, die bestehenden Vertriebsprozesse effizienter zu gestalten, dann gelingt es Ihnen im Umkehrschluss, Kosten und Aufwände zu reduzieren und zum Beispiel Mitarbeiter durch geringere Overheadkosten auch im Unternehmen zu halten und gleichzeitig auch nicht zu demotivieren. Wie erwähnt, sehe ich

Abbau von qualifizierten Mitarbeitern als „Ultima Ratio", da ein Nichtinvestieren in vertriebliche Aktivitäten in vielen Fällen dazu führt, dass die Zukunft eines Unternehmens gefährdet wird.

Eine effiziente Besprechungskultur ist ein weiterer Schritt, um im Unternehmen eine Effizienzsteigerung zu erreichen. Sie kennen vielleicht Situationen von Zeiten vor der COVID-19-Pandemie, wo Sie genau überlegen mussten, welches Büro oder welchen Besprechungsraum Sie für ein Meeting reservieren, da die Anzahl der zur Besprechung eingeladenen Kollegen vielleicht so groß war, dass kleinere Meetingräume nicht infrage kamen. Im Umkehrschluss haben Sie sich im Zweifel doppelt überlegt, welche Kollegen bei diesem Meeting dabei sein müssen und wer ggf. zum Thema nichts beitragen kann und damit auch nicht dabei sein muss. Hier haben die COVID-19-Pandemie und das damit zusammenhängende Homeoffice zu einer Entwicklung geführt, die in vielen größeren Unternehmen beobachtet werden kann. Es handelt sich dabei um das Phänomen, dass Meeting-Einladungen unabhängig von der Verfügbarkeit von Besprechungsräumen versendet werden können, da sämtliche Besprechungen virtuell mittels Web-Konferenztools stattfinden können. Man muss sich nicht mehr an Limitationen der vorhandenen räumlichen Infrastruktur richten, sondern kann fast schon unlimitiert Teilnehmer zu Besprechungen einladen. Der Vorteil einer ortsunabhängigen Möglichkeit zur Abstimmung zwischen Kollegen hat sich in diesem Bereich zum Nachteil einer Verringerung der Effizienz gewandelt. Es ist sehr einfach geworden, dass Meeting-Einladungen schnell mal zu Kollegen weitergeleitet werden, und da hat der Meeting-Einlader schnell die Kontrolle verloren. Das Weiterleiten von Meeting-Einladungen hat durchaus manchmal seine Berechtigung. Aber wenn Sie „Zur Info" oder „Bei Interesse" weitergeleitet werden, und das vielleicht auch noch ohne Abstimmung mit dem Meeting-Organisator, ist der Ineffizienz Tür und Tor geöffnet.

Meine Empfehlung an dieser Stelle:

> **i** Teilnehmeranzahl bei Meetings am Zweck ausrichten!

An einem Meeting sollten immer so wenig Teilnehmer wie möglich und so viele Teilnehmer wie notwendig teilnehmen. Nichts ist schlimmer, als wenn Kollegen für eine Stunde an einer Besprechung teilnehmen und inhaltlich nichts dazu beitragen konnten. Diese Kollegen könnten in dieser Stunde Tätigkeiten übernehmen, die produktiveren Output generieren, und wären zusätzlich auch motivierter dabei, als an Besprechungen teilzunehmen, wo sie inhaltlich nichts beitragen können. Wichtig ist daher bei Einladungen zu Besprechungen, egal ob physische Präsenz-Meetings oder virtuelle Web-Konferenzen, dass es eine klare Agenda gibt (was soll besprochen werden) und ein Ziel des Meetings definiert ist (was soll am Ende des Meetings erreicht werden). Auf diese Weise können Sie dann in aller Ruhe überlegen, wer für dieses Meeting notwendigerweise dabei sein sollte und was die Personen zu einem erfolgreichen Meeting beitragen können. Etwaige Personen, die am Outcome des Meetings Interesse haben könnten, müssen nicht dabei sein, können jedoch danach die Besprechungsnotizen („Minutes of Meeting") erhalten. Mit einer modernen EDV- bzw. IT-Lösung bekommt jeder Organisator von elektronischen Appointments eine Benachrichtigung, wenn sein Appointment weitergeleitet wurde. Achten Sie als Organisator darauf! Und wenn diese Weiterleitung nicht mit Ihnen abgestimmt war, stellen Sie sicher, dass tatsächlich nur jene Teilnehmer an der Besprechung teilnehmen, die Sie sich vorher als Teilnehmerkreis überlegt haben!

Eine weitere Möglichkeit der Effizienzsteigerung liegt vielfach im Bereich der vertrieblichen Reisekosten. Es steht außer Frage, dass der persönliche Kontakt mit Ihren Kunden ein wichtiges Element in der Kundenbeziehung darstellt. Auf der anderen Seite kann man berechtigterweise infrage stellen, ob man für ein zweistündiges Meeting mit Kunden nach Asien fliegen muss, oder ob für einen vierstündigen Workshop sieben Mitarbeiter ins Flugzeug steigen müssen. Es geht bei diesem Thema schlussendlich nicht nur um erhöhte Vertriebskosten, sondern speziell bei Reisekosten auch um umweltschonende Vertriebsprozesse.

Während der Covid-19-Pandemie haben Sie vielleicht auch die Erfahrung gemacht, dass Kollegen, die früher Vielflieger waren, nach wenigen Monaten schon sehr unruhig wurden. Und zwar nicht weil wir alle von einer weltweiten Pandemie betroffen waren, sondern weil diesen Kollegen schlichtweg die Decke zu Hause auf den Kopf gefallen ist. Gibt es Kollegen, die gerne reisen, kann das im vertrieblichen Bereich hilfreich sein. Reisen diese Kollegen jedoch nur so gerne, weil sie damit mal wieder einen Tapetenwechsel als Dienstreise tarnen, sollten Sie an Effizienzsteigerungsmaßnahmen denken. Vielleicht ist dieses Statement ein wenig provokativ, aber ein Körnchen Wahrheit wird man oftmals doch darin finden. Und speziell mit neuen Präsentationstechniken, mit denen Workshops und Präsentationen auch virtuell oder hybrid durchgeführt werden können, können vertriebsbedingte Reisekosten signifikant reduziert werden. Ein modernes Image geben Sie sich und Ihrem Unternehmen dadurch zusätzlich, und Sie können damit ein modernes, technisch affines, umweltschonendes und eben auch kosteneffizientes Vertriebskonzept umsetzen.

Optimierungspotenzial

In den vergangenen Absätzen haben Sie ein paar Beispiele gelesen und ich bin mir ziemlich sicher, Sie könnten diese Liste an Beispielen mit eigenen Erfahrungen massiv erweitern. Die Frage, die sich nun stellt, ist, ob es eine Problembeschreibung und vielleicht auch eine Problemanalyse gibt.

Die Lösungsorientierung sollte uns jedoch dazu bewegen, möglichst rasch in die Phase der Erarbeitung von Lösungsvarianten zu kommen.

Das Thema der beruflich bedingten Reisen bietet hier einiges an Potenzial, wo Sie rasch in den Lösungsmodus kommen können. Vor einigen Jahren war es vollkommen normal, dass man sich für 20 Stunden in das Flugzeug setzte, um an einem Meeting mit Kunden in Australien teilzunehmen, das sechs Stunden dauerte, um danach dann wieder 20 Stunden in Richtung Europa zurückzufliegen. Wenn es einen Vorteil der COVID-19-Pandemie gibt, dann ist es jener, dass wir alle mit neuen Kommunikationsmedien nun in der Lage sind, mit Kunden oder auch internen Kollegen zu kommunizieren und einander zu sehen, ohne dabei physisch am gleichen Ort sein zu müssen. Eine Besprechung für zwei Stunden in Asien kann in vielen Situationen nun durch entsprechende technische Unterstützung virtuell erfolgen und Sie ersparen sich neben den Reisekosten auch zumindest zwei Tage, an denen der Reisende im Flugzeug sitzt und damit eher nicht produktiv arbeiten kann. Es geht schlussendlich immer darum, was das Ziel eines Meetings ist und wie dieses Ziel unter Einsatz der geringsten Ressourcen und Kosten erreicht werden kann.

Das zuvor beschriebene Beispiel eines Workshops beim Kunden kann dank neuer Technologien auch als Hybridveranstaltung angedacht werden. Sie können entscheiden, welche Mitarbeiter vor Ort das Meeting leiten sollen und welche Experten über Web-Konferenz, Webcam, Mobiltelefon und Videoprojektor virtuell zugeschaltet werden. Sie werden erkennen, dass potenzielle Kunden hier auch von einer modernen „neuen" Realität begeistert werden können. Und da Sie bei hybriden Veranstaltungen immer mit Mitarbeitern vor Ort sind, können Sie die soziale Komponente im Relationship-Management abdecken und es gleichzeitig den Mitarbeitern, welche virtuell zugeschaltet werden, ermöglichen, weitere Tätigkeiten zeitnah durchzuführen, da diese eben nicht mehrere Tage beim Kunden oder unterwegs sein müssen. Wenn Sie noch einen Schritt weitergehen möchten und der virtuellen Zuschaltung dieser Experten einen noch professionelleren Touch geben möchten, dann überlegen Sie die Einrichtung eines kleineren Fernsehstudios oder Demoraums mit (semi-)professioneller Videokamera in Ihrem Unternehmen. Damit können Sie Ihre Mitarbeiter noch professioneller auftreten lassen und der typische „Homeoffice"-Charakter mit instabiler Internetverbindung und unerwünschten Hintergrundbildern fällt weg.

Mittel- und langfristig werden wir uns als Gesellschaft noch stärker in ein hybrides Metaversum bewegen und diese Entwicklung wird auch nicht vor der Geschäftswelt stoppen. Einer Entwicklung, die man nicht stoppen kann, sollte man sich nicht aktiv widersetzen. Stattdessen empfehle ich Ihnen, Energie und Ressourcen dafür zu verwenden, eine unternehmenseigene „Metaversum"-Strategie zu entwickeln. Diese Strategie sollte Ihnen eine Antwort darauf geben, wo Sie und Ihr Unternehmen im Metaversum bzw. Cyberspace positioniert sein möchten, welche Informationen und Kommunikationskanäle Sie hier nutzen werden und wie Sie die virtuelle Welt mit der realen Welt verbinden. Diese Punkte sind sehr individuell zu beantworten, da sie stark von der jeweiligen Industrie und Ihren Kunden abhängig sind. Aber wenn Sie es schaffen, dass Sie zum Beispiel parallel zu einer realen Messe mit physischer Präsenz einen Messeauftritt generieren, der sich ausschließlich im virtuellen Raum abspielt und Ihre Kunden für Ihre Produkte und Lösungen begeistert, dann haben Sie einen wichtigen Schritt in Richtung einer hybriden Zukunft geschafft. Und gleichzeitig konnten Sie auch die Kosten für Messestandmiete, Messepersonal und Reisekosten reduzieren.

Die Grundfrage, wenn es darum geht, welche Art von Kundenmeeting es werden soll, kann auch lauten, ob das Meeting „businessrelevant" ist und was passiert, wenn das Kundenmeeting nicht stattfindet. Haben ausgefallene Meetings bei ehrlicher Beantwortung der vorigen Frage keinen Business-Impact, können Sie auch überlegen, ob das Meeting überhaupt einen Sinn macht. Und wenn bei einem Kundenmeeting, unabhängig ob real oder virtuell, Teilnehmer dabei sind, ohne eine bestimmte Rolle und Aufgabe innerhalb des Meetings zu haben, können Sie hier an Optimierungen des Teilnehmerkreises arbeiten. Selbstverständlich hängt es auch davon ab, welche Kundenvertreter Sie ggf. treffen, und welche Schwerpunkte von Kundenseite gesetzt werden. Entsprechend werden Sie dann die für Sie „richtigen" Kollegen definieren, die an der Kundenbesprechung teilnehmen sollen. An dieser Stelle möchte ich jedoch nochmals darauf verweisen, dass Sie den Teammitgliedern neben konkreten Aufgaben auch Verantwortung und schlussendlich auch Entscheidungskompetenz geben müssen, um als agiles Vertriebsteam zu agieren. Es hilft nämlich nichts, wenn Sie sieben Personen in einer Kundenbesprechung sitzen haben und am Ende ein achter Kollege im Headquarter benötigt wird, um etwaige Entscheidungen zu treffen.

Bei allen Überlegungen zu den Themen „Effektivität" und „Effizienz" werden Sie in vielen Fällen auch mit dem Thema „Skills-Management" in Kontakt kommen. Oder anders formuliert: Setzen Sie die richtigen Leute für die richtigen Aufgaben und Rollen ein? Wenn Sie für eine Aufgabe drei Kollegen benötigen, dann ist hier eine Effizienzsteigerung möglich, wenn die gleiche Aufgabe von einem einzigen Kollegen mit entsprechenden Skills und Fähigkeiten gemacht werden kann. Daher ist es für Sie durchaus lohnenswert, bei jeder vertrieblichen Aufgabe und Rolle immer zu analysieren, welche Person die bestgeeignete Person ist, um diese zu übernehmen. Und mit „bestgeeignet" meine ich, dass Sie sich ansehen, welche Aufgaben es zu erledigen gibt, welche Fähigkeiten und Ausbildungen es benötigt und welche Kollegen mit den entsprechenden

Skills auch zeitlich verfügbar sind bzw. die Kapazität besitzen, diese Aufgaben zu übernehmen. Dies betrifft sämtliche Aktivitäten im Vertriebszyklus und ich empfehle Ihnen, hier laufend Effizienzsteigerungsanalysen und ein aktives Ressourcenmanagement durchzuführen.

Im Kapitel <Trends und Megatrends> haben Sie bereits ein paar Themen gelesen, die Ihre internen Arbeitsabläufe in Zukunft auch beeinflussen können. Im Bereich der Effizienzsteigerung und Entlastung von Mitarbeitern, um diesen Kollegen zu ermöglichen, sich höher prioritären Aufgaben zu widmen, spielen Automatisierungsmaßnahmen eine entscheidende Rolle.

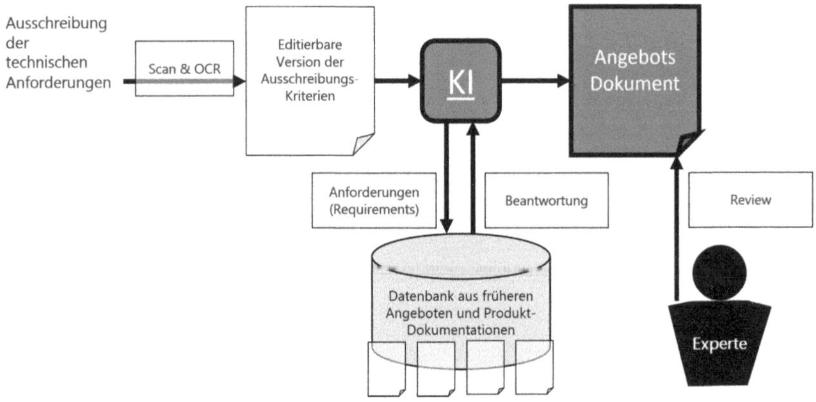

Abb. 50: KI zur standardisierten Angebotserstellung

Die Erstellung von standardisierten Angebotsdokumenten kann in vielen Bereichen mittlerweile durch Fuzzylogik oder KI auf eine Ebene gehoben werden, um hoch qualifizierte Mitarbeiter von sich wiederholenden Aufgaben zu entlasten. Wenn Sie zum Beispiel im B2G-Projektgeschäft eine Ausschreibung mit 1.000 Anforderungen („Requirements") beantworten müssen, und bei jedem Requirement beantworten müssen ob und wie Sie das Requirement erfüllen werden, kann diese Aufgabe sehr schnell einen Mitarbeiter für eine Woche oder mehr beschäftigen. Und hier geht es ausschließlich um die Erstellung der Compliance-Matrix, also um die Beantwortung der einzelnen Requirements.

Nehmen wir als Beispiel (siehe Abb. 51), dass Sie in jeder Ausschreibung eine technische Anforderung finden, in der gefordert wird, dass die angebotenen Produkte oder Lösungen mit 230 V Spannungsversorgung betrieben werden müssen. Die Anforderungen werden bei jeder Ausschreibung ähnlich, aber nicht ident formuliert sein, da sie ja von unterschiedlichen Kunden formuliert wurden. Ihre Beantwortung wird in den meisten Fällen jedoch ident ausfallen, kostet aber Zeit, da die beiden rechten Spalten (Antwort und Kommentar) jedes Mal von Ihren Experten mit Text befüllt werden müssen. Wenn Sie bei jedem Requirement auch noch eine zusätzliche Spalte mit einer Referenz auf weitere Angebotsdokumente vorfinden, ist der Aufwand sogar noch größer.

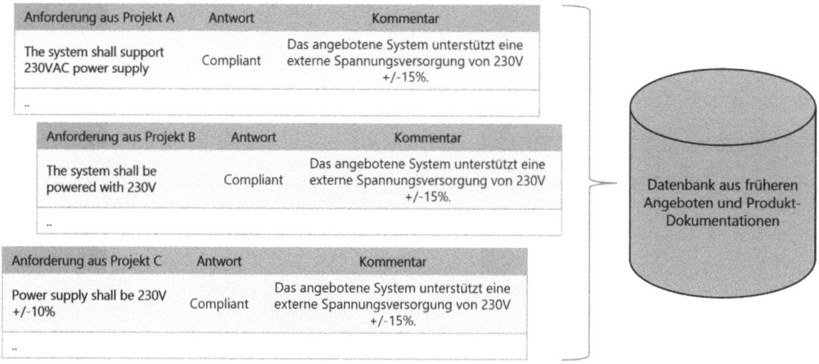

Abb. 51: Anforderungsmatrix-Datenbank (Beispiel)

Wenn Sie in diesem Beispiel davon ausgehen, dass der Kollege zwei bis drei Minuten pro Requirement zur Beantwortung benötigt, dann sind das bei 1.000 Requirements zwischen 30 und 50 Stunden an reiner

Schreibtätigkeit. Besitzen Sie ein Tool, das mittels KI und der Beantwortungen aus früheren Projekten diese Tätigkeit automatisiert durchführt, sodass Ihr Kollege danach nur noch damit beschäftigt ist, ein Review durchzuführen und für den speziellen Kunden die kundenspezifischen Vorteile anzuführen, sparen Sie alleine durch diese Art von KI-Unterstützung pro Angebot mehrere Tausend Euro an Vertriebskosten. Natürlich rechnet sich diese Investition in einem größeren Ausmaß, wenn Sie eine höhere Anzahl an standardisierten Angeboten mit wiederkehrenden Anforderungen erstellen müssen. Diese technische Vertriebsunterstützung ist eher weniger geeignet, wenn Sie eine Handvoll extrem unterschiedlicher Angebote pro Jahr erstellen. Auf der anderen Seite schaffen es große Onlineshop-Anbieter und Suchmaschinen sehr gut, zu erkennen, was Sie suchen, und zwar schon nach Eingabe der ersten drei Buchstaben. Nutzen Sie daher neue Technologien, um Ihre beruflichen Abläufe und Tätigkeiten effizienter zu gestalten und manuelle Aufwände zu reduzieren. Die Technologien sind nämlich bereits verfügbar.

Ein Thema, das bereits im Kapitel Vertriebsorganisation beschrieben wurde, ist die Wichtigkeit, dass Sie für sich einen optimalen Mix zwischen zentralen und dezentralen Einheiten in Ihrer Organisation finden. Die oft erwähnten „Silos" in einer Organisation bringen in vielen Bereichen Vorteile, wenn es um Fokussierung geht. Sie bringen aber auch oft Ineffizienz, und zwar dann, wenn gewisse Grundfunktionen und -bereiche nicht zentral geführt werden. An dieser Stelle möchte ich nochmals das Beispiel bringen, dass ein spanisch sprechender Bid-Manager für Ihr Unternehmen vielleicht vollkommen ausreichend ist und Sie ihn zu 100 % auslasten können. Wenn Sie jedoch mehrere Business-Einheiten generieren und jede Business-Einheit dann einen „eigenen" spanisch sprechenden Bid-Manager bekommt, dann haben Sie Overheadkosten generiert und können diese zusätzlichen Bid-Manager wahrscheinlich nicht auslasten. Daher wäre ein zentrales Bid-Management zielführend und der spanisch sprechende Mitarbeiter wird den agilen Vertriebsteams je nach Bedarf zugeordnet, unabhängig von der Business-Einheit, die für die angebotene Lösung verantwortlich zeichnet. Synergien führen in vielen Situationen zu Effizienzsteigerung, während Siloorganisationen rasch in eine ineffiziente Arbeitsweise führen, weil bewusst oder unbewusst das berühmte Rad dann mehrfach erfunden wird.

Selbstverständlich können und sollten Sie Ihre laufenden Vertriebskosten und positive wie negative Abweichungen von Ihrem Jahresplan regelmäßig analysieren. Eine Erweiterung Ihres Sales-Dashboards (siehe Abb. 47) um die wichtigsten Vertriebskosten und Hochrechnungen ist hier durchaus empfehlenswert. Achten Sie aber bitte auch in diesem Bereich immer darauf, ob der Kunde noch immer in Ihrem Fokus steht und ob ein ggf. exzessives Vertriebsbudget-Reporting nicht den Kundenfokus aus den Augen verlieren lässt, weil man nur noch mit der eigenen Organisation beschäftigt ist.

Optimierung des Sales-Prozesses

In diesem Kapitel dürfen Sie sich bitte nicht erwarten, dass Sie eine wissenschaftliche Abhandlung über den perfekten Vertriebsprozess erhalten, denn dazu fehlt mir in Anbetracht der Komplexität dieses Themas die Anzahl an noch leeren Seiten in diesem Buch. Die ernsthafte Begründung, weshalb dieses Kapitel ein Subkapitel bleibt und kein eigenes Buch wurde, ist, dass Vertriebsprozesse sehr stark vom jeweiligen Unternehmen abhängig sind.

Beim Design eines optimalen Prozesses gilt es immer zu berücksichtigen, wie die Kundenstrukturen sind und wie deren Prozesse ablaufen, welche Verantwortlichkeiten Sie in Ihrem Unternehmen wie definiert haben, wie Ihr Risiko-/Chancenmanagement aufgesetzt ist und schlussendlich welche Art von Produkten und Lösungen Sie in Ihrem Angebotsportfolio besitzen.

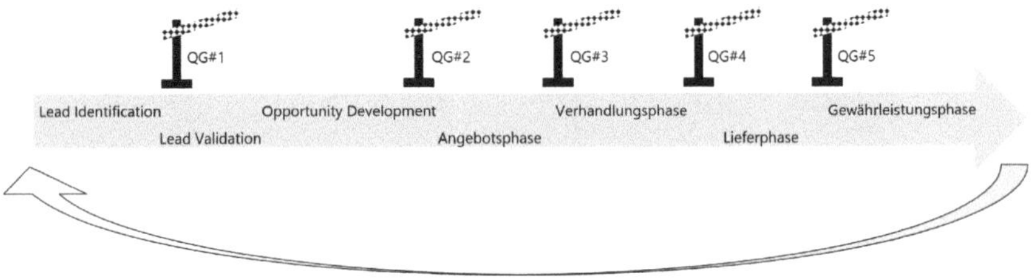

Abb. 52: Vertriebszyklus in Prozessdarstellung (vereinfacht)

Im Sinne einer vereinfachten Darstellung wurde in Abb. 52 der Vertriebszyklus aus Abb. 27 quasi aufgeklappt, und als lineare Prozesslinie von links nach rechts dargestellt. Da der Vertriebszyklus ein 360°-Zyklus ist, sehen Sie in Abb. 52 einen Pfeil „zurück an den Start", nachdem der Vertriebszyklus wie beschrieben laufend neu beginnt und nicht mit einer Vertragsunterzeichnung, der Auslieferung oder der Gewährleistungsphase endet.

Welche Überlegungen sollten Sie anstellen, wenn Sie die Gestaltung Ihres Prozesses starten?

i	Prozesse nach dem Prinzip „Keep it simple" gestalten!

Ein Prozess sollte immer einen groben Rahmen vorgeben, um Mitarbeitern eine Hilfestellung zu geben und ein Minimum an Qualitätsanforderungen sicherzustellen. Auf der anderen Seite sollte ein Prozess nicht zum Selbstzweck erstellt werden, und ein Prozess kann aus meiner Erfahrung auch niemals alle – und zwar wirklich alle – Eventualitäten bis ins kleinste Detail beschreiben. Aus diesem Grund empfehle ich Ihnen, die Prozessbeschreibung und deren Darstellung auf einer „Flughöhe" zu gestalten, die nicht in Richtung Mikromanagement abgleitet. Denn im

Umkehrschluss würden Sie bei einer Prozessbeschreibung in Buchform sehr rasch in eine Situation kommen, in der Mitarbeiter ausschließlich darauf achten, dass der Prozess eingehalten wird, und den Kundenfokus und Hausverstand beiseitelegen. Das wäre wenig effektiv und nicht im Sinne einer erfolgreichen Vertriebsorganisation. Mitarbeiter, die Angst davor haben, gegen die Prozessregeln zu verstoßen, sind wenig motiviert, an kreativen Lösungen im Sinne Ihrer Kunden zu arbeiten. Geben Sie daher Mitarbeitern nicht die Möglichkeit, sich hinter einem Prozess quasi zu verstecken, sondern motivieren Sie sämtliche Stakeholder im Vertriebszyklus dazu, selbständig und eigenverantwortlich zu arbeiten.

Selbstverständlich benötigen Sie im Sinne eines professionellen Qualitätsmanagements diverse Prozesse in Ihrem Unternehmen. Und wenn Sie erfolgreich im B2G-Umfeld agieren möchten, dann ist Ihr Unternehmen mit Sicherheit gemäß der Normenreihe ISO 9000ff zertifiziert und besitzt ein entsprechendes Prozessmodell und Qualitätsmanagementsystem. Die Flexibilität, die Sie jedoch immer haben, ist, eine laufende Evaluierung nach Sinnhaftigkeit und Mehrwert durchzuführen. In vielen Unternehmen werden Prozesse laufend erweitert, ergänzt oder adaptiert, jedoch in den seltensten Fällen werden Prozesse schlanker gemacht und symbolisch „ausgemistet".

Ich empfehle Ihnen daher, Ihre Prozess- und Qualitätsmanagementexperten laufend dazu zu bewegen, ihre Expertise gemeinsam mit Feedback aus der Organisation dazu zu verwenden, Prozesse so schlank wie möglich zu halten oder schlanker zu machen. Und sollten doch neue Prozesselemente zu existierenden Prozessen dazukommen, sollten die Grundfragen immer lauten: „Was hat der Kunde davon, weshalb benötigen wir diesen Prozessschritt und wie kann der Aufwand für Durchführung und Dokumentation möglichst automatisiert und gering gestaltet werden?"

In Abb. 52 finden Sie symbolisch fünf Quality Gates (QG), die Sie andenken können, in Ihren Prozess einzubauen, falls Sie diese – oder ähnliche – noch nicht vorgesehen haben. Mit diesen fünf beispielhaften Quality Gates definieren Sie die wichtigsten Phasen innerhalb des Vertriebszyklus und können diese mit Freigabe- und Genehmigungsmaßnahmen verbinden. Selbstverständlich können zusätzliche QG eingeführt werden, achten Sie jedoch bitte darauf, dass Sie als Unternehmen nicht „over-processed" werden, also zu viele Haltepunkte einführen, die Ihnen Flexibilität nehmen.

QG #	QG-Name	Beschreibung (Beispiel bzw. Auszug)
QG #1	Lead-Validation	Definition der Vertriebskategorie (z. B. einzelnes Produkt oder Lösung, bestehend aus verschiedenen Produkten) und Analyse, welche Ressourcen und Mitarbeiter im Vertriebsprojekt benötigt werden, Einleitung der SWOT-Analyse, Abstimmung mit involvierten Produkteinheiten
QG #2	BID/NOBID	SWOT-Analyse, Angebotsstrategie, Bid-Team, Bid-Kosten
QG #3	Angebotsfreigabe	Review des Angebots, Freigabe des Preises und Deckungsbeitrags sowie Einhaltung der Kalkulationsrichtlinien, Chancen/Risken, Update im CRM-Tool
QG #4	Auftragsüberleitung	Vertrag sowie sämtliche Informationen des Vertriebsteams zum Auftrag werden an das Abwicklungsprojekt übergeben, um einen effizienten Projektstart zu gewährleisten.
QG #5	Projektüberleitung	Überleitung von vertraglichen Informationen, Informationen aus Abwicklungsprojekt sowie zusätzliche Kundeninformationen an Servicemanagement, oder – falls kein Servicevertrag – Einleitung des aktiven Vertriebs von möglichem Servicevertrag für den Kunden

Wenn Sie darstellen möchten, welche Personen, Rollen oder Funktionen zu welcher Phase innerhalb des Vertriebszyklus in welcher Form involviert sind, empfiehlt sich das Erstellen einer RACI-Matrix. RACI ist ein

Akronym und steht für die englischen Begriffe Responsible (zuständig), Accountable (verantwortlich), Consulted (mitwirkend, beratend) und Informed (informiert). Mithilfe einer RACI-Matrix können Sie einzelne Prozessschritte, aber auch Quality Gates beschreiben und zugleich auch festlegen, welche Funktionen mit welchen Rollen und Aufgaben dabei mitwirken. Auch hier empfehle ich Ihnen, eine Fokussierung auf die absolut notwendigen Rollen (Funktionen), und speziell im C- und I-Bereich nicht sämtliche Mitarbeiter, Kollegen und Abteilungen anzuführen, die vielleicht und unter Umständen bei manchen Vertriebsprojekten mitwirken. Wenn Sie sich auf die Kernrollen im Vertriebsteam bei der Erstellung der RACI-Matrix für den Vertriebszyklus fokussieren, sollte die Matrix selbst überschaubar und damit auch nachvollziehbar bleiben. Achten Sie zusätzlich noch darauf, dass die Anzahl der Tätigkeiten und Quality Gates gering und auf das Wesentliche begrenzt bleibt, dann können Sie dem Ziel näherkommen, eine vertriebliche RACI-Matrix auf einer einzigen A4-Seite darstellen zu können.

Tätigkeit	Beschreibung	Rolle/Funktion <Name der Rolle>	Rolle/Funktion <Name der Rolle>	Rolle/Funktion <Name der Rolle>	Rolle/Funktion <Name der Rolle>
Task #A	Beschreibung der Tätigkeit und Ziel der Tätigkeit inkl. etwaiger Dokumente, die am Ende dieses Tasks vorhanden sein sollten	R	A	I	I
Task #B	Siehe oben	A	R	C	I
QG #1	Was soll von wem bei diesem QG entschieden werden, und welche Informationen werden dazu benötigt	A	R	I	I
...					

Abb. 53: RACI-Matrix

Im Sinne von agilen und dezentralen Vertriebsprojektteams empfehle ich Ihnen, speziell mit dem Buchstaben A sorgfältig umzugehen. Es geht dabei zum Beispiel um das Thema, wer schlussendlich Entscheidungen oder Freigaben trifft, und hier sollten sie möglichst dezentral bleiben. Im Sinne eines effizienten Prozesses und schlanker Entscheidungsstrukturen sollten Entscheidungen auch dort getroffen werden, wo sie anfallen. Würden Sie bei Quality Gates zusätzliche Rollen einfügen, die ausschließlich dazu dienen, die Verantwortung zu übernehmen, dann müssten Sie diese Rollen auch schon im Vorfeld des QG in die Informationsschleife aufnehmen. Das macht das Vertriebsteam nicht unbedingt schlanker. Und wie schon an voriger Stelle im Buch beschrieben (siehe Kapitel <Führen mit Auftrag und ohne Angst>), sollten Mitarbeiter einen Rahmen bekommen, innerhalb dessen Sie Ihren Aufgaben nachkommen und eben auch entscheiden können.

Ein Themenkomplex, der auch mit der RACI-Matrix im Vertriebsprozess zusammenhängt, ist das Thema, dass bei Quality Gates jene Kollegen entscheiden sollten, die schlussendlich auch die Verantwortung im Vertriebszyklus tragen. Wenn Sie zum Beispiel die Entscheidung über die Vertriebskategorie in QG#1 in eine Produkteinheit („Silo") delegieren, dann werden Sie mit ziemlicher Sicherheit Geschäftsmöglichkeiten verpassen, die mehrere Produkte sowie Lösungen umfassen. Denn das berühmte Hemd ist einem immer näher und die Produkteinheit wird daher im Sinne der Produkte agieren, für die sie verantwortlich ist, und die Sichtweise nicht automatisch auf Produkte von anderen „Silos" ausweiten. Derartige Entscheidungen sollten daher ausschließlich in der horizontalen bzw. zentralen Funktion liegen, um Synergien zwischen unterschiedlichen Produkteinheiten und einen effektiveren Vertrieb sicherzustellen.

Ähnlich verhält es sich mit dem Vertriebsbudget. Haben Sie die Vertriebsbudgetverantwortung den Zentralfunktionen zugewiesen, die Vertriebsteams selbst aber in vertikalen Einheiten („Silos"), dann werden in den vertikalen Einheiten zwar Ressourcen verbraucht und Kosten generiert, aber die Verantwortung liegt in den zentralen Einheiten. Wenn

Sie fiktiv in Ihrem Wohnblock die Verantwortung über die gesamten Energiekosten übertragen bekommen, aber keinen Zugriff auf den Energieverbrauch einzelner Wohnungen haben, werden Sie wohl nicht die Gesamtverantwortung übernehmen. Verantwortung zu übernehmen bedeutet immer, dass man im Umkehrschluss auch über entsprechende Maßnahmen entscheiden kann, um das Ergebnis beeinflussen zu können.

Mit diesen Beispielen möchte ich nicht erreichen, dass Sie Entscheidungen in einer agilen Matrixfunktion ausschließlich horizontal und zentral treffen. Vielmehr ist es wichtig, dass es um sogenannte „Shared Targets" geht, wo horizontale und vertikale Einheiten Ihre Ziele abstimmen. Und im Zuge von Entscheidungen ist ein Ausweg aus der Frage: „Horizontal oder vertikal?", dass Sie ein Vieraugenprinzip einführen, bei dem sowohl ein Repräsentant der vertikalen als auch ein Repräsentant der horizontalen Einheit die Entscheidung gemeinsam treffen oder Freigaben erteilen.

5 Key Takeaways

1. Achten Sie beim Design Ihrer Vertriebsorganisation darauf, dass der Kunde im Fokus steht, keine Silos entstehen und Mitarbeiter in agilen und dezentralen Vertriebsteams mit entsprechender Entscheidungshoheit arbeiten können!
2. Betrachten Sie „Sales Enablement" gesamtheitlich, inkludieren Sie alle – auch externen – Vertriebsmitarbeiter und gehen Sie neue Wege mit neuen Technologien, um Inhalte zu transportieren und Kommunikation zu sichern!

3. Agieren Sie pragmatisch, eliminieren Sie „Pseudo"-Genauigkeiten zum Beispiel bei Pwin im Sales Reporting durch praktisch anwendbare Chancen- und Risikokategorien, und vermeiden Sie unnötige interne Planungsaufwände zugunsten von mehr Kundenfokus, indem Sie mit Erfahrung und Automatisierung effizienter Ergebnisse erzielen!
4. Achten Sie bei der Definition Ihrer KPI auf das Prinzip „Weniger ist mehr" und wenden Sie beim Design Ihrer Prozesse das Prinzip an, dass Sie den wesentlichen Rahmen definieren, ohne alle Eventualitäten zu definieren, denn das ist eine „Mission Impossible"!
5. Möchten Sie effektiver oder effizienter werden, überlegen Sie über den Tellerrand hinaus, versuchen Sie, neue Wege zu gehen, und vor allem: Unterscheiden Sie zwischen Effektivität und Effizienz!

Tools und Templates

Vertriebliche Dashboards zur Darstellung Ihrer KPI können Sie im Downloadbereich ebenso finden wie die meisten der in diesem Kapitel dargestellten Grafiken und Tools.

Wenn Sie weitere Ideen zur Gestaltung von individuellen Dokumenten zur Steigerung der vertrieblichen Effektivität und Optimierung von Prozessen in Richtung höherer Effizienz wünschen, besuchen Sie bitte die Seite www.MA-4Consult.at.

6. The New Normal im B2G-Umfeld

⊗ Irrtum #1: Kunden im öffentlichen Sektor werden immer an konservativen bzw. „altmodischen" Vergabeverfahren festhalten.

⊗ Irrtum #2: Nochmals wird so schnell keine Pandemie ausbrechen, daher benötigen wir keine zusätzliche Investition in neue Technologien.

⊗ Irrtum #3: Die Zwangsmitgliedschaft bei Interessenvertretungen hilft den Unternehmen bei den internationalen Geschäftsmöglichkeiten.

Unabhängig davon, dass im Regelfall das B2G-Geschäft ein eher träges Umfeld darstellt und Änderungen sowie neue Entwicklungen eher langsam Einzug halten, wird sich auch in diesem Bereich die Erde fortlaufend weiterdrehen. Wenn Sie jetzt schon fit für die neue Zukunft sind, ersparen Sie sich spätere Adaptierungsprozesse, die unter Zeitdruck meistens schmerzhaft, mühsam und nicht optimal verlaufen.

Ein Fixstern, der sich nicht ändern wird, ist, dass ein kundenzentriertes Arbeiten im B2G-Vertrieb die oberste Zielsetzung sein soll. Unabhängig davon, um welchen Bereich im B2G-Umfeld, welche Industrie, welche Märkte, und welche Kundenstrukturen es sich handelt, wäre es fatal, sich nicht laufend die Frage nach dem Kundennutzen zu stellen. Erfolgreiche Unternehmer haben sich diese Frage vor 100 Jahren gestellt, stellen sie sich heute, und werden sie sich auch in Zukunft stellen. „In einer freien Marktwirtschaft belebt Konkurrenz das Geschäft", heißt es so schön. Die freie Marktwirtschaft ist aber auch ein Innovationstreiber, der sämtlichen Marktteilnehmern immer wieder neue Ziele vorgibt und sie dazu zwingt, effizienter zu werden, gepaart mit der Flexibilität, in vielen Bereichen auch neue Wege einzuschlagen.

Die schwierige Phase der COVID-19-Pandemie hat in vielen Bereichen dazu geführt, dass Maßnahmen und Prozesse in einer Art und Weise angepasst wurden, wie man sie sich speziell im öffentlichen Sektor bzw. B2G vor dem Jahr 2020 nicht hätte vorstellen können. Oder hätten Sie gedacht, dass plötzlich digitale Signaturen bei Vertragsabschlüssen mit Unternehmen im öffentlichen Sektor anwendbar sein werden oder dass Sie anstatt von herkömmlichen Messeauftritten Ihre Kunden bei virtuell stattfindenden Kundenworkshops treffen oder dass Sie Ihre Dokumente vom Homeoffice heraus über VPN am Firmenserver jederzeit und ortsunabhängig bearbeiten? Die Pandemie hat uns wieder vor Augen geführt, dass wir in einer freien Gesellschaft auch bei „Black-Swan"-Ereignissen – also bei Ereignissen, die unerwartet und unwahrscheinlich eintreten – immer in der Lage waren und sind, uns entsprechend anzupassen, um die neue Situation schlussendlich zu meistern.

Wenn wir also der COVID-19-Pandemie etwas Positives abgewinnen wollen, hat sie bei all dem medizinischen und menschlichen Leid speziell am Beginn schlussendlich doch dazu geführt, dass wir uns als Gesellschaft massiv weiterentwickelt haben. Bisher starre Strukturen wurden flexibler, und unabhängig davon, dass telemedizinische Krankmeldungen und elektronische Rezepte nun plötzlich doch möglich sind, obwohl man uns jahrelang erklärt hat, weshalb diese Themen nicht umsetzbar seien, wurden viele starre Strukturen durch die Einschränkungen einer Pandemie aufgebrochen, die wohl ohne Pandemie noch lange nicht einem Wandel unterzogen worden wären. Dieser Aufbruch in ein neues Zeitalter zeigt sich eben auch im B2G-Umfeld, und zwar sowohl auf Kunden-/Behördenseite als auch innerhalb von Industrieunternehmen, deren Organisation und bei vielen innerbetrieblichen Abläufen und Arbeitsweisen.

Gehen Sie jetzt bereits die nächsten Schritte und warten Sie nicht darauf, dass Sie von Mitbewerbern oder Kunden dazu gedrängt werden oder von einem hoffentlich nicht so schnell wiederkehrenden weiteren „Black-Swan"-Ereignis dazu gezwungen werden. Neue Technologien für effizientere Go2Market-Aktivitäten sowie eine effektivere Ausnützung Ihres adressierbaren Marktes gibt es bereits. Sie müssen vielleicht in vielen Fällen noch an die Bedürfnisse Ihrer Kunden, aber auch Ihres Unternehmens angepasst oder weiterentwickelt werden, aber Sie müssen das Rad nicht erfinden, denn es rollt bereits. Ist das entsprechende Wissen in Ihrem Unternehmen noch nicht ausreichend vorhanden, haben Sie jetzt die Chance, eine Strategie zu erarbeiten, die schlussendlich zum Ziel hat, dass Ihre Produkte, Lösungen und auch Ihr Unternehmen fit für die Zukunft oder, anders formuliert, die „neue Normalität", werden. Egal ob künstliche Intelligenz, Augmented Reality (AR), Cybersecurity, Metaversum, hybride Besprechungen oder eben auch die Sicherstellung einer kundenfokussierten Umgebung mit neuen Parametern gehören heute bearbeitet, damit sie morgen implementiert und umgesetzt sind.

Beraten Sie Ihre Kunden auf dieser symbolischen Reise, setzen Sie neue Akzente durch neue Wege, aber versuchen Sie nicht, die Grundregel der Kundenfokussierung aus den Augen zu verlieren. Die Beratung der Kunden betrifft sowohl neue Technologien und neue Lösungen, aber eben auch neue Mittel der Kommunikation und Interaktion bis hin zu neuen Möglichkeiten der Gestaltung von Ausschreibungen und Förderungen im B2G-Vergabeverfahren.

Die Entscheidung darüber, welche Wege Sie gehen oder welche Maßnahmen Sie setzen, sollte niemals zu einem reinen Selbstzweck werden. Marktreporte, Mitbewerberanalysen, Strategien, Vertriebsprozesse und eben auch Sales-Operations-Aktivitäten sind nicht dazu geschaffen, um Ihre internen Audits zu überstehen, sondern sie sollen dazu dienen, den Interessenten Lösungen zu bieten, die Ihre Kunden dann auch gerne bei Ihnen kaufen.

In vielen Bereichen dieses Buches haben Sie gelesen, dass ich Ihnen empfehle, auf Expertise und Schätzungen zu vertrauen, anstatt teure Leistungen zuzukaufen oder die einzig perfekte Maßnahme zu finden. Achten Sie darauf, immer einen pragmatischen und flexiblen Zugang zu behalten, denn der beste und perfekteste Plan hilft Ihnen nichts, wenn Sie ihn nicht umsetzen können. In vielen Bereichen hilft es, einen agilen Weg der Umsetzung zu wählen, anstatt viel Zeit damit zu verlieren, den perfekten Plan auszuarbeiten. Wenn Sie 100 km mit dem Fahrrad zurücklegen möchten und eine Woche lang an einem Plan arbeiten, wie Sie das machen werden und wo Sie mit welcher Übersetzung fahren wollen, dann wären Sie schon längst am Ziel, selbst wenn Sie zwischendurch die falsche Abzweigung gewählt hätten. Sie hätten nur losfahren müssen.

Selbstverständlich benötigt es eine strategische und analytische Arbeitsweise in jedem Unternehmen, jedoch hat eine gewisse „hemdsärmelige" Herangehensweise noch nie geschadet. Während also zum Beispiel manche Unternehmen bereits AR einsetzen, um Kunden Serviceleistungen anzubieten, sollten Sie – sofern für Ihre Industrie von Relevanz – nicht mit dem Einsatz von AR-Brillen warten, bis Ihre Lösung „perfekt" ist. Arbeiten Sie agil mit ausgewählten Bestandskunden an einer AR-Lösung und nähern Sie sich iterativ der gewünschten Lösung, auch wenn die ersten Ergebnisse vielleicht noch nicht den finalen Anforderungen gerecht werden. Ähnlich wie sich verschiedenste Web-Konferenz-Softwarelösungen in den Monaten während der COVID-19-Pandemie laufend weiterentwickelt haben, werden sich auch Technologien und Lösungen in vielen anderen sogenannten „Trend"-Themen laufend weiterentwickeln, und daher sollten Sie nicht warten, bis Sie auf diesen

Zug aufspringen. Der Zug wird nicht stehen bleiben, und daher sollten Sie ihn nicht verpassen, denn einen Sitzplatz in der ersten Klasse können Sie auch aufsuchen, während der Zug fährt.

Zwang oder Freiwilligkeit

Flexibilität und das Loslassen von alten Strukturen, damit Ihre Kunden immer im Fokus sind bzw. bleiben, bedeutet auch ein Grundmaß an Flexibilität und Agilität innerhalb Ihrer Organisation. Wie bereits im Kapitel <Führen mit Auftrag und ohne Angst> erwähnt, werden motivierte Mitarbeiter mit Entscheidungskompetenz immer effektiver arbeiten als Mitarbeiter, denen durch Mikromanagement der Weg und nicht das Ziel vorgegeben wird. Im Umkehrschluss heißt Kundenfokus auch, dass Kunden immer die Wahl haben, wo und bei wem sie Leistungen beschaffen, und wenn das Feedback der Kunden tendenziell negativ ist, wird der Anteil an Bestandskunden im überschaubar geringen Bereich bleiben.

Erlauben Sie mir am Ende dieses Buches noch einen kleinen Exkurs, da er zum Thema der „Entscheidungsfreiheit" passt und speziell in Deutschland und Österreich aus meiner Sicht ein Beispiel ist, wie alte Strukturen beibehalten werden und der Nutzen der Kunden nur eingeschränkt als Maßstab für adäquate Preisgestaltung dient.

Das Beispiel, auf das ich hier anspiele, ist die Zwangsmitgliedschaft von österreichischen Unternehmen bei der WKO bzw. von deutschen Unternehmen bei der IHK. Selbstverständlich habe ich in vorangegangenen Kapiteln geschrieben, dass ich Ihnen empfehle, auf Serviceleistungen dieser Interessenvertretungen zurückzugreifen. Natürlich macht es Sinn, im Zuge einer Länderanalyse auf lokale Büros dieser Institutionen zurückzugreifen oder im Zuge von B2G-Geschäften auf Wirtschaftsmissionen von WKO oder IHK als mögliche Säule Ihrer Vertriebsstrategie zu bauen. Ihr Unternehmen ist ja bereits Mitglied dieser Institutionen, also steht

Ihnen selbstverständlich auch das Recht zu, diese Leistungen in Anspruch zu nehmen.

Aber erlauben Sie mir an dieser Stelle eine rhetorische Frage: Würden Sie beim Automobilklub Ihrer Wahl Mitglied sein, unabhängig davon, wie die Qualität der Serviceleistungen aussieht? Oder anders formuliert: Wäre es nicht so, dass Sie auf alle Fälle bereit wären, Mitgliedsbeitrag zu bezahlen, solange Sie ein perfektes Pannenservice oder ausgezeichnete Leistungen im Falle eines Reiseunfalls erhalten? Man müsste Sie wohl nicht dazu zwingen, diesem Automobilklub beizutreten, solange für Sie der Nutzen und das damit verbundene Preis-Leistungs-Verhältnis passen.

Anders ist es jedoch bei den Zwangsmitgliedschaften für Unternehmen bei WKO oder IHK. Hier haben Unternehmen keine Entscheidungsfreiheit und die Gebühren dieser Zwangsmitgliedschaften können auch nicht am freien Markt vereinbart oder verhandelt werden. Was passiert, wenn man Kunden durch Zwangsmitgliedschaft verpflichtet, sieht man bei monopolistischen Marktsituationen: Es bleibt die Innovation und Transparenz der Anbieter hinter den Möglichkeiten einer freien Marktwirtschaft.

Ich spreche den Serviceleistungen bzw. deren Qualität von WKO oder IHK in keiner Weise ab, dass Sie hilfreich, wertvoll und im B2G-Umfeld eine Unterstützung für Unternehmen darstellen. Aber es stellt sich die Frage: Wenn die Leistungen gut sind, würden dann Unternehmen nicht sowieso freiwillig Mitglieder dieser Interessenvertretungen sein? Und zwar genau aus dem Grund, weil die Leistungen einen Mehrwert und Nutzen darstellen, für den es sich rechnet, eine freiwillige Mitgliedschaft einzugehen?

Diese Wahlfreiheit wird Unternehmen jedoch nicht gegeben, und für mich ist dies ein Beispiel, wie eine flexible und moderne Umsetzung von „The New Normal" nicht aussehen sollte.

Der Satz „Das haben wir immer so gemacht und es war gut so" ist die falsche Antwort auf die Fragen unserer wirtschaftlichen Zukunft. Binden wir unternehmerisches Kapital durch Zwangsmitgliedschaften bei Interessenvereinigungen, übersehen wir als Gesellschaft in Österreich und Deutschland, dass derartige Strukturen mit Zwangsmitgliedschaften in vielen Ländern nicht existieren. Führt dies zu einem kompetitiven Nachteil für Unternehmen aus Österreich und Deutschland? Aufgrund von entstehenden Fixkosten, würde ich behaupten, wird es keine klare Antwort geben können, die „Kein Problem!" lautet.

Unabhängige Umfragen zur Pflichtmitgliedschaft ergeben keine klare Mehrheit in der Bevölkerung, dieses System beizubehalten. Bei einer 2017 in Österreich veröffentlichten Umfrage[64] zeigte sich, dass sich 35 % für die Beibehaltung des Systems der Pflichtmitgliedschaften ausgesprochen haben. Bei den Wirtschaftskammerwahlen 2020 betrug die Wahlbeteiligung schwache 33,7 %[65]. Das heißt im Umkehrschluss, dass zwei Drittel der Wahlrechte keinen Sinn oder keine Notwendigkeit darin sahen, bei den Wahlen zur Wirtschaftskammer teilzunehmen. Kann man aus diesen beiden Prozentwerten ableiten, dass die Wahlbeteiligung dieser Wahlen in Korrelation zur Meinung innerhalb der Bevölkerung steht? Ich denke schon. Mehr als 60 %, die nicht an Wahlen teilnehmen bzw. sich nicht klar für eine Beibehaltung der Zwangsmitgliedschaft bekennen, sprechen für sich.

Dass sich Kammern und Regierungen in Österreich nicht trauen, dieses Thema einer bindenden Befragung zu unterziehen, zeugt aus meiner Sicht von mangelnder proaktiver Vorbereitung auf „The New

Normal". Es ist dringend notwendig, diese starren Strukturen zu verändern und damit die Interessenvertretungen schlank und auf Service fokussiert zu gestalten. Der Kunde in diesem Fall sind Sie bzw. das Unternehmen, für das Sie arbeiten. Kundenfokus darf bei Interessenvertretungen nicht haltmachen, um die unternehmerischen Potenziale frei und vollständig ausschöpfen zu können. Aber das kann auch ohne Zwangsmitgliedschaften erfolgen.

7. Nachwort

Wenn Ihnen dieses Buch beim Lesen ein paar neue Ideen oder Ansätze gebracht hat, freut es mich, denn das war die Grundidee beim Schreiben. Diese Lektüre sollte nicht zu einer wissenschaftlichen Arbeit werden, sondern immer dazu dienen, Ihnen praktikable und praxisnahe Hilfestellungen aufzuzeigen.

Selbstverständlich können beinahe alle in diesem Buch beschriebenen Themen tiefer behandelt werden, und hier möchte ich Sie gerne dazu einladen, in den Dialog mit mir zu treten. Besuchen Sie bitte den Auftritt im Internet (www.MA-4Consult.at) oder folgen Sie den dort angeführten sozialen Medien, um über Neuigkeiten jederzeit und kostenlos informiert zu werden. Wenn Sie den Wunsch verspüren, in einen persönlichen Austausch zu dem einen oder anderen Thema zu treten, finden Sie auf der Homepage auch ein entsprechendes Kontaktformular.

Und wenn Sie vielleicht viele Themen aus diesem Buch gedanklich schon abgelegt haben, vergessen Sie bitte die Kernaussage des Buches nicht: Behalten Sie Ihre Kunden im Fokus all Ihrer beruflichen Tätigkeiten!

8. Abbildungsverzeichnis

9. Abkürzungsverzeichnis

AE ... *Auftragseingang*
AIIB ... *Asian Infrastructure Investment Bank*
APAC ... *Asia Pacific*
AR ... *Augmented Reality*
B2G ... *Business-to-Government (Unternehmensgeschäft mit Behörden)*
BIP ... *Bruttoinlandsprodukt*
CAPEX ... *Capital Expenditures (Investitionsausgaben)*
CBT ... *Computer Based Training*
COVID-19 ... *coronavirus disease 2019*
CRM ... *Customer Relationship Management*
CSI ... *Customer Satisfaction Index*
DB ... *Deckungsbeitrag*
DSGVO ... *Datenschutz-Grundverordnung*
EBIT ... *earnings before interest and taxes*
EBRD ... *European Bank for Reconstruction and Development*
EIB ... *Europäische Investitionsbank*
EU ... *Europäische Union*
EUR ... *Euro*
EZB ... *Europäische Zentralbank*
FED ... *Federal Reserve Bank*
Go2Market ... *Go-to-Market (Markteinführung)*
HTL ... *Höhere Technische Lehranstalt (Schule)*
IFRS ... *International Financial Reporting Standards*
IHK ... *Industrie- und Handelskammer*
ISO ... *International Organization for Standardization*
IT ... *Informationstechnologie*
IWF ... *Internationaler Währungsfonds*
KI ... *Künstliche Intelligenz*
KPI ... *Key Performance Indicator*
LE ... *Latest Estimate*
LOI ... *Letter of Intent*

M&A .... *Mergers and Acquisitions*
MEA .... *Middle East and Africa*
MOU .... *Memorandum of Understanding*
NOG .... *Non-organic Growth*
OECD .... *Organisation for Economic Co-operation and Development*
OPEX .... *Operational Expenditures (Betriebsausgaben)*
OSINT .... *Open Source Intelligence*
Pkw .... *Personenkraftwagen*
PPP .... *Public-Private-Partnership*
Pwin .... *Probability of Win*
Q&A .... *Question and Answer*
QG .... *Quality Gate*
RACI .... *Responsible - Accountable - Consulted - Informed*
SARS .... *Severe Acute Respiratory Syndrome*
SMART .... *Specific - Measureable - Achievable - Relevant - Timed*
SMS .... *short messaging service*
SWOT .... *Strengths, Weaknesses, Opportunities, and Threats*
TED .... Tenders Electronic Daily
USD .... *US Dollar*
USP .... *Unique Selling Point*
UTM .... *Unmanned Traffic Management*
VPN .... *Virtual Private Network*
WKO .... *Wirtschaftskammer Österreich*

10. Quellenverzeichnis / Anmerkungen

Sämtliche Quellen wurden zum Zeitpunkt der Veröffentlichung des Buches sorgfältig geprüft, wobei Änderungen zu einem späteren Zeitpunkt nicht ausgeschlossen werden können. Abruf der Internetquellen: **18.09.2022 und 13.12.2022.**

---

1 KfW IPEX-Bank (2017). Airports: The correlation between GDP growth and the increase in airline passengers. A flash analysis. URL: https://www.kfw-ipex-bank.de/International-financing/KfW-IPEX-Bank/Analyses-and-Views/Market-analyses/GDP-growth-and-airline-passengers/ bzw. https://www.kfw-ipex-bank.de/pdf/Analyses-and-views/Market-analyses/2017-01-26-Blitz-Licht-Flugh%C3%A4fen-BIP-Faktor.pdf

2 Der Standard (16. März 2022). Hacker brachten Glocken des Stephansdoms mitten in der Nacht zum Läuten. URL: https://www.derstandard.at/story/2000134146991/glocken-des-stephansdoms-laeuteten-mitten-in-der-nacht

3 Europäische Union (o.D.). Ted – tenders electronic daily. URL: https://ted.europa.eu

4 World Bank. Worldwide Governance Indicators. Indicator: Control of Corruption.
URL: http://info.worldbank.org/governance/wgi/Home/Reports

5 World Bank. Worldwide Governance Indicators. Indicator: Political Stability and Absence of Violence/Terrorism.
URL: http://info.worldbank.org/governance/wgi/Home/Reports

6 World Bank. Worldwide Governance Indicators. Indicator: Rule of Law.
URL: http://info.worldbank.org/governance/wgi/Home/Reports

7 World Bank. World Bank Open Data. Time required to enforce a contract (days).
URL: https://data.worldbank.org/indicator/IC.LGL.DURS

8 Bundesministerium Europäische und internationale Angelegenheiten. Länderspezifische Reiseinformationen.
URL: https://www.bmeia.gv.at/reise-services/laender/

9 Auswärtiges Amt. Länderübersicht. URL: https://www.auswaertiges-amt.de/de/aussenpolitik/laender

10 Europäische Kommission. EU Sanctions Map. URL: https://www.sanctionsmap.eu/#/main sowie
Europäische Kommission. Sanctions (restrictive measures). URL: https://ec.europa.eu/info/business-economy-euro/banking-and-finance/international-relations/restrictive-measures-sanctions_en

11 WKO. Außenwirtschafts- und Zollrecht (Embargos und Sanktionen). URL: https://www.wko.at/service/aussenwirtschaft/Aussenhandels--und-Zollrecht.html#heading_Embargos_und_Sanktionen

12 US Department of the Treasury. Sanctions Programs and Country Information.
URL: https://home.treasury.gov/policy-issues/financial-sanctions/sanctions-programs-and-country-information

13 World Bank. World Bank Open Data. GDP (constant 2015 US$).
URL: https://data.worldbank.org/indicator/NY.GDP.MKTP.KD

14 World Bank. World Bank Open Data. GDP per capita, PPP (current international $).
URL: https://data.worldbank.org/indicator/NY.GDP.PCAP.PP.CD

15 World Bank. World Bank Open Data. GDP per capita growth (annual %).
URL: https://data.worldbank.org/indicator/NY.GDP.PCAP.KD.ZG

16 World Bank. Global Economic Prospects.
URL: https://www.worldbank.org/en/publication/global-economic-prospects

17 International Monetary Fund. World Economic Outlook Databases.
URL: https://www.imf.org/en/Publications/SPROLLs/world-economic-outlook-databases

18 World Bank. World Bank Open Data. Population, total
URL: https://data.worldbank.org/indicator/SP.POP.TOTL

19 Worldometer. Countries in Latin America and the Caribbean.
URL: https://www.worldometers.info/geography/how-many-countries-in-latin-america/

20 Statista. Flächen der Kontinente.
URL: https://de.statista.com/statistik/daten/studie/327198/umfrage/kontinente-nach-flaeche/

21 World Bank. Latin America & Caribbean Product Imports by country in US$ Thousand 2019.
URL: https://wits.worldbank.org/CountryProfile/en/Country/LCN/Year/2019/TradeFlow/Import/Partner/by-country/Product/Total bzw.
World Bank. Latin America & Caribbean Product Exports by country in US$ Thousand 2019.
URL: https://wits.worldbank.org/CountryProfile/en/Country/LCN/Year/2019/TradeFlow/Export/Partner/by-

country/Product/Total
22 European Union Chamber of Commerce in China, MERICS Mercator Institute for China Studies (2020). Decoupling Severed Ties and Patchwork Globalisation. URL: https://merics.org/sites/default/files/2021-01/Decoupling_EN.pdf
23 Spiegel Wirtschaft (16. Juli 2017). Chinas neue Außenposten.
URL: https://www.spiegel.de/wirtschaft/unternehmen/china-verdoppelt-investition-in-hafen-im-ausland-auf-20-milliarden-dollar-a-1158055.html
24 Cargo Partner. China's Railways for Southeast Asia.
URL: https://www.cargo-partner.com/trendletter/issue-13/chinas-railways-for-southeast-asia
25 DW (20. Juli 2022). Afrika: China baut Straßen - Europa zählt Insekten.
URL: https://www.dw.com/de/afrika-china-baut-stra%C3%9Fen-europa-z%C3%A4hlt-insekten-friedrich-naumann-stiftung-a-62532202/a-62532202
26 Welt (14. Juni 2012). Aufstieg und Niedergang von Nokia.
URL: https://www.welt.de/newsticker/dpa_nt/infoline_nt/computer_nt/article106597423/Aufstieg-und-Niedergang-von-Nokia.html
27 Sid Barthakur (11. April 2019). A review of the development of Airbus A380.
URL: http://www.inceptone.com/posts/projects/aerospace/a380
28 Volkswagen AG (23. September 2019). Batteriezellfertigung: Pilotlinie gestartet.
URL: https://www.volkswagenag.com/de/news/stories/2019/09/battery-cell-assembly--pilot-line-started.html
29 Duranti, G. & Di Prata, O. (2009). Everything is about time: does it have the same meaning all over the world? Paper presented at PMI® Global Congress 2009—EMEA, Amsterdam, North Holland, The Netherlands. Newtown Square, PA: Project Management Institute
URL: https://www.pmi.org/learning/library/everything-time-monochronism-polychronism-orientation-6902
30 Hofstede Insights. National Culture. URL: https://hi.hofstede-insights.com/national-culture
31 Hofstede Insights. Compare Countries. URL: https://www.hofstede-insights.com/product/compare-countries/
32 Wirtschaftsdelegierte der AUSSENWIRTSCHAFT AUSTRIA (2017). Dos & Don'ts auf der ganzen Welt.
URL: https://webshop.wko.at/dos-donts-print/?m=124
33 Europäische Kommission. Europäischer Aufbauplan.
URL: https://ec.europa.eu/info/strategy/recovery-plan-europe_de
34 Tesla. Supercharger. URL: https://www.tesla.com/de_at/supercharger
35 WKO. Arten der Vergabeverfahren.
URL: https://www.wko.at/service/wirtschaftsrecht-gewerberecht/Arten-der-Vergabeverfahren.html
36 Handelsblatt (28. Mai 2020). „Ein Alexander Dobrindt scheitert nicht" – So kam es zum Chaos um die Ausländer-Maut. URL: https://www.handelsblatt.com/politik/deutschland/untersuchungsausschuss-ein-alexander-dobrindt-scheitert-nicht-so-kam-es-zum-chaos-um-die-auslaender-maut/25869026.html
37 SIGMA Initiative von OECD und EU (September 2016). Brief 34 – Public Procurement - Abnormally Low Tenders.
URL: https://www.sigmaweb.org/publications/Public-Procurement-Policy-Brief-35-200117.pdf
38 Europäische Union (o.D.). Ted – tenders electronic daily. URL: https://ted.europa.eu/TED/main/HomePage.do
39 European Bank. e-Procurement Portall ECEPP. URL: https://ecepp.ebrd.com/delta/noticeSearchResults.html
40 World Bank. Global Public Procurement Database. URL: https://www.globalpublicprocurementdata.org/gppd/
41 SCOTSMAN® and Commitments. Advanced Selling Skills Academy Ltd 2022.
URL: https://advancescotsman.com/scotsman/
42 Bau des Flughafens Berlin Brandenburg (18.09.2022). In Wikipedia.
URL: https://de.wikipedia.org/wiki/Bau_des_Flughafens_Berlin_Brandenburg
43 ORF (05. Juni 2012). Die lange Skandalgeschichte des Skylink. URL: https://orf.at/v2/stories/2121970/2121971/
44 Wiener Zeitung (05. März 2022). LNG aus Golfemiraten als Ersatz für russisches Gas.
URL: https://www.wienerzeitung.at/nachrichten/wirtschaft/oesterreich/2139861-LNG-aus-Golfemiraten-als-Ersatz-fuer-russisches-Gas.html
45 Frankfurter Allgemeine (19. März 2022). Habeck lotet Wasserstoff-Partnerschaft aus.
URL: https://www.faz.net/aktuell/wirtschaft/qatar-reise-habeck-lotet-wasserstoff-partnerschaft-aus-17890732.html
46 Focus (14. Juli 2022). Zugesagtes Gas aus Katar bleibt aus - war Habecks Kniefall nur Symbolpolitik?.
URL: https://www.focus.de/politik/energiekrise-zugesagtes-gas-aus-katar-bleibt-aus-war-habecks-kniefall-nur-symbolpolitik_id_115592344.html
47 Anne M. Schüller, Alex T. Steffen (2019). Die Orbit-Organisation In 9 Schritten zum Unternehmensmodell für die digitale Zukunft. URL: https://www.anneschueller.de/die-orbit-organisation.html
48 Anne M. Schüller (o.J.). Der Advokat des Kunden.
URL: https://www.mittelstandswiki.de/wissen/Gastbeitrag:Customer_Touchpoint_Manager
49 Marcus Raitner (13. Februar 2016). Führen mit Auftrag: Warum statt Wie!
URL: https://fuehrung-erfahren.de/2016/02/fuehren-mit-auftrag-warum-statt-wie/
50 Generalmajor André Bodemann (o.J.). Welche Rolle spielt in diesem Zusammenhang die Auftragstaktik?

URL: https://www.bundeswehr.de/de/organisation/weitere-bmvg-dienststellen/zentrum-innere-fuehrung/transkription-fuehrung-in-der-pandemie-fuehren-mit-auftrag-269722
51 Marcus Raitner (06. Februar 2016). st und Agilität: Eine schlechte Kombination
URL: https://fuehrung-erfahren.de/2016/02/angst-und-agilitaet-eine-schlechte-kombination/
52 Zoom Video Communications, Inc. URL: https://zoom.us/
53 Microsoft Videokonferenzen. URL: https://www.microsoft.com/de-at/microsoft-teams/video-conferencing
54 Ionos (2022). Klickrate & Öffnungsrate – Newsletter-KPIs im E-Mail-Marketing.
URL: https://www.ionos.at/digitalguide/e-mail/e-mail-marketing/newsletter-kpis-kennzahlen-im-e-mail-marketing/
55 Twilio. 7 Best Practices for SMS & Text Marketing.
URL: https://www.twilio.com/learn/call-and-text-marketing/best-practices-text-sms-marketing
56 Chip (06. April 2022). Rundmail war gestern. Zeitgemäße interne Kommunikation spricht die Mitarbeiter über eine mobile Plattform an. URL: https://unternehmen.chip.de/interne-kommunikation.html
57 Ke Next (13. Mai 2016). Was taugen Virtual- und Augmented-Reality in der Industrie?.
URL: https://www.ke-next.de/automation/sensorik-messtechnik/was-taugen-virtual-und-augmented-reality-in-der-industrie-129.html?page=2
58 Europäische Kommission. Green Public Procurement. URL: https://ec.europa.eu/environment/gpp/index_en.htm
59 Footballyse (16. Oktober 2019). Alles eine Frage des richtigen Timings.
URL: https://thefalsefullback.de/2019/10/16/einwechslungen-alles-eine-frage-des-richtigen-timings/
60 Salesforce (25. März 2021). Sales Operations: Smarte Daten und kluge Strategien für mehr Erfolg im Vertrieb.
URL: https://www.salesforce.com/de/blog/2021/03/sales-operations.html und
Max Altschuler (03. Juni 2021). Sales Operations Demystified: What It Is, Why It Matters, and How To Do It Right.
URL: https://www.saleshacker.com/what-is-sales-operations/
61 Statista. Veränderung der Nominal- und Reallöhne in Österreich von 2011 bis 2021.
URL: https://de.statista.com/statistik/daten/studie/689253/umfrage/entwicklung-der-realloehne-in-oesterreich/
62 Statistische Bundesamt. Entwicklung der Reallöhne, der Nominallöhne und der Verbraucherpreise.
URL: https://www.destatis.de/DE/Themen/Arbeit/Verdienste/Realloehne-Nettoverdienste/Tabellen/liste-reallohnentwicklung.html
63 Agenda Austria (21. Juli 2022). Was läuft falsch auf dem Arbeitsmarkt?.
URL: https://www.agenda-austria.at/was-lauft-falsch-auf-dem-arbeitsmarkt/
64 Profil (31. Oktober 2017). Umfrage: Kammer-Pflichtmitgliedschaft - Ja oder Nein?.
URL: https://www.profil.at/oesterreich/umfrage-kammer-pflichtmitgliedschaft-ja-oder-nein/400902992
65 Wirtschaftskammer Österreich (6. März 2020). Wirtschaftskammerwahlen 2020.
URL: https://news.wko.at/news/oesterreich/WK-Wahl_Ergebnis_2020.pdf